고독한
나에서
함께하는
우리로

고독한 **나에서** 함께하는 **우리로**

다양한 분야 학자들의 인문학적 소통과 상상

초판 1쇄 펴낸날 | 2016년 1월 5일

지은이 | 유범상·이용철·하혜숙·이긍희·정성희·강상규·송찬섭·
　　　　백영경·김엘림·장　일·성미애·이해주·조승현·이봉민
펴낸이 | 이동국
펴낸곳 | 한국방송통신대학교출판문화원
　　　　03088 서울시 종로구 이화장길 54
　　　　전화 02-3668-4764
　　　　팩스 02-741-4570
　　　　홈페이지 http://press.knou.ac.kr
　　　　출판등록 1982년 6월 7일 제1-491호

출판문화원장 | 권수열
편집 | 김정규·이강용
표지·본문 디자인 | 프리스타일

다양한 분야 학자들의
인문학적 소통과 상상

고독한
나에서
함께하는
우리로

유범상
이용철
하혜숙
이금희
정성희
강상규
송찬섭
백영경
김엘림
장 일
성미애
이해주
조승현
이봉민
지음

지식의날개

고독한 시시포스의
공동체를 위한 질문, 성찰 그리고 상상

흔히 사람들은 인간이 이기적인 동물이라고 말한다. 최소의 비용으로 최대의 이익을 위해 경쟁하는 존재인 것이다. 간혹 협력도 하지만 경쟁력 향상의 수단에 불과할 뿐이다. 따라서 협력이 더 이상 이익을 주지 않는다고 판단되는 그 순간부터 협력관계는 종료된다.

오로지 개인의 이익에만 몰두하는 경제적 동물의 심성을 타고난 것으로 간주되는 인간은 경쟁의 광장에서 홀로인 채 늘 고독해 보인다. 그리스 신화의 시시포스Sisyphos와 같은 운명이랄까. 그는 신을 속이고 저항한 죄로 큰 돌덩이를 산꼭대기까지 올려야 하는데, 이 바위를 올려놓으면 바로 떨어지고 떨어지곤 하는 고되고 무의미한 노동의 형벌을 받은 고독한 존재이다.

이 고독한 시시포스들이 무한질주하는 전쟁터가 오늘날의 한국사회이다. 하지만 초등학교 어린 시절부터 대학입시를 준비하지만 원하는 목표에 도달하는 사람은 소수이고, 아르바이트로 학비를 벌고 시간을 쪼개어 스펙을 쌓아도 정규직의 괜찮은 일자리에 안착하는 것도 하늘의 별따기이다. 장시간 노동과 성과를 요구하는 직장생활도 고달프기 그지없고 결혼을 하게 되면 양육과 자녀교육으로 시시포스의 고독한 노동은 가중된다. 가히 잔혹한 형벌이라고 할 만하다.

카뮈는 『시시포스의 신화』에서 그 형벌로부터 벗어나는 방법으로 자살과 종교를 제시한다. 자살이 자신을 살해하는 것이라면 종교로의 귀의는 현실도피에 불과하다. 그래서 카뮈가 진심으로 원하는 것은 저항이다. 저항은 이 부조리한 상황에 대한 근본적인 의심에서 시작된다. 왜 내가 이 짓을 하고 있지? 누가 나를 이런 부조리한 상황에 던진 거지? 카뮈는 그 저항이 부조리에 대한 자각에서 비롯된다고 했다. 그래서 그는 말한다. "나는 저항한다, 고로 존재한다."

하지만 고독한 개인의 자각과 저항은 자신을 더 비참하게 만들지 모른다. 혼자서 할 수 있는 것이 거의 없기 때문이다. 자각한 개인은 무기력함으로 인하여 더 깊은 좌절로 빠져들지도 모른다. 따라서 부조리를 인식하는 것 자체가 자신을 더 불행하게 할 수도 있다. "차라리 모르는 것이 약이었는데…." 불행한 의식 속에 그는 고독하다.

카뮈의 『페스트』에서 부조리에 대한 대안이 읽힌다. 고독한 나에서 함께 저항하는 우리로! 페스트가 발생한 오랑시의 사람들은 고독한 개인들이었다. 페스트라는 재앙 앞에 종교뿐만 아니라 정부도 책임 있는 행동을 하지 않자, 평범한 사람들이 '함께하는 우리'가 되어 자원보건대를 조직한다. 그리고 마침내 페스트가 사라진다. 『페스트』는 그동안 당연시되었던 명제, 즉 이기적인 경제적 인간에 대한 근본적인 질문을 내포하고 있다. 문제를 해결한 주체는 이기적인 고독한 인간이 아니었다. 그들은 재난 앞에 뿔뿔이 흩어졌을 뿐이다. 페스트를 물리친 것은 '함께하는 우리'였다.

오늘날 한국사회에서는 해결되지 않는 수많은 부조리한 상황 속에서 깊은 고독에 빠진 시시포스들이 각자 따로 열심히 살아가고 있다. 그 사이 삶은 더 피폐해지고 공동체는 멍들고 있다. 세월호와 메르스가 엄습해도 '함께하는 우리'는 발견되지 않는다. 내 마음의 페스트 때문일까? 이미 세상을 장악한 자본, 권력, 언론의 막강한 위세에 눌려 자발적 복종을 선택했기 때문일까? 이 시점에서 한국의 '페스트'를 들여다볼 필요를 느꼈고, 이것이 이 책의 집필 동기가 되었다. 한국의 시시포스가 자신에 대해 묻고 공동체를 성찰하고 그리고 '우리'를 위한 새로운 상상을 모색할 때 이 책이 참조가 되기를 바라는 마음이다. 각계각층에서 조직된 『페스트』의 자원보건대처럼 이 작업은 인문학, 자연과학, 사회과학 등의 다양한 분야 학자들이 함께 머리를 맞댈 수 있었기에 가능했다.

이 책은 크게 3부로 나뉜다. 제1부에는 개인 차원에서 고민하고 질문해 봐야 할 주제들—사유불능의 위험성, 자아의 진실성, 자아 형성과 상처 치유, 불확실성과 통계적 판단, 생활습관과 건강관리—을 모았다. 제2부에는 우리가 속해 있는 공동체를 성찰해 볼 수 있는 주제들—19세기 한반도를 둘러싼 동아시아 질서의 재편, 우리 근현대사에서의 민본과 민주, 건강격차와 사회적 고통, 권력과 젠더의 문제, 멜로드라마의 사회문화적 기능—을 다룬다. 제3부에서는 100세 시대를 맞이한 베이비부머의 가족관계, 시민학습운동, 제2의 인생과 협동조합, 집단갈등과 해법, 차이가 편안히 드러나는 광장을 통한 사회권의 실현 등 미래사회에 대한 주제들을 가지고 탐구해 본다.

　이상에 보듯이 이 책의 각 장들은 독립적이다. 하지만 나에 대한 질문, 공동체에 대한 성찰, 우리를 위한 상상의 범주에서 모든 장이 한국사회에 대한 인문학적 소통을 모색하고 있다. 이런 점에서 각 장들은 유기적으로 깊이 연결되어 있다. 즉 부조리한 현실이라는 페스트와 그 페스트에 절망하고 있는 고독한 개인들이 나와 나를 둘러싼 공동체의 의미를 함께 묻고 새로운 대안을 모색하려는 것이다. 이 책이 부조리한 상황을 회피하거나 운명으로 인식하여 순응하는 것이 아니라 자원보건대처럼 '함께하는 우리'를 형성하는 이상을 상상하고 실천하는 계기가 되기를 기대한다.

동숭동에서
저자들을 대표하여
유범상 씀

제2부 공동체에 대한 성찰

제3부 우리를 위한 상상

제1부

나에
대한
질문

제1장

나는 생각하는가 }
- 사유불능과 악의 평범성

유범상 교수(사회정책학)

1. 생각당하지는 않는가

중세에는 누가 생각의 주체였을까? 흔히 성직자와 귀족이 지배계급이기 때문에 그들이 생각하는 존재이고 농노는 순응하는 신민이었을 것이라고 예상할 것이다. 하지만 생각하는 존재는 그 누구도 아닌 하느님이었다. 중세는 신이 생각하고 통치하는 시대였기 때문이다. 그래서 성직자가 중요했다. 신의 뜻을 알아내고 이를 사람들에게 전해 주는 역할을 맡고 있었기 때문이다. 이러한 맥락에서 중세에는 영주의 소유처럼 보이는 영지도 그의 것이 아니었다. 그것은 하느님이 그에게 잠시 빌려준 것에 불과했다. 따라서 영주는 토지에 대한 소유권이 아니라 점유권을 가질 뿐이었다. 영주는 반드시 농민들에게 토지를 나누어 줄 의무가 있었고, 농민들은 그것을 요구할 권리를 가졌다. 이처럼 중세에는 신이 소유하고 신이 생각하는 시대였다. 모든 이들은 신의 뜻에 따라 살아가는 존재였다.

근대의 혁명은 '생각하는 나'라는 자각에서 시작된다. 이런 점에서 데카르트의 "나는 생각한다, 고로 존재한다"I think therefore I am는 중세와 결별하고 근대가 시작되었다는 것을 의미했다. 이렇게 생각의 주체가 신에서 나로 전환된 것이다. 그렇다면 인간은 이제 신을 부정했을까? 생각의 주체가 신의 존재에서 나로 대체됐다는 것은 신이 존재하는지 아닌지를 내가 스스로 생각해서 알아낼 수 있게 되었다는 것을 의미한다. 즉 신이 여기 있다고 성직자가 알려 주어서 아는 것이 아니라, 내가 이성을 통해 생각해 보니 신이 존재한다고 해서 신이 존재하는 것이다.

또 달라진 것이 있다. 토지에 대한 생각이다. 이때 토지의 점유권도 소유권으로 바뀌었다. 즉 신이 아니라 저 토지는 내 것이라는 생각이 탄생했다. 이것을 보여 준 사건이 인클로저 운동이다. 모직산업의 등장으로 양모가 필요해지자 영주들은 자신의 땅에 있는 농민을 내쫓고 대신 그 자리에 양을 키웠다. 이 현상을 울타리 치기 운동, 즉 인클로저 운동이라고 불렀다. 이것은 영주가 스스로 땅의 주인이라는 것을 선포한 것이다. 즉, 땅에 대한 생각이 점유권이 소유권으로 변한 것이다.

이처럼 근대의 주체는 사적 소유권에 기반한, 생각하는 나인 시민이다. 그는 자본을 추구하고 그것을 소유하고 있다. 그리고 신의 존재조차도 그가 자신의 이성에 기반해서 판단한다. 그는 자유를 갖고 있다. 그 자유는 자유권 사상으로 정립되었고, 삼권분립과 정당제도 등의 근대적 제도로 보장받았다.

그런데 지금 과연 우리는 생각하며 살고 있을까? 바로 이 글이 제기하는 의문이다. 매일 쏟아지는 수많은 정보와 먹고사는 문제에 몰입해 있는 상황에서 나는 생각하는 것이 아니라 권력이나 자본 그리고 출처가 불분명한 상식에 따라 생각당하고 있는 것은 아닐까? 600만 명의 유태인을 학살하는 데 중요한 역할을 했던 실무자 아이히만과 7,000만 독일인의 생각을 훔치고자 했던 괴벨스를 통해 과연 우리가 생각하는 존재인지를 살펴보자.

2. 아이히만과 악의 평범성

영혼 없는 공무원과 사유불능의 죄악

제2차 세계대전이 일어났을 때 나치는 유태인만 수백만 명을 죽었다. 인종차별주의의 기반이 된 사회진화론을 신봉한 광기어린 학살은 장애인, 동성애자, 외국인 등으로까지 이어졌다. 대학살에 수많은 사람들이 간여했지만 이 홀로코스트의 최종적인 책임은 히틀러에게 있었다. 하지만 그는 이미 자살하여 이 세상 사람이 아니었다. 사람들은 학살의 실무 책임자 중의 하나였던 아돌프 아이히만Adolf Eichmann을 찾아다녔다. 그와 그의 가족은 아르헨티나의 소도시에서 공장노동자로 숨어서 살고 있었다. 이스라엘 비밀경찰에 붙잡혀 예루살렘으로 이송된 아이히만은 8개월간의 긴 재판을 받는다. 사람들은 재판과정에서 두 가지를 기대했다. 첫 번째, 그는 자신의 과오를 고백하고 참회할 것이다. 두 번째, 그는 광기에 사로잡힌 악마의 본성을 지니고 있는 비정상적인 사람일 것이다. 그런데 재판은 곧 난관에 봉착했다. 죄를 뉘우치고 용서를 구해야 할 아이히만이 자신은 아무런 잘못이 없다고 강변했기 때문이다.

아이히만은 언제나 법률을 준수하는 시민이었다고 말한다. … 아이히만은 그의 양심에 대해 자신이 명령받은 일을 하지 않았다면 양심의 가책을 받았을 것이라고 생각했다. 그런데 그 일이란 수백만 명의 남여와 아이들을 상당한 열정과 가장 세심한 주의를 기울여 죽음으로 보내는 것이었다(Arendt, 2014: 77~79).

이처럼 아이히만은 공무원으로 책임을 다한 자신은 벌이 아니라 상을 받아야 한다고 우겼다. 재판을 지켜본 정신과 의사들은 그의 정신상태에 이상이 없다고 증언했다.[1] 그렇다면 문제가 무엇일까? 그에게 어떤 죄를 물을 것인가?

「뉴요커」*The New Yorker*라는 미국 언론사의 특파원 자격으로 참여한 철학자 한나 아렌트는 그가 정상인이라는 것에 동의했다. 아렌트는 아이히만을 자신의 맡은 직무를 충실하게 수행한 성실하고 근면한 인간이라고 평가하면서 그것은 죄가 아니라고 말했다. 그렇다면 그의 잘못은 무엇일까? 한나 아렌트는 사유불능이 아이히만의 죄라고 진단했다.

아이히만은 유대인에 대한 광적인 증오심을 갖거나 광신적인 반유대주의 혹은 그와 같은 종류의 것을 주입받지 않았다. 그는 '개인적으로' 일신상의 안위를 추구하는 데 예외적으로 부지런했을 뿐이고 다른 동기를 갖고 있지 않았다. 그리고 이러한 부지런함은 그 자체로 결코 법에 저촉되는 것도 아니었다. 곧 그는 분명히 상관의 자리를 탐내서 그를 죽일 사람이 결코 아니었던 것이다. 이 문제를 흔한 말로 표현하자면, 그는 그저 자신이 무엇을 하고 있는지 결코 깨닫지 못했을 따름이었다. … 그는 바보가 아니었다. 그가 현 시기의 가장 악독한 범죄자

가운데 한 사람이 된 것은 아무런 생각을 갖지 않았다는 점(바보스러움과는 결코 같지 않은 어떤 것) 때문이다(Arendt, 2014: 287~288).

이처럼 아렌트는 아이히만의 생각의 무능함 때문에 자신의 행동이 인류의 범죄라는 사실을 인식할 수 없었다고 주장했다. 실제 재판과정에서 아이히만은 공무원의 상투적인 언어를 사용하고 히틀러의 이야기를 교본서처럼 받들고 그것으로 말하는 듯이 보였다. 생각의 무능력inability to think은 말과 행위의 무능력으로 귀결되었다. 특히 이것은 상대방과 공감하는 것을 가로막았다. 따라서 그와는 어떠한 소통도 가능하지 않았다. 이는 그가 거짓말을 하기 때문이 아니라 그가 현실 자체를 막는 튼튼한 벽으로 에워싸여 있었기 때문이다(Arendt, 2014: 106).

이런 맥락에서 아이히만을 관찰하면서 한나 아렌트는 그의 생각의 감시탑(파놉티콘)이 히틀러에 의해 만들어진 것이라고 판단했다. 즉 아이히만은 히틀러 시대의 상식과 관료제의 타성에 젖어 생각하는, 즉 다른 생각을 하지 못하는 사유불능의 인간일 따름이었다.

이상에서 보듯이 아렌트가 보기에 아이히만은 전체주의에 길들여져 있어 사유불가능한 인간이었다. 그는 이 생각을 기반으로 했기 때문에 조금도 히틀러의 적에 대한 연민의 정을 느낄 수 없었다. 즉, 그는 타자에 대한 공감능력이 전혀 없었기 때문에 재판장에서도 당당하게 자신은 맡은 바 임무를 다한 공무원이라고 주장한 것이다. 물론 그는 죽을 때까지도 이 생각을 바꾸지 않았다. 따라서 아이히만은 재판에서 참회할 수 없었다. 이처럼 그가 참회할 것이라는 사람들의 첫 번째 기대는 빗나갔다.

아이히만들과 악의 평범성

그러면 사람들의 두 번째 기대는 충족되었을까? 사람들은 아이히만을 보면서 그가 '아주 흉악한 놈'일 것이라고 생각했다. 아이히만의 재판에서 검사도 아이히만에게 뭔가 특별한 악마적 본성이 있을 것이라고 믿었다. 하지만 아이히만은 이웃집 아저씨처럼 평범했고, 악마의 속성을 숨기고 있다는 징후도 발견되지 않았다. 사람들의 두 번째 예상도 빗나간 것이다. 이에 아렌트는 최종 결론을 내린다. 그는 지극히 평범한 인간이다! 그녀는 진정으로 아이히만에게서 반유대주의에 심취한 악마적 면모를 발견할 수 없었다.

> 아이히만은 말했다. 그는 결코 유대인 혐오자가 아니었고, 결코 인류의 살인자가 되기를 바라지도 않았다. … "나는 괴물이 아니다. 나는 그렇게 만들어졌을 뿐이다" "나는 오류의 희생자이다"라고 아이히만은 말했다(Arendt, 2014: 343).
> 아이히만의 경우 바로 그토록 많은 사람들이 그와 같다는 점, 그리고 그 많은 사람들이 도착적이지도 가학적이지도 않다는 점, 즉 그들은 아주 그리고 무서울 만큼 정상적이었고 또 지금도 여전히 정상적이라는 점이 우리를 당황스럽게 만든다(Arendt, 2014: 379).

이상에서 보듯이 아이히만은 성실히 일하면서 승진을 꿈꾸었던 평범한 독일인이었고, 그냥 평생 조직에서 시키는 대로 열심히 자신에게 부여된 일에 최선을 다했을 뿐이다. 그는 성실하고 근면하며 원칙에 충실했던 표준적인 독일인 그 이상도 이하도 아니었다(이상철, 2010: 36~37). 이런 점에서 그는 유대인 학살의 동기도 갖고 있지 않았다. 아이히만은 유대인에 대해 어떤 증오심도 없었으며, 심지어 스스로를 이상주의자라 여기고 시온주의자들에게 모종의 동질감까지 느꼈다고 고백할 정도였다. 이에 대해 아렌트는 '악은 실체가 없다'고 결론을 내렸다(권유지, 2010: 148).

나는 이 괴물같은 인간, 즉 나치를 직접 보고 싶었다. 그에게 말을 걸고, 그의 말에 귀를 기울이고 싶었다. 나는 그를 이해하려 시도해 보고 싶었다. [그런데] 우리, 그러니까 그와 나는 모두 인간이었다(Mayer, 2014: 9).

이처럼 아이히만에게서 뭔가 악마의 본성을 발견할 수 없었고, 한나 아렌트는 이것을 '악의 평범성'이라는 용어로 정리했다. 아이히만의 재판과정을 기록한 그녀의 책은 『예루살렘의 아이히만』이고 이 책의 부제는 '악의 평범성에 대한 보고서'이다. 아렌트가 주장한 악의 평범성은 이후 많은 논란이 된 개념인데, 한마디로 악은 평범한 사람들과 깊이 관계되어 있다는 것이다.

그렇다면 악의 평범성은 무엇을 의미하는가? 평범한 사람들이 아무 생각이 없을 때 자라나는 것이 악이라는 것이다. 아렌트는 사유불능이, 말하기의 무능, 판단의 무능으로 이어졌다고 보고 생각이 없을 때 누구나 다 아이히만이 될 수 있다고 주장했다. 아이히만은 자신의 견해를 밝히는 것이 아니라 관공서에서 사용하는 언어만을 그저 늘어놓을 뿐이며 "정말이지 상투어가 아닌 단 하나의 문장도 표현할 줄 모르는"(Arendt, 2014: 105) 인물이었다. 요컨대 그는 나치관료제를 구성하는 하나의 요소일 따름이었다(송충기, 2013: 284~285).

이상에서 보듯이 악의 평범성은 히틀러가 만든 것이 아니라 히틀러의 생각에 대해 침묵, 묵인, 순응, 방관할 때 생겨난다는 것을 의미한다. 이때 문제는 자신이 악을 행했는지 아닌지를 모르고 있다는 점에 있다. 결국 히틀러가 권력을 잡고, 전쟁을 일으키고, 홀로코스트를 감행할 수 있었던 것은 아이히만만이 아니라 아이히만'들'이 있었기 때문이다. 여기에서 아이히만'들'이란 아무 생각이 없었던 평범한 사람'들'을 의미한다.

나는 … 나치즘이 단순히 무기력한 수백만 명 위에 군림하는 악마적인 소수의 독재가 아니라 오히려 대중운동이라는 사실을 난생 처음 깨달았다. … 전쟁이 끝난 뒤에야 나는 비로소 내가 찾던 사람이 누군지 알게 되었다. 그건 바로 평범한 독일인이었다(Mayer, 2014: 9).

히틀러 시대의 평범한 독일 시민 열 명을 심층 인터뷰한 밀턴 마이어는 책 제목(『그들은 자신들이 자유롭다고 생각했다』)처럼 "그들은 자신들이 [그 당시에] 가장 자유롭다고 생각했다"고 쓰고 있다. 아무 생각이 없었던 평범한 사람들의 침묵이 만든 오욕의 역사가 바로 나치였던 것이다.

한꺼번에 수십, 수백만 벌의 죄수복을 만드는 공장에서는 나라에서 요즘 같은 불경기에 우리를 위해 일자리를 창출해 주었으니 얼마나 감사한 일이냐며, 그러니 더욱 열심히 일하자고 다짐했으리라. 살인 가스를 만드는 사람들은 국가에서 내려온 화학식에 맞춰 그것이 무엇인지도 모른 채 일정한 비율로 원소들을 섞었을 뿐이다. 죽은 유대인들의 시체에서 짜낸 기름을 가지고 비누를 만드는 공장에서는 그 기름이 무엇인지도 모른 채, 나라에서 원자재를 무상으로 제공해 주었으니 우리 열심히 값싸고 좋은 비누를 만들어 국민 위생 증진에 공헌하자며 두 주먹 불끈 쥐었으리라. 그들 모두 하루하루 성실히 근면하게 살아온 죄밖에 없다. 관료사회의 믿음직한 성원으로 집단의 원리에 충실했던 것이 죄인가(이상철, 2010: 37).

이상에서 보듯이 악은 악인의 소유물이 아니다. 평범한 사람들의 침묵, 방관, 묵인의 숲에서 자라는 것이다. 이토록 사유불능이 무서운 것이다. 아렌트는 예루살렘의 아이히만을 보면서 다음과 같은 교훈을 얻는다.

이러한 무사유가 인간 속에 아마도 존재하는 모든 악을 합친 것보다도 더 많은 대파멸을 가져올 수 있다는 것, 이것이 사실상 예루살렘에서 배울 수 있는 교훈이었다(Arendt, 2014: 392).

그런데 왜 아이히만과 아이히만들은 이 같은 사유불능과 악의 평범성이라는 올무에 빠져 허우적거릴까? 혹시 악의 평범성의 이면에 사람들이 침묵하고 탈정치화를 조장하는 어떤 제작자가 있는 것은 아닐까? 생각이 이쯤에 이르면 우리는 히틀러의 선전장관인 괴벨스엥 주목하게 된다.

악의 평범성의 지휘자, 괴벨스

왜 사람들은 악을 보지 못하고 지나치거나 침묵했을까? 악의 평범성 이면에 누가 있는 것은 아닐까? 다시 말해 아이히만을 포함하여 독일의 시민들은 침묵하고 방관하며 순응하는 것이 시민의 도리라고 속삭인 자가 있는 것은 아닐까? 그렇다면 악의 평범성은 생각한 것이 아니라 생각당한 사람들을 숙주로 해서 피어난 것이다. 즉, 사유불능은 누군가에 의해 강제된 것이다. 이에 대해 자세히 논의해 보자.

권력은 권력의 대상을 복종시키는 방법으로 크게 두 가지를 선택한다. 폭력과 동의이다. 여기에서 폭력은 합법적 폭력이라는 말로 동의는 국민의 의무라는 도덕률로 위장한다. 합법적 폭력의 수단은 사형제도·감옥·경찰·검찰 등이고, 동의를 만드는 수단은 학교·언론·공장 등이다. 우리의 일상에서도 이런 사례를 얼마든지 발견한다. 아이를 훈육시키는 방법으로 매를 든다. 이때 가해자는 사랑의 매라고 주장한다. 그런데 이 아이를 단순히 매로 다스릴 수 없다고 판단이 되면 그때 그에게 동의를 구한다. "내가 너를 때리는 이유는 모두 네가 잘되기를 바라기 때문이다"라는 말로.[2]

괴벨스는 사람들의 동의를 구하는 데 탁월한 재주를 가지고 있었다. 젊은 날 문학도였고 기자가 되고자 노력했던 그는 사람들의 마음을 사는 방법을 잘 알고 있었다. 청중들의 감정과 본능을 파악하고 이에 호소하는 법을 체득하고 있었던 그는 이 재능을 제국 국민계몽 선전장관이 되어 십분 발휘한다. 그 결과 '정치적 디자이너', '선전의 마술사', '달변의 웅변가이자 선동가'로 평가받는다(토모아키,

2013; 손관승, 1998; Reuth, 2010).

괴벨스의 국민계몽선전부는 히틀러의 생각을 상식이 되도록 만드는 것이 주요 임무였다. 즉 공식적인 일이 제국 정부와 조국 독일의 민족적 재건에 대해 국민에게 선전하는 일이었지만, 실제로는 나치에 대한 정치적 지지와 윤리적·도덕적 공감을 갖도록 대중들을 개조하는 것을 목적으로 했다(Reuth, 2010: 410).

괴벨스는 동의의 기구, 즉 학교와 언론을 장악했다. 특히 그는 초기에 라디오에 주목했고, 라디오를 TV가 나오기 전까지 대중선동의 가장 중요한 도구로 간주했다. 라디오가 선전도구가 되려면 구입하기 쉽고 그 내용이 재미있어야 한다. 따라서 그는 라디오의 가격을 낮추는 정책을 펴서 라디오를 '국민수신기'가 되도록 했다. 그러나 앞서 언급했듯이 라디오는 '괴벨스의 주둥이'로 불렸을 정도로 그의 선전·선동의 도구였다(Reuth, 2010: 418). 괴벨스는 선전부 장관이 되자마자 라디오뿐만 아니라 TV 방송국을 장악하고 방송국사장들을 소집하여 다음과 같이 언급했다.

우리는 결코 숨기지 않는다. 방송은 다른 누구도 아닌, 바로 우리에게 속한다. 그리고 우리는 방송이 우리의 이념에 복무하도록 할 것이다. 방송에서는 그 어떤 다른 이념에 대해서도 발언해서는 안 된다(괴벨스 연설, Reuth, 2010: 419에서 재인용)..

나치를 선전선동하는 수단으로 전락한 라디오는 재미 있었을까? 당연히 재미와는 거리가 멀었을 것이라고 예상할 것이다. 하지만 괴벨스는 라디오로 사람들을 불러 모았다. 그것은 라디오에 예술성과

정치성을 동시에 담아내는 전략을 사용했기 때문이다. 이를 통해 그는 라디오 프로그램을 민족공동체에 대한 자부심을 느끼도록 만들었고 직접적으로 이념을 선전·선동하기보다 무의식적으로 자연스럽게 받아들이도록 설계했다. 이를 위해 그는 라디오에 음악의 비중을 높였다. 실제로 1933년 57.4%에서 1937년 69.3%로 그리고 1943년에는 90%로 방송에서 음악이 차지하는 비중을 점점 높여갔다. 음악을 독일민족공동체의 색체를 담고 있고 아리안족의 우월성을 나타내는 영역이라고 판단했기 때문이다(이경분, 2009 참조):

독일은 고래로 음악의 나라입니다. 모든 독일인에게 멜로디는 타고난 것처럼 보입니다. 전체 민족이 음악을 즐기는 가운데, 바흐, 모차르트, 베토벤, 바그너 같은 우리의 위대한 예술적 천재가 탄생했으며 이들이야말로 천재의 최고봉이라 해도 과언이 아닙니다(괴벨스, 이경분 2009: 125에서 재인용).

한편, 나치는 '민족공동체'로 모이게 하기 위해 네거티브 전략도 적극적으로 구사했다. 그것은 유대인을 증오의 대상으로 삼아 독보 민족을 단결시키는 것이었다. 히틀러는 『나의 투쟁』에서 투쟁의 유일한 대상으로 유대인을 꼽았고 괴벨스는 이것을 대중에게 각인시켰다. 그는 사설에서 다음과 같이 썼다.

유대인은 독일이 예속 상태에 놓이게 했고, 여기서 톡톡히 재미를 보고 있다. 유대인은 수많은 민중의 사회적 곤경을 악용하여 우리 민족 내부에서 불행한 좌우 분열을 가져왔다. … 유대인은 '기생적 생명체'이고 '인텔리의 원형'이며 창조성 없는 '타락한 악령'이고 '우리 인종의 의도적인 파괴자'이다. 유대인은 '우리의 도덕을 썩게 하고, 윤리를 무너뜨리고 힘을 고갈시켰기 때문이다(괴벨스, Reuth, 2010: 202에서 재인용).

이처럼 괴벨스는 증오와 적개심을 통해 진리의 사도인 나치와, 악의 축인 공산주의자 및 유대인들이라는 이분법을 만들고 이 속으로 독일시민들을 끌여들였다. 민족공동체의 구세주 나치와 악마의 화신 유대인 중 누구를 선택할 것인가? 시민들은 둘 중 하나를 선택해야 했다. 이런 상황에서 독일의 시민들은 괴벨스의 라디오와 방송을 통해 생각했는데도 마치 자신이 생각의 주체라고 착각을 했다. 그 이면을 보지 못했기 때문이다.

괴벨스 사후 사람들은 그의 이론과 실천을 연구했다. 그가 가장 효과적이고 효율적인 복종을 이끌어냈다고 보았기 때문이다. 이런 맥락에서 라 보에시가 『자발적 복종』에서 제기한 주장을 경청할 만하다. 그는 사람들이 권력에 강제적이라고 보다는 자발적으로 복종한다고 주장한다. 왜 그럴까? 그는 말한다.

멍에를 지고 태어나 노예 상태에서 성장하고 교육받은 사람들은 전 세대가 어떤 삶을 누렸는지 알지 못하고 그들이 태어난 대로 사는 것에 만족한다. 그들은 자신들이 어떤 재산, 어떤 권리를 가질 수 있는지에 대해선 더 이상 생각도 하지 않고 출생 당시부터 주어진 삶의 조건을 자연스러운 상태로 여기게 된다(Boetie, 2015: 69).

이처럼 라 보에시는 자발적 복종의 가장 큰 이유가 '습관'이다. 사람들이 습관의 역사나 이면을 보려고 하지 않는 가운데, 자발적 복종은 자유의 망각을 당연시한다. 괴벨스가 사라진 것이 아니라 그가 만든 이론과 상흔이 도처에서 습관으로 사람들을 복종하게 만들고 있는 것은 아닐까.

3. 악의 평범성에 대한 저항: 스노든과 불행한 의식

악은 왜 존재할까? 악의 평범성은 생각 없는 평범한 사람들 때문일까? 그렇다면 생각하는 사람이 있다면 악은 사라질까? 그런 사람이 있다. 현재 그는 국제 미아가 된 외톨이 공무원이다. 그의 이름은 러시아로 망명한 스노든이다. 에드워드 조지프 스노든(Edward Joseph Snowden)은 CIA와 미국 국가안보국(NSA)에서 일했던 미국의 컴퓨터 기술자이다. 2013년 스노든은 「가디언」지를 통해 미국내 개인정보 수집을 위한 통화감찰 기록과 PRISM 감시 프로그램[3] 등 NSA의 다양한 기밀문서를 폭로했다. 스노든은 자신의 행위를, 부당한 현실을 알리기 위한 노력이라고 말했다.[4]

만약 내가 당신의 이메일, 당신 부인의 전화기를 보고 싶다면 나는 이 시스템을 이용하기만 하면 된다. 나는 당신의 이메일, 비밀번호, 통화기록, 신용카드까지 알 수 있다. 나는 이런 일이 일어나는 사회에 살고 싶지 않다.[5]

이 일로 인해 그는 현재 안전하지 못하다. 미국의 압력으로 러시아 외에는 다른 국가로 망명도 쉽지 않은 상태이기 때문이다. 그가 체포될 경우 최소 30년형을 선고받을 것이라는 예상도 나오고 있다. 더욱 그를 난감하게 만드는 것은 매국노라는 그에 대한 비난이다.[6] 미국무부 장관 존 케리는 "스노든은 겁쟁이이다. 그는 매국노이다. 그는 조국을 배신했다. 아니라면 언제든 미국으로 오면 된다"고 조롱하고 있다(CNN, 2014. 5. 29). 더 나아가 미국 정부는 그에게 간첩혐의[7]를 뒤집어씌우고 있다. 따라서 그는 자기 나라에서 버림받은 자가 된 듯이 보인다. 과연 스노든은 조국을 저버린 매국노일까? 이에 대해 스노든은 자신은 스파이가 아니라 오히려 애국자라고 항변한다.

나는 내가 옳다고 생각한 것을 행했고 잘못되어 가는 것을 바로잡기 위한 캠페인을 시작했다. 나는 절대 나 자신의 부를 위해서 그런 행동을 한 것이 아니다. 나는 미국 정부의 기밀을 팔기 위해서 한 것도 아니다. 더 나아가 나의 안전을 책임져 줄 수 있는 외국 정부를 위해 한 것도 아니다. 나는 시민을 위해 내가 아는 사실을 폭로했다. 이것은 우리 모두를 깨어나게 하는 빛이 될 수 있다. 나는 정의를 위해 세상에 던진 것이다(CNN, 2013. 7. 15).

스노든은 "나는 신중하게 모든 문서를 평가했고, 그 가운데 공공의 이익에 합법적으로 부합할 만한 것만 공개했다"면서 "공개하지 않은 문서 중에는 큰 파장을 미칠 만한 것도 있지만, 사람을 다치게 하는 것이 아니라 '투명성'이 내 목적이기 때문에 공개하지 않았다"고 말했다(오마이뉴스, 2013. 6. 11). 이처럼 스노든은 "내가 배신한 것은 권력이지 국민이 아니다. 내가 충성해야 할 사람은 시민이지 권력자가 아니다"라고 항변한다.

스노든을 이해하기 위해 다른 예를 들어 보자. 어느 국립대 교수가 있었다. 따라서 그의 신분은 공무원이다. 문제는 그가 정권을 늘 비판한다는 점에 있다. 그를 비난하는 사람들은 그가 공무원으로서 어떻게 정부를 비판할 수 있는가, 만약 그런 비판을 하려면 학교를 그만두고 하라고 말했다. 그런데 스노든의 사례에 기대어 가만히 생각해 보자. 그에게 월급을 주는 것은 정권인가 시민인가? 시민일 것이다. 그렇다면 그가 충성해야 될 대상은 정권인가 시민인가? 당연히 시민이다. 그렇다면 그가 부당한 정권을 비판하는 것은 시민에게 충성하는 것이지 않는가.

이상에서 보듯이 스노든의 말을 인정한다면, 그는 자신의 소신을 실천한 공무원이다. 즉 국가권력이 올바른 길로 가지 않을 때 앞에서 저항한 용감한 공무원인 것이다. 그의 논리를 따르면, 자신은 영혼을 갖고 있는 존재이고, 정치권력으로부터 자율성을 추구한 공무원이며, 시민에 대한 충성을 공직의 업무로 이해한 사람이다. 따라서 스노든이 죄가 있다면, 영혼을 가졌다는 것, 권력이 아닌 시민에 대해 충성했다는 것, 그리고 권력에 굴복하지 않았다는 것이다.

스노든은 지금 불행한 의식을 갖고 있다. 그는 지금 가장 힘든 것이 의도하지 않았는데도 불구하고 러시아에서 삶을 마감할 것이라는 의구심이 드는 것이라고 말한다(CNN, 2014. 5. 29). 여기에서 앞서 제기했던 질문을 떠올려 보자. 생각하는 사람이 있는데도 악은 사라지기는커녕 여전히 기승을 부리고 있지 않은가. 스노든처럼 권력을 비판한 사람은 항상 고난의 길을 가야만 하는 것일까? 과연 스노든

같은 사람이 안전한 세상은 존재할까? 스노든은 어떻게 자신의 안전을 보장받을 수 있을까? 악의 평범성에 어떻게 대항해야 할까?

4. 집단분노와 선의 평범성을 위한 상상

악의 평범성과 그 속의 사람들

'악의 평범성'이라는 개념은 우리에게 경고한다. 나와 나를 둘러싼 공동체를 비판적으로 둘러보지 않으면 나도 모르게 악의 방조자 혹은 제조자가 된다는 것이다. 그렇다면 오늘날의 한국사회에서 살고 있는 우리는 어떤가? 나는 파주시와 시민들이 운영하는 '야(夜)한 토론회'(이하 '야토')라는 모임에 지난 4년간 간여해 왔다. 2015년 야한 토론회는 다양한 문제의식 아래 '우리 주위를 둘러봐'라는 주제를 선정했고, 이를 위한 세 권의 교재를 함께 읽고 토론했다. 이 책들을 중심으로 악의 평범성에 대한 극복방법을 논의해 보고자 한다.

야토의 기본 교재인 『그 꿈들』은 전쟁에 대한 사유불능이 어떤 악을 낳을 수 있는지를 보여 준다. 교사 지망생이었던 마이클 일병은 이라크의 지배자인 악당으로부터 아이들을 구하기 위해 나선다. 그래서 그는 이 전쟁이 정의수호의 행위라고 믿었다. 하지만 실제 전쟁은 아이들의 꿈을 앗아 갔고 자기 자신은 정작 그 꿈들을 파괴하는 악마라는 것을 깨닫게 된다. 그는 충격에 빠졌다. 전쟁이 평범한 사람들, 즉 이라크 시민들뿐만 아니라 참전 군인인 자신의 삶을 파괴했고 증오라는 악의 씨앗을 뿌린 사실을 알았으니 말이다! 만약 국가가 전쟁을 선언했을 때, 평범한 사람들이 '누구를 위한 전쟁인 가'라고 물었다면, 그리고 국민의 이익을 내세우는 전쟁의 의도와 정의로운 전쟁이라는 정당화에 대해 의심을 품었다면 결과가 다르지 않았을까?

야토의 또 다른 추천도서 『밀양 큰 할매』는 자신이 평생 살아온 지역에 송전탑이 들어서려고 하자, "송전탑 때문에 사람도 짐승도 농작물도 못 견디는 고향을 물려줄 수 없다"면서 투쟁하는 할머니의 삶을 보여 주고 있다. 그런데 우리는 할머니의 저항을 '보상이나 더 받으려는 이기적인 행위'로 치부하면서 비난하거나 아예 무관심으로 일관하지는 않았는가? 지금이라도 우리가 누군가의 삶의 터전을 폭력적으로 빼앗는 행위와 핵발전을 위한 송전탑 건설의 정당성에 대해 의문을 품으면서 '과연 저 송전탑이 누구를 위한 것인가'라는 질문을 해야 하지 않을까?

마지막 추천 도서인 『나는 차가운 희망보다 뜨거운 욕망이고 싶다』는 서울대 로스쿨에 다니는 성공한 장애인 김원영 씨의 자전적 에세이이다. 그는 경쟁력을 갖추어 성공하면 장애를 극복할 수 있을 것이라고 생각했다. 즉, 사람들이 그를 동료로, 평범한 인간으로 대우할 것이라고 예상했다. 하지만 사람들은 언제나처럼 동정, 시혜, 자선의 눈빛으로 그를 쳐다보고 있었다. 저자는 이 책에서 한국사회가 '장애인도 제법인데'라든가 그를 롤모델로 삼아 다른 장애인을 마치 게으르거나 자립·자조 정신이 없는 것으로 자신을 이용하지 않을까 하는 우려를 표명한다. 이처럼 우리는 장애인을 평범한 동료와 이웃으로 보지 않는다. 장애인은 언제나, 누구나 동정의 대상이거나 무시해도 되는 존재가 된다.

집단분노와 선의 평범성을 위한 상상

　이상에서 보듯이 아무 생각이 없는 사람들은 평범한 사람들의 꿈을 앗아 가고 자신마저 죽이는 전쟁에 동원되기도 하고, 핵발전소 건설에 반대하는 사람들의 투쟁을 님비not in my backyard현상으로 치부하기도 하며, 장애인을 동정과 시혜의 시선으로 차별한다. 이로써 이웃에게 모멸감을 주고 우리 사회를 분열시키고 급기야 공동체를 파괴한다. 우리는 도처에 야토와 같은 광장을 열어 이런 '악의 평범성'과 대면해야 한다. 그리고 이 속에서 악의 평범성을 선의 평범성으로 대체하려는 상상을 해야 한다. 평범한 사람이 아무 생각이 없을 때 악을 만든다면, 역으로 평범한 사람들이 사유하기 시작할 때 선도 만들 수 있는 것이 아닐까? 이렇게 본다면 악을 사악한 악마가 만드는 것이 아닌 것처럼 선도 특정 영웅이 만드는 것이 아니다. 악과 선, 이 모든 것은 평범한 사람들에 속하는 영역이다.

　『희망과 욕망』이 제시한 선의 평범성의 실천 사례를 들어 보자. 우리는 장애인과 관련해서 '이능인', '정상인', '장애우' 등의 개념을 쓴다. 이능인 개념은 장애인을 다른 능력을 가진 사람으로 보면서 손상으로 인한 불편을 외면할 가능성이 있는 것이고, 비장애인을 정상인으로 부를 때는 은연중에 장애인을 비정상인으로 보고 있는 것이다. 그리고 '장애인은 우리 친구'라는 함의를 갖고 있는 '장애우' 개념은 장애인을 존중하는 것 같지만 이것은 어법에 맞지도 않고 의도와는 달리 내심 장애인을 동정하는 태도일 수 있다. 『희망과 욕망』은 이 모든 개념들이 장애인을 대상화하거나 비하하는 것이라고 비판한다. 그리고 "정치적으로 올바른 표현을 사용하는 것은 매우 작지만 큰 힘을 가진 실천이다"라고 주장하면서 장애인이라는 용어를 쓸 것을 제안한다. 한편, 『그 꿈들』은 마지막 장면에서 정의를 위해 전쟁에 참여했던 스미스 일병의 참회와 이를 받아들인 '작은 자'들의 화해를 그리고 있다. 이를 통해 이 책은 증오의 덫에서 작은 자들 스스로가 걸어 나와야 한다는 메시지를 던진다.

이처럼 용어의 신중한 사용과 더불어, 평범한 사람들의 소통이라는 일상의 작은 실천들이 모여 악의 평범성에 대항한다면 선의 평범성이 나타나지 않을까? 이처럼 선의 평범성이 자라기 위해서는 도처의 공간에서 자각이 있어야 한다. 불의와 부당함에 대한 작은 자들의 분노가 있어야 한다. 이때 분노는 증오와 다르다. 『나는 차가운 희망보다 뜨거운 욕망이고 싶다』의 저자는 말한다.

우리는 때로 분노해야 한다. 사람들은 보통 분노를 증오와 착각한다. 증오는 타자에 대한 감정적인 혐오이고 복수심이다. 증오는 폭력만을 낳을 뿐 증오하는 주체의 상태를 조금도 변화시키지 못한다. 그러나 분노는 이와 다르다. 분노는 부정의에 대한 합당한 정의이고, 그 저항 속에서 우리 자신의 욕망과 열정을 발견하는 과정이다. 분노하는 삶은 사랑하는 삶만큼이나 우리의 삶을 풍요롭게 하며 확장시킨다. 그래서 나는 분노란 내 안에 잠들어 있던 욕망과 잠재력을 추동시키는 힘이라고 생각한다. 그렇게 시작된 욕망은 우리의 상상력과 공동의 노력을 통해 현실이 된다. 우리는 분노하되 증오하지 않을 수 있다(김원영, 2010: 266).

나치는 유대인에 대한 증오를 활용해서 악의 평범성을 주조했다.

선의 평범성은 작은 자의 비상식, 불의, 억압과 결핍의 현실과 권력관계에 대한 분노에서 시작된다. 하지만 한 명의 분노에 그쳐서는 악의 평범성을 제거할 수 없다. 악의 평범성이 침묵하는 다수에서 자라듯, 선의 평범성은 작은 자의 분노에 대해 다른 작은 자들이 공감하면서 집단적인 분노로 나아갈 때 실현되기 때문이다. 이런 점에서 무심코 지나쳤던 우리 주위를 지역의 많은 사람들이 함께 모여 둘러보려는 야토와 같은 시민들의 집단분노와 생각의 광장이 있어야 한다. 토론하는 동료들과 함께 하는 이 즐거운 광장으로의 소풍길이 선의 평범성을 예비할 수 있는 것이다.

스노든 vs 스노든들

권력은 폭력과 동의에 기반해서 자신의 생각을 상식으로 만들려고 한다. 특히 부드러운 지배는 자발적 복종인 동의에 기반할 때 가능하다. 따라서 일반인이 상식으로 알고 있는 것에 권력이 스며들어 있다. 상식으로 생각하는 사람이 많을 때 악의 평범성은 쉽게 일상화될 수 있다. 비판이 없는 일상적인 적용과 순응, 침묵과 무관심은 결국 인간을 영혼 없는 기계로 만들고 홀로 코스트의 비극으로 귀결된다.

그런데 우리는 우리가 혹은 우리의 자녀들이 아이히만이 되기를 기대하는가, 아니면 스노든이 되기를 기대하는가? 지금 우리 혹은 우리의 자녀는 아이히만처럼 가고 있는가 아니면 스노든이 되고자 노력하고 있는가? 아마도 대답하기가 난감할 것이다. 당연히 스노든이 되기를 기대하지만 그는 평생 타국에서 두려움 속에 살아가야 할지 모르기 때문이다. 반면 아이히만은 공무원으로서 높은 자리에 오르지 않았는가?

선의 평범성을 위해 용감하게 권력 비판을 감행한 사람이 스노든이다. 하지만 그는 악의 평범성 앞에 큰 두려움을 느끼고 있다. 그는 한 인터뷰에서 "내가 가장 두려워하는 것은 아무것도 바뀌지 않는 것입니다. 사람들은 대표자들이 국민의 이해에 부합하는 태도를 취하도록 변화를 일으키도록 맞서 싸우는 데 필요한 위험을 감수하려 하지 않는 것입니다"[8]라고 언급했다.

이처럼 스노든의 진정한 불행은 근본적인 문제를 제기하고 저항하는 사람이 주위에 자신 외에는 아무도 없기 때문에 나타난다. 혼자서는 선의 평범성을 실현할 수 없는 것이다. 그는 평범한 사람들이 생각하는 존재가 됨으로써 선이 이루어진다는 것을 보고 싶을 것이다. 그것이 자신을 안전하게 할 것이기에. 하지만 지금 그는 고독하고 외롭다. 조국의 시민들이 자신을 매국노라고 비난하고 있기 때문이다. 문제는 스노든만으로 되지 않고 스노든'들'이 필요하다. 스노우든들이 있을 때 비로소 스노든이 안전하기 때문이다.

제2장

자신이 생각하는 자아란
얼마나 진실한 것인가
-『고백록』혹은 자아의 문학

이용철 교수(불문학)

1. 루소는 왜 자서전을 써야만 했는가

괴테가 "볼테르와 더불어 하나의 세계가 끝나고 루소와 더불어 하나의 세계가 시작된다"고 말했을 정도로 루소는 새로운 사유와 감성을 창조한 사상가이자 작가였다. 현대에 미친 그의 영향력은 너무 광범위해서 만약 그가 존재하지 않았다면 현대는 지금과 다른 모습을 갖고 있을지도 모른다. 루소는 주권재민의 원리를 선언한 『사회계약론』을 통해 미국 건국의 아버지들과 프랑스대혁명을 이끈 지도자들에게 강력한 영향을 미쳤고, 사회가 존재하기 이전의 자연적 인간을 탐구한 『인간 불평등 기원론』을 통해 현대 인류학을 창시하는 데 기여했으며, 자율적인 인간의 양성을 모색한 교육서 『에밀』을 통해 오늘날에도 영감을 주는 새로운 교육철학을 제시하였다. 루소는 급진적인 사상가이면서 또한 위대한 작가였다. 그는 신분이 다른 두 젊은이의 불가능한 사랑을 그린 소설 『신(新)엘로이즈』를 써서 인습에 얽매어 굳어 버린 사람들의 감성을 일깨웠으며, 현대적인 의미의 자서적인 『고백록』으로 자아의 문학을 창조하였다. 그러나 유감스럽게도 우리는 '루소' 하면 『에밀』을 썼음에도 불구하고 자신의 아이들을 모두 고아원에 버린 위선자의 모습을 떠올리는 것이 보통이다. 사실 루소 본인도 자서전인 『고백록』을 집필하게 된 주요한 동기 중 하나가 자식들을 유기한 사실을 폭로한 볼테르의 「시민의 견해」에 대항하여 자신을 변명하기 위해서였다고 말할 정도로, 이 사건은 루소가 자신에 대해 모든 것을 말하고 독자들의 이해를 받고 싶다는 욕망을 촉발시켰음은 분명하다.

1762년 6월 9일, 파리 고등법원은 『에밀』에 유죄선고를, 루소에게는 체포령을 내린다. 『에밀』에 들어 있는 「사부아 보좌신부의 신앙고백」이 개인의 양심과 이성에 기초를 둔 이신론적 신앙을 주장함으로써 당시 교회의 교권주의를 심각하게 위협하는 것으로 보였기 때문이다. 또한 권력은 일반의지에서 나와야 한다고 주장한 『사회계약론』 역시 정치권력의 눈에 탐탁하게 보였을 리 없었다. 루소는 우선 스위스에 있는 이베르동으로 피신했다. 그러나 6월 19일 제네바에서도 『에밀』과 『사회계약론』이 공개적으로 소각되었으며 루소에게 체포령이 내려졌다. 불행하게도 이베르동이 속해 있는 스위스의 베른 주(洲)는 제네바와 마찬가지로 공격적인 칼뱅주의를 견지하고 있었고, 루소는 그곳에서 곧 떠나야 한다는 통지를 받았다. 7월 10일 그는 프로이센에 속해 있는 뇌샤텔 공국의 모티에로 가서 프리드리히 대왕의 보호에 몸을 의탁했다. 그런데 루소가 프랑스를 떠난 후 그의 작품에 대한 비난만이 아니라 루소에 대한 인신공격이 포문을 열었다.

그런데 이 두 번에 걸친 영장이 신호가 되어 유럽 전역에서 나에 대한 저주의 외침이 일찍이 유례가 없었던 맹위를 떨치면서 터져 나왔

다. 모든 잡지와 신문과 소책자들이 더할 나위 없이 무서운 경종을 울
렸다. … 그들에 따르면 나는 부도덕한 자, 무신론자, 광견병자, 야수,
늑대였다. … 요컨대 파리에서는 사람들이 그 어떤 주제에 대한 글을
출판하든 내게 모욕을 가하는 데 소홀히 하면 경찰에 걸려들게 될 것
을 두려워하는 것처럼 보였다. 이렇게 모든 사람들이 일치단결하여 나
를 증오하는 원인을 찾다가 지쳐서, 모든 사람들이 미쳤다고 생각할
지경이었다. 뭐라고!『영구평화안』의 편집자가 불화를 부채질하고, 「사
부아 보좌신부」의 편찬자가 부도덕한 자이고, 『신엘로이즈』의 저자가
늑대이고, 『에밀』의 저자가 광견병자라니. 아, 맙소사![1]

루소는 이렇게 비난이 고조됨에 따라 자신을 변호할 결정적인 행
동이 필요하다고 느꼈지만, 당분간은 시사적이고 논쟁적인 글을 쓰
느라 시간을 낼 수 없었다. 그런데 1764년 12월 27일 제네바에서 루
소가 자신의 아이들을 유기했다는 사실을 세상에 폭로하는 익명의
비방문 「시민의 견해」가 뿌려졌다.

　　우리는 비통함과 수치심을 갖고 공언하건대, 그는 자신의 방탕함의
　　치명적인 흔적을 아직도 몸에 지니고 있고 어릿광대처럼 옷을 입고 그
　　불행한 여인을 자기 옆에 끼고 이 마을에서 저 마을로 이 산에서 저 산
　　으로 질질 끌고 다니는 그런 사람인데, 그는 그녀의 어머니를 죽게 만
　　들었고 그 유아들은 자선시설 문 앞에 버렸습니다.[2]

볼테르가 쓴 이 비방문은 사실이 아니었지만 사실처럼 보일 수 있
었다. '방탕함의 치명적인 흔적'은 성병의 흔적을 말하는 것처럼 보

이는데, 루소는 사람들이 생각하는 것처럼 성병을 앓은 적은 없었지만 비뇨기 때문에 평생을 고생했다. 그가 입고 다니던 아르메니아 풍의 긴 옷은 어릿광대들이 입는 옷이 아니었지만 남들의 이목을 끌 정도로 이상하게 보인 것은 분명했다. 여기서 불행한 여인이라고 불린 동거녀 테레즈는 루소에 의해 강제로 끌려다닌 것은 아니었지만 어쨌든 그가 사는 곳을 옮길 때마다 따라다녔다. 그리고 디드로와 그림은 종종 루소에게 테레즈의 어머니를 잘 돌보지 않는다고 비난했지만, 어쨌든 그녀는 그때까지 살아 있었다. 그러나 루소가 자신의 아이들을 자선시설 문 앞에 버렸다는 말은 그가 법적 절차를 밟아 아이들을 고아원에 맡겼다는 점에서 정확한 사실이 아닐지는 몰라도, 아버지로서의 의무를 저버렸다는 점은 부인할 수 없는 진실이었다. 루소 자신도 이 일이 그냥 덮고 지나가기에는 너무나 심각한 사건이라는 점을 너무도 잘 알고 있었다. 루소에게 아이들을 버렸다는 사실이 치명적이었던 이유는 그것이 당대의 도덕규범 혹은 풍속에 비추어 심각한 죄였기 때문은 아니다. 1722년 대략 600만 인구의 파리에서는 1만 8,713명의 신생아가 태어나 그중 7,666명이 버려졌는데, 이는 신생아의 41%에 달한다. 그리고 그 버려진 아이들 중에는 당대의 저명한 여류 인사 탱생 부인의 사생아이며 후일 『백과전서』의 서문을 쓰게 될 수학자 달랑베르도 포함되어 있을 정도였다.[3] 그럼에도 불구하고 루소에게 가혹한 비난이 가해졌던 것은 그가 글쓰기에서 가장 중요한 쟁점으로 삼았던 것 중 하나가 글쓰기의 진정성 문제였기 때문이다.

루소는 『학문예술론』의 수상으로 문학적 성공의 길로 접어들었을 때 당시의 문예후원제도가 주는 모든 물질적 혜택을 거부했다. 루소는 지식인을 포함하여 당시의 위선적인 사회체제 전반에 걸쳐 근본적인 비판을 가할 것을 결심하는데, 이러한 비판의 진정성을 담보하기 위해서 비판의 주체는 비판의 대상이 되는 권력으로부터 벗어나야 하기 때문이다. 그래서 그는 문학적 영광으로 진입하는 문턱에서 삭가라는 직업을 포기하고 악보 필경사를 평생의 직업으로 삼겠다고 공언하면서 작가란 사회적 성공과는 관계없이 오직 공공의 선을 위한 진리만을 말하기 위해서 글을 써야 한다고 주장한다.

> 나는 작가의 신분이란 그것이 직업이 아닌 한에서만 명성도 얻고 존경을 받으며 또 그럴 수 있다고 항상 느껴 왔다. 단지 먹고살기 위하여 생각할 때 고결한 생각을 하기란 너무 어려운 일이다. 위대한 진리를 말할 수 있고 또 용감하게 말하기 위해서는 성공에 연연해서는 안 된다. 나는 나머지 것들은 전혀 고려하지 않고 오직 공공의 선을 위해 말했다는 확신을 갖고 내 책들을 대중 앞에 내놓았다.[4]

루소가 문예후원제도를 거부하고 문단을 떠나 고독 속에서 오로지 진리만을 위해 글을 쓰겠다고 결단을 내린 것, 예술과 학문의 윗자리에 미덕을 올려놓고 스스로 미덕의 화신으로 변신한 것은 당시 문단 더 넓게 말하면 지식인 사회에서 통용되는 게임의 법칙을 뒤집어 놓은 사건이었다. 그는 이러한 결단을 바탕으로 계몽주의자들이 비판하는 정치권력과 종교만이 아니라 계몽주의자들 자체에 대해 비판의 메스를 대는 것을 주저하지 않았다.

> 철학자들이 진리를 발견할 수 있다 하더라도 그들 중 누가 진리에

관심을 가지려 하겠는가? 철학자들은 저마다 자기 체계가 다른 사람들의 체계보다 더욱 근거가 확실한 것은 아니라는 사실을 잘 알고 있다. 그럼에도 제각기 그 체계가 자기 것이라는 이유로 그것을 주장하는 것이다. 옳고 그른 것을 알게 된다고 해도 다른 사람에 의해 발견된 진리보다 자기가 발견한 거짓말을 더 좋아하지 않는 철학자는 단 한 사람도 없다. 철학자란 자신의 명성을 위해서라면 기꺼이 인류를 속이고도 남을 사람이다. 마음속 깊은 곳에 남보다 돋보이려는 목적 이외에 다른 목적을 품고 있는 철학자가 어디 있겠는가? 일반 대중들 위에 올라설 수만 있다면, 자기 경쟁자들의 찬란한 명성을 능가할 수만 있다면, 그 이상 무엇을 더 바라겠는가? 중요한 것은 다른 사람들과 다르게 생각하는 것이다. 그는 신자들 사이에서는 무신론자로 자처하는데, 만약 무신론자들 사이에 있다면 신자로 자처할 것이다.[5]

이처럼 루소는 철학자들이 권력과 사익을 위해 글쓰기를 이용하고 있다고 비판하면서, 사유의 내용보다는 사유와 사유를 하는 주체의 문제, 다시 말하면 주체가 사유를 어떤 목적으로 이용하고 있는가라는 문제를 가장 중요한 쟁점으로 삼았다. 이렇게 미덕을 주장하던 그가 이제 자신의 아이들을 고아원에 버린 사실을 정당화할 수 없다면 『에밀』은 지적인 사기 이상의 것이 되지 못할 것이다. 그가 아름다운 영혼이 아니라면 『신엘로이즈』는 미덕의 탈을 쓰고 불륜의 연애를 조장하는 소설이며, 그가 유덕한 공민이 아니라면 『사회계약론』은 기존의 국가권력에 대한 반항을 충동질하는 선동적인 정치 팸플릿에 지나지 않을 것이다. 요컨대 사회에 만연한 악덕을 거부하고 미덕을 행할 것을 주장하는 장 자크 루소는 겉으로는 이해관계에 초연한 척하면서 속으로는 문학적 명성을 탐내는 사기꾼, 자신이 비난하는 철학자들보다 더 나을 것이 없는 위선자에 지나지 않게 될 것이다. 따라서 루소의『고백록』은 단지 자신의 삶에 대한 이야기나 자신의 도덕적 오류에 대한 변명을 넘어서 자신의 철학적이고 정치적인 담론의 진정성을 지탱해 주는 준거의 역할을 수행해야 했다.

2. 인간을 판단하는 척도로서의 자연인

루소는 자신을 포함한 모든 인간이 선천적으로 선하다고 확신했다. 자연 상태에서 홀로 사는 인간은 자기보존을 지향하는 자기애amour de soi에 따라 살고, 타인에게는 가능한 한 고통을 주지 않으려는 동정심pitié을 갖고 있기 때문에 타인과 거의 갈등을 일으키지 않는다. 자유롭고 행복했던 인간이 타락하게 된 원인은 신에게 지은 원죄 때문이 아니라 다른 사람들과 관계를 맺으면서 자신이 그들보다 더욱 우월하다는 잘못된 생각을 품었기 때문이다. 사회가 만들어지면서 권력을 소유한 자들은 사람들에게 진정한 행복과는 거리가 먼 권력욕을 불어넣고, 교묘한 방법으로 우월감과 열등감을 부추겨 그 자체로 목적이어야 할 인간을 도구로 사용한다. 사람들은 타인을 희생시켜서라도 자신의 이익을 취하려는 은밀한 욕망을 숨긴 채 선의의 가면을 쓰고 냉혹한 이해관계가 지배하는 사회에서 타인과 경쟁하면서 점차 자신의 본성을 잊어버린다. 그들은 사회라는 거대한 사막 속에서 내면의 갈등을 해소시킬 수 있는 물을 찾아 방황하지만 그가 발견하는 것은 오아시스가 아닌 신기루에 불과하다. 모든 문제의 해결은 사람들이 원래의 진정한 모습을 회복하는 데서 시작한다고 루소는 믿는다. 그러나 이미 왜곡된 자신의 모습이나 다른 사람들의 모습을 보면서 원래의 본성을 찾기란 불가능한 일이다. 루소는 이러한 어려움에 대해 다음과 같이 진술한다.

> 나는 인간들을 잘 알고 있다고 가장 뽐내는 사람들 가운데서조차 어떤 사람이 자신을 아는 것이 사실이라고 하여도 누구나 자신 이외에는 거의 알지 못한다는 사실을 자주 보아 왔다. 왜냐하면 어떤 존재를 어떤 것에도 비교하지 않고 그 존재 안에 있는 유일한 관계로서 완전히 규정할 수는 없기 때문이다. 그러나 자신에 대해 가지고 있는 이 불완전한 지식은 다른 사람을 아는 데 사용하는 유일한 수단이다. 사람들은 자기 자신을 모든 것의 척도로 삼는데, 바로 여기서 우리는 이기심의 이중적 환상에 걸려든다. 이 이중적 환상은 우리가 판단하는 사람들에게 있어서 우리가 그들이었다면 그들처럼 행동하게 만들었을 동기들을 그들의 동기로 잘못 간주하거나, 지금의 상황과는 다른 상황에 있는 우리를 충분히 상상할 수 없어서, 우리 자신의 동기에 대해서도 잘못 생각하는 데에서 생겨난다.[6]

사람들은 자기 자신을 명확히 인식할 정도로 충분히 자기 자신이지도 못하며, 설령 자기 자신에 대해 완벽히 알 수 있다 하더라도 타자에 대한 정확한 이해를 가질 수 있을 정도로 충분히 타인의 내면으로 들어가지도 못한다. 사람들은 타인을 관찰하면서 자신의 성향이나 상황에 의해 결정된 무의식적인 선입견을 타인에게 투사한다. 극단적인 경우 관찰의 대상이 되는 타인의 자아는 관찰하는 주체가 만들어 낸 허구적 존재에 지나지 않을 수도 있다. 그런데 만약 어떤 사람이 자신의 내면을 투명하게 보여 준다면 그래서 자신의 내면과 자신에 대한 사람들의 이해가 어긋나 있다는 점을 명확하게 보여 준다면, 그때 사람들은 그 어긋남을 통해 자신의 오류를 깨닫는 동시에 그와의 비교를 통해 자신이 어떤 인간임을 더욱 확실히 이해할 수 있을 것이다. 그래서 루소는 "자신의 마음을 알기 위해서는 많은 경우에 다른 사람의 마음을 읽는 것으로 시작하여야 할 것이다"라고 말한다. 사실 해석학적인 관점에 따르면 인간에 대한 진정한 이해는 해석하는 주체와 해석의 대상이 되는 또 다른 주체 사이의 상호 해석의 과정에서 생겨난다. 이러한 상호 해석의 과정은 어쩔 수 없이 끊임없는 순환의 과정을 보이기 마련인데, 루소는 이 순환을 정지시키고 인간에 대한 확실한 진리가 만들어지기를 원한다. 무엇이 참이고 거짓인지를 확인하기 위해서는 그것을 비교해 볼 수 있는 불변의 척도가 존재해야 하는데, 루소는 모든 사람들이 자신과 다른 사람을 관찰하고 이해할 수 있는 기준으로서 자신의 자아를 제시한다.

> 나는 사람들이 자신을 평가하는 것을 배우기 위하여 적어도 비교 단위를 가져 각자가 자신과 다른 사람을 알 수 있도록 노력하고 싶다. 그런데 이 다른 사람은 바로 내가 될 것이다.[7]

그렇다면 왜 다른 사람들은 안 되고 루소만이 인간 이해의 준거가 될 수 있는가? 일단 루소는 자신이야말로 자연인과 가장 가까운 존재이기 때문이라고 말한다.

오늘날 인간의 본성은 너무나 왜곡되어 비방받고 있는데, 그 본성을 묘사하고 옹호하는 그(=장 자크)가 자신의 마음에서가 아니라면 어디서 그의 모델을 끌어낼 수 있었겠습니까? 그는 자기 자신을 느끼듯이 본성을 묘사했습니다. 편견에 얽매이지 않고 거짓 열정에 사로잡혀 있지 않았던 그의 눈에는, 다른 사람들이 대개 잊어버리거나 모르게 된 이 최초의 특징들이 드러나지 않을 수 없었습니다. ⋯ 은거하여 고독한 삶, 몽상과 관조에 대한 강렬한 취미, 자기 자신을 깊이 돌아보고 정념이 가라앉은 조용한 상태로 자신 안에서 많은 사람들에게서 이미 사라져 버린 이 최초의 특징들을 탐색하는 습성으로 인해 그는 그 특징들을 찾아낼 수 있었습니다. 요컨대 우리에게 이처럼 본래의 인간을 보여 주기 위해 한 인간이 자기 자신을 묘사해야만 했습니다.[8]

그는 어느 누구보다도 인간의 보편적이고 참된 본성을 간직한 사람이며, 그것을 잘 인식하고 있는 사람이다. 그가 자신의 정치적 담론에서 생생하게 묘사한 자연인은 루소가 누구보다도 자연인에 가깝다는 증거가 될 수 있다. 그는 또한 다른 사람들을 가장 잘 이해하고 있는 존재이기도 하다. 왜냐하면 그는 떠돌이와 작가라는 특이한 운명 덕분에 모든 계층의 사람들을 만나 보았고, 사람들의 눈에 별 볼일 없는 사람으로 비추어져서 사람들의 적나라한 민낯을 볼 수 있었기 때문이다.

어떤 사물에 대한 경험과 관찰을 고려하자면, 나는 이 점에 있어 아마 어떤 사람보다도 가장 유리한 입장에 있다. 나 자신은 아무런 신분도 갖고 있지 않기 때문에 모든 신분의 사람들을 알았다. 높은 신분의 사람들은 높은 신분의 사람들만을 알고 있으며, 미천한 신분의 사람들은 미천한 신분의 사람들만을 안다. 미천한 신분의 사람들은 높은 신분의 사람들을 감탄 어린 눈길로 쳐다볼 뿐이며, 높은 신분의 사람들은 부당한 경멸감만을 품고 미천한 신분의 사람들을 내려다본다. 너무나 멀리 떨어져 있는 관계 속에서 이들 서로에게 공통적인 인간은 높은 신분의 사람들이건 미천한 신분의 사람들이건 이들에게 파악되지 않는다. 나로 말하면 조심스럽게 인간으로부터 그 가면을 떼어 놓기 때문에 나는 모든 곳에서 인간을 알아보았다. … 모든 사람들로부터 겸손하고 대수롭지 않은 사람으로부터 받아들여진 나는 마음 편히 사람들을 관찰하였다. 그들이 자신을 감추기를 멈추었을 때 인간을 인간과, 신분과 신분을 비교할 수 있었다. 아무것도 아니고 아무것도 원하지 않았기 때문에, 나는 아무도 귀찮게 하거나 성가시게 하지 않았던 것이다.[9]

이상적인 의미에서 세상 사람들과 직접적인 이해관계를 맺지 않는, 더 정확히 말하면 모든 사람들을 위한 보편적 진리만을 추구하는 작가는 모든 계층의 인물들을 사심 없이 관찰하고 인간에 대한 보편적 시각을 획득할 수 있는 특권적 지위를 갖고 있다고 말할 수 있다. '아무것도 아니고 아무것도 원하지 않는' 루소는 타인들 앞에서 거의 투명한 시선으로서밖에 존재하지 않으며, 그 덕분에 그들의 저항을 거의 받지 않으며 그들의 내면을 깊숙이 관찰할 수 있었다. 그는 '자신의 마음을 느끼고 타인들을 알고'[10] 있기 때문에 인간 이해의 척도로 제시될 수 있다고 주장한다. 그리고 바로 여기서 그의 철학적 담론과 자서전적 담론이 만난다. 루소는 자서전에 그려진 자신의 모습이야말로 '자연인'에 가장 가까운 모습이며, 그렇기 때문에 다른 사람들은 그를 기준으로 삼을 때만 자신이 얼마나 자연에서 벗어나 있는지를 알게 될 것이라고 주장하고 있기 때문이다.

3. 참회인가 변명인가

루소의 『고백록』은 일종의 재판정을 구성하는 것으로부터 시작한다. 루소는 아우구스티누스로부터 시작한 전통적인 고백록의 양식을 따라 신을 호출한다. 그는 신을 심판관으로 삼아 최후의 심판을 받는 사람처럼 자신의 모든 것을 진실하게 말할 것을 엄숙히 선언한다. 만약 이 법정이 일반적인 법정이라면 루소는 자신에게 유리한 진술만을 해도 무방하겠지만 이는 영혼을 재판하는 신의 법정이기 때문에 자신에게 불리할 수도 있는 진술을 포함하여 자신의 삶에 대한 모든 진술을 해야 한다.

최후 심판의 나팔이 언제 울려도 좋다. 나는 이 책을 손에 들고 지고하신 심판관 앞에 나아가 큰 소리로 외칠 것이다. "이것이 바로 제가 행했던 것이고 제가 생각했던 것이며 지나온 날의 저입니다. 저는 선과 악을 똑같이 솔직하게 말했습니다. … 저는 저의 내면을 바로 당신께서 보셨던 그대로 드러내 보였습니다(『고백록』).

신은 여기서 재판관으로 등장하고 있지만 그는 루소의 내면을 투명하게 꿰뚫어 보는 존재이기 때문에 사실 루소의 진술을 필요로 하지 않는다. 따라서 신은 단지 배경에 불과하다. 실질적으로 중요한 것은 피고인 루소가 말하는 진술에 대해 판단을 내리는 배심원, 즉 독자들이다. 그래서 일단 루소의 진술이 시작되면 재판관으로서의 신은 사라지고, 그는 배심원인 독자들을 향해 말을 건다.

> 영원한 존재이신 신이시여. 저의 주변에 저와 동류인 인간들을 수없이 모아 주소서. 그리고 그들이 저의 고백을 듣고 저의 수치스러운 행동에 탄식케 하고 저의 불행에 낯을 붉히게 하여 주소서. 그들이 각자 차례대로 당신 옥좌의 발치에서 똑같이 진실하게 자기 마음을 털어놓게 하소서. 그러고 나서 단 한 사람이라도 "나는 그 사람보다 더 선량했습니다"라고 감히 말할 수 있다면 당신께 말하게 하소서.[11]

이 재판에 참여하는 독자들은 일반적인 배심원이 아니라 신의 옆에 서서 루소의 진술을 듣는 존재들이다. 루소가 피고로서 숨김없이 모든 것을 말해야 한다는 의무를 갖는다면, 배심원으로서의 독자들은 신을 대신해서 루소가 말하는 모든 것에 철저한 주의를 기울여 들어야 한다는 의무를 갖는다. 루소가 '시종 그들의 시선 아래 있어야만 한다면', 독자들은 '내 마음의 온갖 방황과 내 삶의 모든 구석까지 나를 따라와야'[12] 하는 것이다. 독자들의 의무는 이것이 전부가 아니다. 독자들은 어떤 외적인 규범이 아니라 자신의 진실한 마음을 갖고 루소를 판단해야 한다. 이때 중요한 것은 행위 혹은 사실보다는 내적인 동기이다. 어떤 행동보다는 그 행동을 하게 된 동기야말로 도덕성의 핵심을 이루기 때문이다.

우선『고백록』을 쓰게 된 직접적인 계기가 된 사건, 즉 자신의 아이들을 고아원에 갖다 버린 사건에 대해 루소가 어떻게 진술하는가를 보기로 하자. 루소는 이 사건에 대한 전개과정을 작가가 되기 이전과 이후로 나누어 설명하고 있다.

(a) 다행히도 그 집(=루소가 음식점 대신에 가서 식사한 라 셀 부인의 집)에서 생활 태도를 배운 것은 아니지만, 거기서 확고히 뿌리내린 것으로 보이는 처세훈을 조금씩 배울 수가 있었다. 유혹당한 정직한 사람들, 속은 남편들, 꼬임에 빠진 부인들, 사람들의 눈을 피한 비밀 출산 등이 거기서는 가장 일상적인 화제였고, 기아(棄兒) 수용시설에 어린애를 가장 많이 보내는 사람이 언제나 제일 갈채를 받았다. 그 이야기에 귀가 솔깃했다. 매우 다정하고 그 근본이 퍽 점잖은 사람들 간에서 지배적으로 보이는 이러한 사고방식에 따라 나는 내 사고방식을 세웠다. 나는 속으로 생각했다. '이것이 이 나라의 관습인 만큼 여기서 사는 동안에는 이 관습을 따라도 된다.' 이것이 내가 찾고 있던 방책이었다. 나는 조금도 거리낌 없이 대담하게 그렇게 결정했다.[13]

(b) 내가 인간의 의무에 대해서 철학적으로 사색하던 동안, 내 자신의 의무에 대해 더욱 곰곰이 성찰할 수 있게 해 주는 사건이 하나 생겼다. 테레즈가 세 번째 임신을 하게 된 것이다. 나는 내 행위로 내가 주장하는 원칙들을 부인하기에는 스스로에게 너무나 진실하고 내심으로 너무 자부심을 갖고 있었다. 그래서 내 자식들의 운명과 내가 그들의 어머니와 맺은 관계를 자연과 정의와 이성의 법에 의거하여 그리고 그 창시자처럼 순수하고 성스럽고 영원한 그 종교 …의 법에 의거하여 검토하기 시작하였다. 내가 내린 결론이 틀리기는 하였지만 나는 마음에

안도감을 가지고 그 결론에 스스로를 맡겼는데, 그러한 마음의 안도감보다 더 놀라운 것은 없다. … 장 자크는 그의 생애의 단 한순간도 무정하고 무자비한 인간, 무도한 아비가 될 수는 없었다. 나는 잘못 생각할 수는 있지만 결코 냉혹할 수는 없었다. 내 나름의 이유들을 말하자면 얼마든지 말할 수 있을 것이다. 그러나 내가 그러한 이유들에 속을 수 있었으니만큼, 또 많은 사람들이 그것들에 속을 수 있을 것이다. … 나는 단지 다음과 같이 말하는 것으로 만족할 것이다. 내 아이들을 스스로 키울 수 없어서 그들을 공공교육에 위탁하여 건달이나 재산을 노리는 사람보다는 차라리 노동자나 농민이 되도록 하면, 시민으로서나 아버지로서의 행위에 어긋나지 않는다고 믿고 나 자신을 플라톤의 공화국의 일원이라고 생각했을 정도로 내 잘못이 컸다고. 그 후 몇 차례고 내 마음에서 나오는 뉘우침은 내가 잘못했음을 가르쳐 주었다. 그러나 내 이성은 그와 같은 경고를 발하지 않았고 도리어 나는 내가 아이들을 버리지 않으면 안 될 판국에 그렇게 함으로써 아이들을 그 아비의 운명과 그들에게 닥쳐올 운명으로부터 지키게 되었음을 종종 하늘에 감사했다. 우정이나 인정 혹은 다른 동기에서 데피네 부인이나 뤽상부르 부인이 그 뒤에 아이들을 맡았으면 했지만, 설령 그녀들에게 맡겨 보았자 그 아이들이 더 행복해지고 적어도 정직한 사람으로 길러졌을까? 나는 모르겠다. 그러나 나로서 확실한 것은 그들이 자신의 부모를 증오하고 어쩌면 배신하도록 키워졌으리라는 것이다. 그렇다면 차라리 그들의 부모를 전혀 몰랐던 편이 백 배 낫다. … 나는 심사숙고한 끝에 내 아이들을 위해 최선의 것 혹은 내가 최선의 것이라고 생각한 것을 선택했다. 나 자신도 내 아이들처럼 키워지고 양육되었으면 하고 원했고 아직도 원하고 있다.[14]

ⓐ에서 볼 수 있듯이 작가가 되기 이전 루소는 그 일에 대해 별로 심각하게 생각하지 않았다. 그는 당시 생활고에 시달리고 있어서 아이들을 키울 형편이 되지 못했고 당시의 일반적인 관행에 따라 아이들을 유기했다는 것이다. 그러나 작가로 등단한 후 세 번째 아이가 태어났을 무렵 아이의 처리 문제는 심각한 성찰의 동기가 된다. 미덕을 실천할 것을 주장하는 작가로서 아이들을 버리는 것은 자신의 주장과 배치되지 않을 수 없기 때문이다. 루소는 ⓑ에서 자신이 냉혹한 사람이기 때문에 아이들을 버렸다는 점은 사실이 아니라고 강조한다. 그는 자신의 비도덕적 행위를 어쩔 수 없는 상황의 탓으로 돌린다. 그는 먼저 자신이 스스로 아이들을 키울 수 없었다는 점을 그 이유로 든다.

그는 진리만을 말하는 작가가 되기 위해 당시의 문예후원제도가 작가에게 제공하는 혜택 등을 포함한 모든 사회적 혜택을 거부하기로 했는데 아이들을 키우기 위해서는 그 혜택을 받아들여야만 했을 것이고 자기 마음대로 글을 쓰지 못하게 될 것이라고 생각했던 것이다. 그리고 그는 아이들을 실제로 부양할 임무를 맡게 될 동거녀 테레즈와 가난하고 탐욕스러운 그녀의 가족들이 자신과 아이들을 이간하고 아이들을 타락시킬 것이라는 확신을 갖고 있었다. 게다가 루소는 당시 테레즈와 결혼할 생각이 전혀 없었다. 그로서는 그럴 바에 차라리 아이들을 고아원에 맡기는 것이 상책으로 보였을 것이다. 그곳에서 아이들이 스스로의 노동으로 생계를 해결하는 농부나 노동자로 자라나 순수한 삶을 살아갈 수 있다고 생각했을 것이다. 일찍이 플라톤은 『국가론』에서 아이들이 부모를 모르는 상태에서 국가가 양육해야 한다고 주장하지 않았는가? 그러나 이러한 이성적인 추론은 부모로서 갖는 자연적인 감정을 억누르기에는 너무나 공허한 것으로 보인다. 그런데 루소가 여기서 얼핏 지나가는 것처럼 말하지만 아이들을 버리는 데 가장 강하게 작용했던 심리적인 요인은 "나 자신도 내 아이들처럼 키워지고 양육되었으면 하고 원했고 아직도 원하고 있다"는 진술에서 드러난다. 과연 이러한 진술은 어떤 의미를 내포하고 있는가?

어린 시절에는 루소를 사랑했던 아버지 이자크 루소는 1722년 아들이 막 열 살을 넘겼을 때 고티에라는 퇴직 장교와 다툼을 벌이고 처벌을 피하기 위해 아들을 제네바에 남겨 두고 니옹으로 피신했다. 그는 이후 아들에게 거의 관심을 보이지 않았고 1726년에는 니옹에서 재혼했다. 조각사의 견습공으로 들어갔던 루소는 1728년 견습 기간을 마치지 않고 제네바에서 도망쳤다. 그 소식을 들은 아버지는 루소의 뒤를 쫓다가 중도에서 포기하고 마는데, 나중에 이러한 사실을 안 루소는 강렬한 분노를 느꼈다. 그는 아버지가 아들에게 돌아가야 할, 죽은 부인의 유산에서 나오는 수입을 계속 받고 싶은 유혹을 뿌리칠 수 없어서 자신을 버렸다고 생각했기 때문이다.

아버지는 늙어 가는데 노후를 지탱할 재산이 전혀 없었다. 우리 형제에게는 어머니가 남겨 준 재산이 얼마 있었는데 거기서 나오는 수입은 우리들이 나가 있는 동안은 아버지에게 돌아가게 되어 있었다. 이러한 생각이 직접 아버지의 머릿속에 떠올랐던 것은 아니었고 그 때문에 당신의 의무를 소홀히 하지도 않았다. 그러나 이 생각은 당신께서도 알아차리지 못하신 채 암암리에 작용해서, 그렇지 않다면 더욱 정도가 강했을 아버지의 열의를 때때로 억제했다. 처음에는 나를 뒤따라 안시에 와 놓고는 이치로 보아 확실히 나를 따라잡을 수 있는 샹베리까지 오지 않으신 것도 바로 그러한 이유 때문이었다고 생각한다. 또 내가 도망친 이후 아버지를 보러 갔을 때 그분으로부터 항상 아버지로서 보이는 애정의 표시를 받았지만 나를 붙잡기 위해 그리 대단한 노력을 보이지 않은 것도 바로 그러한 이유에서였다.[15]

그러나 루소는 이러한 분노를 대 놓고 표출할 수 없었던 것으로 보인다. 왜냐하면 그는 자신을 낳다가 죽은 어머니로 인해 아버지가 그 상실감으로 매우 고통스러워했다고 어린 시절부터 생각했기 때문이다. 아버지에 대한 깊은 죄책감과 격렬한 증오 사이에서 고통을 받던 루소는 차라리 자신이 아버지를 모르는 고아였으면 하는 생각을 품었던 것으로 보인다. 그런데 루소는 이러한 고통스러운 상황이 다시 자식들에게서 되풀이될 것이라고 믿었다. 자식들은 루소가 작가로서의 사회적 혜택을 거부하는 것을 자신들이 받아야 할 유산을 주지 않으려는 행위로 이해하고, 테레즈의 어머니가 상류층의 선물 공세를 거절하는 루소를 마땅치 않게 여기는 것처럼 아버지를 증오하게 될 것이다.

반대로 루소가 자식들을 위해 자신의 원칙을 포기한다면 그는 자식들을 미워하게 될 것이다. 게다가 항상 자신의 건강이 좋지 않다고 생각했던 루소로서는 자신이 얼마 살지 못하고 죽게 된다면 테레즈가 자식들을 버릴지도 모른다고 생각했을 수도 있다. 그렇다면 오히려 아버지를 전혀 모르는 상태에서 커 가는 것이 오히려 더 바람직한 상황이 아닐까? 루소가 자식들을 버렸다는 사실을 비난한다면 그 비난을 감내할 수밖에 없지만, 루소는 그 동기가 자신을 위한 것이 아니라 아이들을 위한 것이었으며, 남을 해칠 의도가 없는 일종의 착오라고 강변하는 것이다. 그렇기 때문에 '내가 아이들을 버리지 않으면 안 될 판국에 그렇게' 아이들을 버렸다는 것에 감사한다는 모순적인 진술이 가능해지는 것이다.[16] 더 나아가 그는 모든 사람들에 대해 공적으로 봉사해야 하는 작가로서의 의무와 자식들을 양육해야 하는 아버지로서의 개인적 의무가 대립되는 상황을 만든 것은 부를 독점한 계층이라고 비난한다.

> 아이들을 양육할 수 없을 때는 아이들을 만들지 말아야 합니다. … 대지는 세상을 먹일 수 있을 정도로 생산하므로 사람들이 아이들을 만들기를 원합니다. 그러나 내가 속한 계층에게서 내 아이들의 빵을 빼앗는 것은 바로 부유층, 당신이 속한 계층입니다.[17]

루소의 비난은 여기서 그치지 않는다. 그는 아이들을 고아원에 버렸다는 고백을 다른 사람들에게 폭로한 친구들을 격렬히 질타한다.

> 나의 잘못은 크다. 그러나 그것은 어디까지나 과실이다. 나는 의무를 소홀히 했다. 그러나 남을 해치려는 의도는 내 마음속에 없었다. 그리고 아비로서의 정이 본 적도 없는 자식들을 위해 충분히 강력하게 작용할 수는 없었을 것이다. 그러나 우정의 신뢰를 배반하는 것, 모든 계약들 중 가장 신성한 계약을 깨뜨리는 것, 우리 가슴속에 털어놓은 비밀을 폭로하는 것, 우리에게 배신당했지만 결별할 때도 우리들을 여전히 존경하고 있는 친구를 재미 삼아 모욕하는 것, 그런 것들은 과실이 아니라 영혼의 비열함이며 음흉함이다.[18]

루소는 디드로와 그림 등 친구들에게 아이들을 유기한 사실을 숨기지 않고 말했고, 이들은 애초에 이를 묵인했던 것으로 보인다. 그러나 루소는 그들이 그와 결별한 후 이 사실을 떠들고 다니면서 그를 비난했다고 생각했다. 보지도 못한 자식들에 대한 부정보다 우정이 더욱 중요하다고 믿었던 루소로서는 그 친구들이야말로 가장 사악한 존재들이다. 왜냐하면 그들은 모든 인간관계와 사회질서의 기본을 이루는 우정을 파괴했기 때문이다. 루소의 잘못이 과실에 불과한 것이라면 그를 배신한 친구들의 잘못은 변명의 여지없는 가장 비열한 행위이다. 가해자였던 루소는 이러한 논리를 통해 그의 죄를 폭로한 친구들과 그의 죄를 비난하는 사회를 고발하면서 피해자의 입장에 선다. 그는 자식들을 키울 빵을 부자들에게서 빼앗기고 가장 소중한 가치인 우정을 도둑맞은 사람이 되기 때문이다. 그런데 우리가 주목할 것은 이렇게 가해자와 피해자가 뒤바뀌는 것과 유사한 현상이 『고백록』의 저자와 독자 사이의 관계에서도 일어나난다는 사실이다.

루소는 세상 사람들이 믿는 것과는 달리 자신의 인생에서 가장 커다란 잘못이 아이들을 고아원에 갖다 버린 일이 아니라고 판단한다. 그가 볼 때 자신이 저지른 가장 큰 죄는 청소년 시절 시종으로 일하던 집에서 리본을 훔친 후 그것이 발각되자 마리옹이라는 소녀가 그 리본을 자신에게 주었다고 거짓말을 해서 그녀에게 죄를 뒤집어씌운 일이라고 말한다. 그리고 결코 누구에게도 심지어 청소년 시절부터 서른 살에 이르기까지 애인이자 엄마처럼 그를 물심양면으로 보호해 준 바랑 부인에게도 이 잘못을 고백하지 못했다고 술회한다. 그리고 이러한 죄책감을 조금이라도 덜고 싶다는 욕망이 고백록을 쓸 결심을 한 커다란 동기였음을 밝힌다.

그러나 나는 결코 내가 먼저 나서서 친구의 가슴속에 이러한 고백을 털어놓아 내 마음의 짐을 덜 수 없었다. 아무리 가까운 사이라도 영 그렇게 되지 않았는데 바랑 부인에게까지도 그랬다. 내가 할 수 있었던 것이라고는 기껏해야 내가 어떤 잔혹한 행위에 대해 자책하지 않으면 안 된다고 고백한 것이 전부이다. 그러나 나는 그 행위가 어떤 것인지 결코 말하지 않았다. 그러므로 그 가책은 이날까지 경감되지 않고 내 양심에 무거운 짐으로 남아 있어, 어떤 의미로는 그것으로부터 벗어나고 싶은 소망이 내가 고백록을 쓰고자 하는 결심에 큰 몫을 했다고 말할 수 있다.[19]

루소의 고백은 그 고백을 듣는 상대방에게 의무를 부여한다. 루소가 아무에게도 말할 수 없는 죄를 독자에게 고백한다면, 그 고백을 듣는 독자는 바랑 부인보다도 더 루소를 이해하고 사랑하는 사람의 위치에 서야 한다. 만약 그렇지 않다면 그 독자는 루소가 우정을 믿고 자식을 고아원에 유기한 사실을 고백했음에도 불구하고 그 사실을 발설한 친구들보다도 더욱 사악한 사람일 것이다. 루소의 경우 진실을 고백한 사람은 그 진실에 대해 비난하는 어떤 사람보다도 더 죄가 가벼운 사람이다. 루소는 아이들을 버린 사실을 고백한 후 "나는 고백할 것을 약속했지 자기변명을 약속하지는 않았다"고 말하지만 그에게 고백은 곧 자신에 대한 변호일 수밖에 없다. 루소를 비난하는 독자는 인정이 없고 정의롭지 않은 사람이며, 그를 배신한 친구들처럼 루소를 음해하는 사람들의 편에 속하게 될 것이기 때문이다. 루소는 이러한 논리를 펼치면서 독자에게 그와 공감할 것을 강제하며, 이 과정에서 고백의 진정한 의미는 점차 말하는 사람의 진정성에서 독자의 진정성으로 옮겨 간다. 독자가 진정한 공명상자의 역할을 한다면 글을 쓰는 루소의 진정성은 결코 오해받지 않고 글을 읽는 독자의 진정성으로 전환될 수 있을 것이다. 이제 저자 루소는 정의의 문제를 떠나 진실을 말하기만 하면 되고, 정의의 문제는 독자에게로 돌아가는 것이다.

그러나 내게 일어난 모든 것, 내가 행한 모든 것, 내가 생각한 모든 것, 내가 느낀 모든 것을 독자에게 솔직히 그리고 상세히 설명한다면 내가 그러기를 원하지 않는 한 독자를 속일 수 없다. 또 설사 내가 그러기를 원한다 하더라도 이런 방법으로는 쉽사리 성공할 수가 없을 것이다. 이러한 요소들을 모아 그 요소들로 구성되는 인간 존재를 결정하는 것은 독자의 몫이고, 그 결과는 독자가 만들어 내는 것이 되지 않으면 안 된다. 이때 독자가 잘못 생각한다면, 그 오류는 모두 독자 탓이다.[20]

루소는 "돼지 눈에는 돼지만 보이고 부처의 눈에는 부처만 보인다"는 일종의 순환논법을 통해 노골적으로 저자와 독자의 일체감을 강조한다. 기묘하게도 루소의 글은 작가의 영혼을 비추는 거울에서 독자들이 자신의 마음을 바라보는 거울로 변모된다. 이러한 변모과정에서 피고의 입장에 섰던 루소는 어느덧 독자를 심판하는 입장에 서게 된다. 루소의 고백에 대해 어떤 이해관계도 없는 독자는 영혼의 가장 어두운 부분, 즉 가장 치명적인 약점까지 그를 믿고 보여 주는 루소에게 전폭적인 믿음을 보여 주어야 한다. 그렇지 않고 그 약점을 공격하는 사람은 세상에서 가장 사악한 인간, 즉 처단해야 할 인간인 것이다. 그래서 루소는 자신의 『고백록』을 사람들 앞에 낭독하고 다음과 같이 선언한다.

　　나는 진실을 말했습니다. 만약 어떤 사람이 내가 방금 진술한 것과
　상반된 것을 알고 있다면, 그것이 아무리 입증되었다 하더라도, 그가
　알고 있는 것은 거짓과 중상모략입니다. 그리고 내가 살아 있는 동안
　내 앞에 와서 그것을 함께 철저히 규명하고 해명하기를 거부한다면 그
　는 정의도 진실도 사랑하지 않는 것입니다. 나로서는 소리 높여 그리
　고 기탄없이 다음과 같이 선언하겠습니다. 어느 누구든지 심지어 내
　저서를 읽지 않았더라도 자기 자신의 눈으로 내 천성, 내 성격, 내 품
　행, 내 성향, 내 즐거움, 내 습관을 검토하고 나서 나를 부정직한 사람
　이라고 생각하는 자가 있다면 그런 자야말로 숨통을 끊어 놓아야 할
　인간입니다.[21]

루소는 영혼의 움직임을 투명하게 내비치는 글의 진정성을 믿지
못하는 사람은 현실에서 자신의 모습을 보러 오라고 말하지만, 사실
그의 글을 의심하는 독자는 결코 현실에서도 그의 진정한 모습을 보
지 못할 것이라고 믿는다. 그는 누가 어떠한 말로 반박하더라도 진
리와 정의의 독점적인 자리에서 움직이지 않을 것이다. 그의 글과
인격을 의심하고 비난하는 사람은 루소 앞에서 죽음을 당하든지 루
소의 눈에 띄지 않는 어두운 음모의 세계에 숨어 살아야 할 것이다.
그러나 박해의 헛소리, 진리와 정의의 독점에 근거를 둔 오만한 선
언, 자신에 대한 반대자들을 처단할 것을 주장하는 절규는 독자들의
침묵 앞에서 공명의 메아리를 만들지 못하고 고독의 침묵 속에 갇혀
버린다.

4. 자아의 진정성

마르셀 레몽은 자아에 대한 직접적인 인식이 실패할 수밖에 없는 요인을 다음과 같이 제시한다.[22]

① 인간은 그로부터 완전히 벗어날 수 없는, 자신보다 선행하는 막연한 체험이나 관념을 갖고 있기 때문에 자신을 인식하려고 노력할 때라도 지식의 영도(零度) 상태에서 출발할 수 없다.

② 자신을 보기 위해 자신으로부터 벗어나는 것은 불가능하다.

③ 인간으로 하여금 자신을 인식하도록 이끄는 운동은 자기애로부터 추진된다.

④ 인간은 단독적인 존재가 아니라 항상 주변과 관계를 맺고 있는 존재이다.

⑤ 인간은 자기 자신을 인식하는 과정 중에 자신을 넘어설 수 있다. 예를 들자면 신비주의자들은 자아의 인식이라는 개념을 무지로 대체한다.

인간의 인식은 자신이 속한 시대와 사회에 의해 영향을 받지 않을 수 없다. 특히 자신에 대한 인식이 도덕적인 측면과 관계가 있을 때에는 더욱 그러하다. 루소 역시 자신의 아이들을 고아원에 맡길 때 아이들을 별 죄책감 없이 고아원에 보내는 사회적 분위기에 휩쓸렸던 것이 사실이다. 또한 자신에 대한 인식은 어쩔 수 없이 자기애로부터 출발하기 때문에 완전히 객관적인 입장을 취하기 어렵다. 그 때문에 자신이 그리는 자화상은 대개의 경우 미화되기 마련이다. 만약 그 자화상이 실제의 모습보다 더욱 추악하게 그려진다면, 그것은 다른 사람들로부터 동정심을 끌기 위한 일종의 위악으로 볼 수 있다. 그리고 종교에서 흔히 나타나듯이, 자아에 대한 성찰은 종종 개별적 자아를 넘어서면서 그것을 지워 버리는 경향을 보이기도 한다. 무아의 경지 속에서 대자연이나 신과의 합일이 일어날 때 인식의 대상이 되는 자아 자체가 사라져 버리는 것이다. 실제로 루소는 『고독한 산책자의 몽상』에서 자연 혹은 우주와 하나로 융합하면서 자아가 오직 '존재의 느낌'으로 축소되는 지복(至福)의 순간에 대해 서술한다.

> 밀려왔다 밀려가는 물, 쉼 없이 내 귀와 눈을 두드리는 한결같으면서도 간간이 커지는 물소리와 몽상이 내 안에서 잠재워 버린 내면적 움직임을 보완해 주었고, 생각하는 수고를 들일 것도 없이 내 존재를 충분히 느끼게 해 주었다.[23]

사실 자아에 대한 인식, 더 근본적으로 말하면 자아는 자아가 소멸되지 않는 이상 끊임없이 유동하는 상태에 있을 수밖에 없다. 앞에서도 말했지만 그것은 자아와 타자 사이에서 생겨나는 부단한 의미 부여와 해석의 과정에서 변화할 수밖에 없기 때문이다. 만약 이러한 과정에서 예외적인 현상이 있다면, 그것은 사랑에 빠진 순간일 것이다. 사랑하는 사람은 사랑의 대상에 자신이 꿈꾸는 가장 아름답고 도덕적인 자신의 이미지를 투사하면서 그 대상에서 자신의 모습을 본다고 생각하기 때문이다. 따라서 사랑에 빠진 사람은 서로 사랑의 대상으로부터 순간적이지만 절대적인 자신의 이미지를 돌려받는 셈이다. 비록 그것이 정확한 자신의 모습이 아닐지라도 말이다.

사랑에 있어서 모든 것은 환상이라는 사실을 나는 시인한다. 그러나 사랑이 우리로 하여금 사랑하게 만드는 진실한 아름다움에 대해 붙어 넣은 감정, 그것은 실재적인 것이다. 이러한 아름다움은 우리가 사랑하는 대상에 있는 것이 아니라 우리의 착각에서 생겨난다. 그러나 그 것이 무슨 상관인가? 그렇다고 사람들이 이 상상적인 모델을 위해 온 갖 비속한 감정을 버리지 않는 것은 아니지 않은가. 또 사랑하는 사람 에게 부여한 미덕에 덜 감동받는 것은 아니지 않은가. 그리고 인간은 인간적 자아의 비열함에서 벗어나게 되지 않는가.[24]

사랑할 때 자신과 상대방에 대한 착각은 비록 오류일지 몰라도 그 고상함과 강렬함으로 인해 무엇보다 진정한 것이 된다. 사랑의 감정 은 시간이 지나면 사라질지라도, 그 당시에 느꼈던 자아보다 더 진 정한 것은 없어 보인다. '한 몸에 두 영혼이 깃들지 않으면 항상 공허 를 느낄'[25] 정도로 애정을 갈구하는 루소는 글쓰기를 통해 진실과 정 의를 추구할 뿐만 아니라 독자들로부터 사랑받기를 원했다. 그는 자 신의 순수한 내면에 대해 확신을 가지고 있었고, 사람들이 그의 순 수함을 안다면 자신을 사랑할 것이라고 믿었다. 그러나 절대적인 이 해만을 요구하는 소통의 욕구는 십중팔구 오해를 불러일으킬 가능 성이 높은 법이다. 타인에게 보이려는 자신의 내면이 불확실한 것이 고 그것을 소통하는 매체 역시 불투명한 것이어서 자신의 영혼을 다 른 사람들에게 투명하게 내보이는 것은 불가능할 수밖에 없기 때문 이다. 만약 자신의 영혼에 대한 확신만을 가지고 언어의 불투명성을 완전히 해소하기 위해 말을 하면 할수록 그만큼 더 불투명성은 짙어 질 뿐이다. 내면의 순수성, 인간적 진리, 사랑은 언어적 회로 바깥에 위치한 어떤 변함없는 실체가 아니라 그 회로 안에서 계속 변화하는 어떤 것들이다. 또한 어떤 사람들은 오히려 이러한 불확정성을 선호하는 경향을 보이는 것도 사실이다. 예를 들면 연애를 하면서 확정된 연인 관계보다는 애매한 관계에서 서로 밀고 당기는 관계를 즐기는 경우가 그런 것이다. 작가인 루소는 어느 누구보다도 이러한 사실을 잘 알고 있었지만 변하지 않는 절대적인 자아에 대한 동경을 버릴 수 없었다. 그리고 인식의 차원에서가 아니라 오직 사랑의 관계에서만 자신이 생각하는 자아가 진실일 수 있음을 느꼈다. 그래서 그의 글쓰기는 궁극적으로 객관적 진리의 추구가 아니라 사랑을 얻기 위한 유혹의 몸짓이 된다.

『고백록』이 단지 자기변명이나 철학적 성찰하는 보충하는 부록에 그쳤다면 결코 고전의 반열에 올라서지 못했을 것이다. 『고백록』에는 어두운 무의식의 심연에서부터 신성에까지 고양되는 변화무쌍한 한 영혼의 스펙트럼이 고스란히 펼쳐져 있다. 그러나 무엇보다 중요한 것은 『고백록』이 시간의 흐름에 따라 한 인간의 내면이 형성되고 변화하는 전체 과정을 그리고자 했다는 사실이다. 그래서 우리는 『고백록』을 읽으면서 때로 우리 자신보다 루소를 더 잘 알고 있다는 환상을 갖게 되며, 이때 그는 도리 없이 3인칭의 존재에서 2인칭의 존재로 변형된다. 우리는 이 책을 읽으면서 그에게 애증을 품을 수는 있지만 결코 무관심해질 수는 없게 되고 싫든 좋든 '나'와 '너'를 포함한 '우리들' 인간에 대해 성찰하지 않을 수 없게 된다. 그가 문학을 통해 추구했던 자아는 환상일지 모르지만 그의 문학은 진실로 남은 것이다.

제3장

내 마음의
상처는
치유되었는가

하혜숙 교수(상담학)

명화 「수태고지」annunciation(受胎告知)는 지난 몇백 년간 레오나르도 다빈치Leonardo da Vinci의 최악의 실수작으로 알려져 있었다. 왜냐하면 건물과 사이프러스 나무가 있는 배경이 원근법에 어긋나 있고 마리아에게 잉태를 알리는 가브리엘 천사가 정도 이상으로 비대해 보이고 어둡다. 또 마리아의 오른팔이 비정상적으로 길고 탁자와 마리아의 위치가 너무 멀어서 어색해 보인다. 이 그림을 공중에서 도해해 보면 마리아는 아주 기형적인 사람으로 그려져 있다. 이러한 까닭에 이 그림은 항상 논란의 중심에 있었다. 혹자는 이렇게 엉터리 같은 그림을 다빈치가 그렸을 리가 없다면서 절대 다빈치의 그림이 아니라고 주장했고, 또 다른 편에서는 다빈치의 그림이 맞긴 하지만 다빈치가 워낙 초기에 그린 것으로 아직 그림을 배우기 전이라 다소 어색해 보일 뿐이라며 맞서기도 했다.

　　한편, 이 그림이 걸려 있는 곳은 피렌체의 우피치 미술관인데, 일반적으로 관람객들은 정면에서 그림을 바라보게 된다. 정면에서 보았을 때 이 그림은 기본적인 회화 구도상 맞지 않는 엉터리 그림으로밖에 보이지 않는다. 그런데 이 그림을 왼쪽 상단에 놓고 보면 완전히 달라진다. 이 그림은 성 발토르멜 수도원 식당에 걸려 있다가

1867년 우피치 미술관에 소장된 것으로 알려지고 있는데, 이 그림을 걸어 둘 수도원 식당이 좁아서 왼쪽 상단의 벽에 걸 수밖에 없었다고 한다. 그러니까 일반적인 관점에서 바라보면 어색한 졸작이지만, 원래 이 그림이 걸려 있던 그대로 왼쪽 상단에 놓고 45도 아래쪽에서 바라보면 기존의 불일치들은 감쪽같이 사라지고 아름답고 신비로운 수태고지 장면을 발견할 수 있다. 이처럼 레오나르도 다빈치는 자신의 입장이 아니라 그림을 보게 될 관람자의 입장에서 그림을 그렸다는 것을 알 수 있다. 그러했기에 우리가 오늘날에도 다빈치를 천재라고 하는지 모르겠다. 이 그림을 통해서 두 가지를 생각해 볼 수 있다. 첫째는 그림이 마땅한 위치에 있지 않으면 아무리 걸작이라도 졸작으로 보일 수 있다는 것, 즉 그림을 그린 원래 의도대로 존재하는 것이 중요하다는 점이다. 둘째는 관람객이 바른 관점에서 보는 것이 중요한 것처럼 보는 사람의 관점이 중요하다는 것이다.

1. 학대

우리는 현실에 적응을 하지 못하는 청소년들을 문제아 또는 비행청소년이라고 한다. 하지만 이런 청소년들은 오히려 어떻게 보면 도움이 필요한, 무엇보다 교육의 효과가 가장 많이 나타날 수 있는 위기 청소년들이라고 할 수 있다. 그런데 이처럼 청소년들이 위기를 경험하는 것은 상당 부분 학대의 결과라고 할 수 있다. 여러분은 '학대'라고 할 때 무엇이 떠오르는가?

의도적 학대와 비의도적 학대

우리는 흔히 학대라고 하면 가장 먼저 신체적 폭력을 떠올린다. 우리가 일반적으로 생각하는 형태의 학대를 의도적 학대 또는 능동적 학대라고 부른다. 즉, 상대방에게 언어, 정서, 신체적으로 의도적으로 고통을 가하는 것이다. 이러한 형태의 의도적 학대는 학대하는 사람이나 학대당하는 사람 모두 '학대'라는 것을 인정할 수 있다. 그러나 우리가 일반적으로 인식하지 못하는 또 다른 형태의 학대가 있는데 그것은 바로 비의도적 학대 또는 수동적 학대이다. 즉, 부모가 의도하지 않은 상태에서 자녀들이 외상을 경험하는 것이다. 예를 들어, 생계문제로 아이들을 적절히 보살필 수 없어서 방치나 방임하게 될 때 부모의 의도와 상관없이 아이들은 깊은 상처를 받게 된다. 이처럼 학대는 주어서는 안 될 것을 주는 행위와 반드시 주어야 할 것을 줄 수 없음으로 인해 생기는 현상이라고 할 수 있다.

아이들은 밥만 먹고 크는 게 아니다. 정서적 자양분이 필요하다. 무섭고 두려울 때 안심할 수 있고, 보호해 줄 수 있으며, 자신의 성공을 함께 기뻐하고, 자신의 한계에 부딪힐 때 함께 울어 주고 이해해 줄 수 있으며 새로운 대안을 모색해 줄 부모가 절대적으로 필요하다. 또한 잠재력을 인정해 주고 일깨워 주는 존재로서 부모는 중요하다. 이처럼 아이들은 부모에게 의존적일 수밖에 없는데 여러 가지 이유로 기본적인 정서적 필요들이 제대로 충족되지 않고 부모에게 기대지 못할 때 아이들은 부모의 의도와 관계없이 큰 고통을 경험하게 된다.

학대와 관련된 사건

우리가 삶에서 겪는 학대와 관련된 다양한 사건들을 살펴보면 다음과 같다. 정서적·언어적·성적 폭력 가운데 성장하는 것, 여러 이유에서 무관심과 방치 가운데 성장하는 것, 가난한 집, 배우지 못한 부모, 부부 갈등으로 버려지거나 부모의 외도로 복잡해진 가정에서 성장하는 것, 중독·만성질환·인격장애를 겪고 있는 부모 아래서 성장하는 것, 완벽주의적인 부모, 과잉보호, 편애 등이다. 사실 이러한 환경은 삶에서 불가피하게 나타날 수 있는 것들이다. 그런데 이러한 환경에 지속적으로 노출되면, 비록 부모들이 의도하지 않았더라도 여러 가지 상황으로 인해 정서적 필요들이 제대로 공급되지 못하기 때문에, 아이들은 부모의 의도와 관계없이 큰 고통을 경험하게 된다.

2. 수치정체감

수치정체감의 메커니즘

이처럼 부적절한 환경 속에서 오랫동안 반복적이고 지속적으로 성장하게 될 때 수치정체감을 형성하게 된다. 수치정체감shame identity이란 "나는 수치스러운 존재다"라고 생각하는 것을 말한다. 앞서 말한 삶의 다양한 상황에서 발생할 수 있는 학대와 관련된 사건들이 그냥 사건일 수 있는데도 이러한 사건에 지속적으로 노출될 때 그러한 사건이 일반화되어서 나라는 존재가 수치스럽고 부끄러운 사람으로 여겨지는 것이다. 즉, 수치스러운 사건이 존재에 대한 규정으로 보편화되는 것이다. 따라서 수치정체감을 형성한 사람은 자기 자신을 수치스러운 존재, 부끄러운 존재, 오점이 있는 존재, 더럽혀진 존재라고 생각하게 된다.

이렇게 수치정체감을 가진 사람들은 자신이 오점이 있다고 생각하기 때문에 자신의 수치스러운 모습이 드러날까 봐 두려움fear을 갖게 된다. 자신에게는 남들에게 말 못할 부끄러운 비밀이 있고, 오점과 흠이 있기 때문에 사람들이 진짜 모습을 알게 되면 더 이상 자신을 사랑하지 않을 것이라고 생각하게 된다. 따라서 이러한 자신의 진짜 모습이 노출될까 봐 두려워하게 된다.

이러한 두려움을 갖게 되면 통제control의 문제가 뒤따르게 된다. 자신의 진짜 모습을 사람들이 알아차릴 수 없도록 숨겨야 한다고 생각한다. 자신은 있는 그대로 사랑받을 만한 가치가 없기 때문에 자신의 가치를 끊임없이 증명해야 하고 이로 인해 더욱 완벽해져야

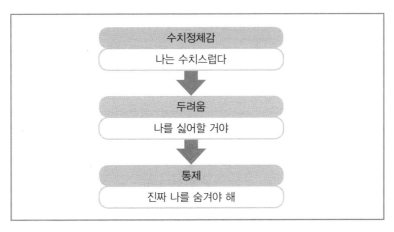

그림 1 **수치정체감의 메커니즘**

한다고 생각하게 된다. 이러한 과정에서 통제의 문제가 발생하게 된다.

유죄반응과 수치반응

일반적으로 사람들이 어떤 잘못을 하게 될 때 갖게 되는 전형적인 반응을 '유죄반응'guilty response이라고 한다면, 수치정체감을 갖고 있는 사람들은 잘못을 하거나 실수했을 때 '수치반응'shame response을 보인다.

유죄반응은 어떤 문제가 발생했을 때, 자신이 잘못하거나 실수한 특정 행위에 제한하여 상대에 대해 미안한 마음을 가지게 되고 이에 따른 사과를 하고 필요한 경우 적절한 피해보상을 하게 된다. 이러한 일련의 과정을 거쳐 해당 상황은 수정된다. 그러나 수치정체감을 가진 사람은 어떤 잘못을 하거나 실수를 하게 되면 특정 행위를 사람이나 정체감으로까지 자의식을 확장하여 강한 수치심과 함께 자기 함몰에 빠지게 된다. 자기 함몰에 빠지면 상대방과 공감할 수 없게 되고 이로 인해 상황을 제대로 수정하거나 적절하게 대응할 수 없게 된다. 따라서 어떻게든 자신의 잘못을 감추려고 하거나 회피하거나 합리화나 변명을 하게 된다. 행여 잘못이 드러나 추궁을 당하게 되면 도리어 공격하거나 화를 내고 그것을 지적한 사람을 용서하지 못하게 된다. 이로 인해 절대 실수를 해서는 안 된다는 비현실적 완벽주의를 갖게 되고, 항상 가면을 써야 하므로 내면이 텅 비게 되며 내적 외로움이 자리 잡게 된다. 시간이 지나면서 막연한 고독감과 불안감을 갖게 되고 후회감이 쌓이고 절망감에 사로잡히게 된다.

3. 중독 문제

아이는 적절한 돌봄과 양육으로 성장하는 가운데 부모와의 상호작용을 통해서 형성된 정서 조절장치가 내재화되면서 마침내 성인이 되어서도 자신의 정서를 달래고 북돋우는 기능을 갖게 된다. 그렇지 못한 경우 결국 내부에서 일어나는 정서를 달래기 위해 외부에 의존하게 된다. 이것이 각종 중독의 뿌리라고 볼 수 있다. 즉, 내면의 깊은 공허함과 고통이 생기면 사람들은 행동적 진통제나 마취제에 의존해 이를 극복해 보려 하는데 이러한 과정에서 각종 중독의 문제가 발생하게 되는 것이다. 이러한 중독의 문제는 술이나 마약 등 물질에서부터 습관이나 생활양식 등에 이르기까지 폭넓다.

다양한 중독 문제

- 일중독: 성공에 대한 생각, 일과 관련된 활동으로 일상을 가득 채우거나 바쁘게 일함으로써 내면의 거절에 대한 두려움과 결핍감을 느낄 여지를 전혀 남겨 놓지 않는다.
- 인터넷 중독: 인터넷 게임이나 온라인 채팅에 몰입해서 내면의 공허함을 잊고 현실의 고통을 잊으려고 하는 것이다.
- 완벽주의 습관: 내면의 혼란과 불확실성을 외적 완벽과 정확성으로 통제하려 한다.
- 종속습관: 다른 사람들의 기대에 자신을 종속시킴으로써 거절의 가능성을 최소화하려고 시도한다. 학교폭력 연구 결과들을 보면 피해자였던 학생들이 가해자가 되는 경우가 많은데, 일진에 소속

되려고 하는 이유가 자신이 가해자 그룹에 속하게 되면 적어도 피해자가 되지 않을 수 있기 때문이라고 한다.

- 도피습관: 술, 약물, 자기파괴적 중독행위로 내면의 고통을 지연시키고 감정적 휴식을 경험하려는 것이다.
- 통제습관: 다른 사람들을 통제하고 종속시킴으로써 거절에 대한 두려움이나 결핍감을 통제하려 애쓴다.
- 의존습관: 내면의 결핍과 부적절을 절감하며 자신에게 없는 것이 다른 사람에게 있다고 판단하고 타인을 의존한다.

중독의 뿌리

우리가 어떤 현상을 이해하는 경우를 생각해 보자. 전체 그림을 알고 있을 때 세부적인 사항에 대한 이해가 쉬워지고, 갈 길을 알고 있을 때 그 여정이 덜 힘들다. 무엇이든 문제의 근원을 이해하는 것이 중요하다. 중독의 문제도 마찬가지이다. 중독의 전체 그림, 즉 중독의 뿌리를 알 때 중독을 제거할 수 있다.

잠시 한 가지 이야기를 해 보자. 농사짓는 사람들이 이구동성으로 하는 말이 잡초 때문에 힘들다고 한다. 자, 그렇다면 잡초를 없애는 방법은 무엇인가? 여러분의 해결책을 제시해 보라. 잡초를 없애는 확실한 방법은 무엇인가? 들판의 잡초를 없애는 가장 좋은 방법은 바로 곡식을 심는 것이다. 이와 같이 마음속에 자라는 잡초도 마찬가지이다. 선한 것을 심을 때 마음속의 잡초가 자라지 못한다.

한 철학자가 오랫동안 가르쳐 온 제자들을 떠나보내며 마지막 수업을 하기로 했다. 그는 제자들을 데리고 들판으로 나가 빙 둘러 앉았다. 철학자는 제자들에게 물었다. "우리가 앉아 있는 이 들판에 잡초가 가득하다. 어떻게 하면 잡초를 모두 없앨 수 있겠느냐?" 제자들은 학식이 뛰어났지만 한 번도 이런 문제에 대해 생각해 보지 않았다. 그들은 모두 건성으로 대답했다. "삽으로 땅을 갈아엎으면 됩니다", "불로 태워 버리면 좋을 것 같습니다", "뿌리째 뽑아 버리면 됩니다." 철학자는 제자들의 대답에 고개를 끄덕이고는 자리에서 일어나 말했다. "이것은 마지막 수업이다. 모두 집으로 돌아가서 자신이 말한 대로 마음속의 잡초를 없애 보거라. 만약 잡초를 없애지 못했다면, 일 년 뒤에 다시 이 자리에서 만나기로 하자." 일 년 뒤, 제자들은 무성하게 자란 마음속 잡초 때문에 고민하다 다시 그곳으로 모였다. 그런데 예전에 잡초로 가득했던 들판은 곡식이 가득한 밭으로 바뀌어 있었다. 스승의 모습은 보이지 않았고 이런 글귀가 적힌 팻말 하나만 꽂혀 있었다. "들판의 잡초를 없애는 방법은 딱 한 가지뿐이다. 바로 그 자리에 곡식을 심는 것이다. 마찬가지로 마음속에 자라는 잡초는 선한 마음을 심을 때 뽑아낼 수 있다."

출처: 네이버

중독 문제가 생기면 우리는 그동안 중독현상 그 자체를 없애기 위해 애써 왔다. 예를 들어 인터넷 중독의 경우, 인터넷 중독 예방 세미나 등에서 주로 다루어지는 내용을 보면 인터넷 이용시간이 얼마인가, 인터넷을 사용하는 장소가 어디인가, 사용 기기가 무엇인가, 주로 접속하는 사이트는 어디인가 등 인터넷 중독자가 나타내는 중독현상을 분석해서 그것을 제거하고자 한다. 그래서 이용시간을 제한하고 컴퓨터 위치를 옮기고 강제로 인터넷을 차단하기도 한다. 하지만 집에서 컴퓨터 못하게 하면 피시방 가서 하고 그것도 못하게 하면 핸드폰으로 하는, 이제는 물리적으로 막을 수 없는 시대가 되었다. 결국 전체적인 맥락 안에서 개인의 인터넷 중독을 바라보고, 보다 본질적인 원인에 접근할 필요가 있다.

가족의 영향

그동안 많은 연구자들이 중독자의 개인적 특성에 집중해 왔다. 그러나 사람의 행동은 사람과 상황의 상호작용이다. 개인의 특성만으로 발생하지 않는다. 한 사람의 행동은 그 자체만으로 이해하기 어려우며, 그 사람이 맺고 있는 관계나 맥락을 고려했을 때 충분히 이해할 수 있다. 예를 들어 아내의 지속적인 잔소리는 집안일에 무관심하고 뒤로 물러서는 남편의 행동에 비추어 보면 이해가 되는 행위이다. 10대 자녀의 반항은 권위적이고 독재적인 부모에 대한 논리적인 보완이다. 가족 상담학자 버지니아 사티어V. Satir(1972)는 "가족체계는 움직이는 장난감 모빌과 같아서 가족 모빌에서도 한 부분을 움직이면 다른 부분들도 움직이게 된다"고 말한다. 가족은 하나의 정서적 단위로 묶여 있는 유기체라고 볼 수 있기 때문이다.

그러므로 부모역할이 무엇보다 중요하다. 상담자들 사이에서 암암리에 통용되는 말이 있다. "모든 아동의 문제는 모든 부모의 문제이다"라는 말이 그것이다. 가족의 전체성으로 인해 가족관계에는 상호 보완성과 패턴이 형성되기 때문이다. 따라서 자녀들이 안고 있는 문제를 스스로 해결하게 하려면 보다 본질적인 내적 통제력을 길

러 주어야 한다. 이를 위해서는 부모의 양육태도를 살펴볼 필요가
있다.

4. 유기체 가치화 과정(OVP)

앞서 강조한 것처럼 부모역할이 매우 중요한데, 부모의 양육태도
를 유기체 가치화 과정(OVP)의 관점에서 살펴보도록 하자. 먼저 생
각해 볼 것은 우리 속담 중에 '콩 심은 데 콩 나고 팥 심은 데 팥 난
다'는 말이 있다. 그런데 어떻게 콩 심은 데 콩이 나고 팥 심은 데 팥
이 나오는 것일까? 이 속담에는 부모교육의 원리가 숨어 있다. 자,
그럼 콩 심은 데 콩이 나오는 원리를 살펴보도록 하자. 콩의 씨앗에
는 콩이 되는 유전정보가 입력되어 있어서 토양이 적절한 양분만 제
공해 주면, 그것은 반드시 콩으로 자라나게 되어 있다. 그래서 콩을
심어 놓고 "너는 콩이 되어라, 콩이 되어라" 하고 애태우며 요구하지
않아도 콩으로 자라나게 되는 것이다.

유기체 가치화 과정이란

로저스Carl Rogers(1967)라는 상담학자는 이처럼 식물이나 동물이
성장조건이 최적화될 때 어떠한 의식적인 노력이 없이도 원래의 유
전형질대로 성장한다는 것에 주목하였다. 그는 식물이나 동물이 이
러한 것처럼 인간도 그 자신으로 성장할 수 있는 성장 잠재력, 즉 자
아를 실현할 수 있는 자아실현 경향성을 지니고 태어났다고 보는 것

이다. 사람은 자기 자신 속에 자기 자신이 되고자 하는 청사진, 즉 내부의 안내서 같은 것을 가지고 태어난다고 보았다. 이와 같이 인간도 잠재력을 달성하려는 타고난 능력을 가지고 있기 때문에 자성 능력resilience, 즉 역경이 있더라도 회복할 수 있다고 믿었다.

이렇게 자기실현 경향성을 발휘할 수 있도록 하는 것, 즉 콩이 콩 되도록 하는 것처럼 인간이 인간 되도록 하는 것에 관련된 메커니즘이 바로 유기체 가치화 과정Organismic Valuing Process, OVP이다. 로저스Rogers(1980)는 이렇게 유아들의 행동이 OVP에 의해 지배받기 때문에 특별한 혼란 없이 있는 그대로 경험을 지각할 수 있다고 보았다. OVP에서는 어떤 특정 경험이 더 가치 있다고 평가하지 않고 있는 그대로 보는 것이다. 즉, 선입견 없이 모든 경험은 흥미롭고 탐구할 만한 가치가 있다고 본다. 또한 유아들은 자신이 하는 경험에 대해 그 경험이 유기체를 강화하는 경험이냐 그렇지 않은 경험이냐에 따라 그 경험을 각기 다르게 평가할 수 있는 능력이 있다는 것이다. 예를 들어, 만일 그 경험이 유기체를 강화한다면(어머니의 안아 주기, 쓰다듬어 주기 등) 아이는 만족감을 느끼며 미소를 지을 것이다. 반면에 그 경험이 유기체를 강화하지 않는다면(예를 들어, 춥거나 더러운 기저귀를 차고 그대로 있게 하거나 등) 아이는 기분이 나쁘고 만족하지 못하고 울게 된다. 이처럼 누군가 아이들에게 특정 경험을 어떻게 느껴야 한다고 말해 주는 것에 의해서가 아니라 자신이 실제로 어떻게 느끼는지에 따라 경험을 평가할 수 있는 능력이 내재해 있다. 예를 들어 엄마가 아이를 쓰다듬어 주면서 "이건 좋은 경험이니까 좋아해야 해"라고 말해 주지 않아도 아이는 그것이 좋은 경험이라는 것을 스스로 평가할 수 있다는 것이다. 이처럼 유아들의 행동이 OVP

에 지배받기 때문에 특별한 혼란 없이 있는 그대로 경험을 지각할 수 있다. 즉, 선입견 없이 모든 경험을 흥미롭고 탐구할 만한 가치가 있다고 느끼는 것이다. OVP는 모든 사람들이 태어났을 때에 가지고 있는 내부의 안내서와 같은 것이기 때문에 사람들이 이러한 내부의 안내서를 믿을 때 성장의 경험을 자유롭게 할 수 있다.

자아 개념의 형성

로저스는 유아의 경우 처음에는 자아self가 형성되지 않았기 때문에 '나'와 '나 이외의 것'을 구별하지 못하다가, 자기 경험과 외부 환경에서 타인이나 사물이 겪는 경험을 구별하기 시작하면서 자아의 개념이 발달하기 시작한다고 보았다. 로저스는 자아self는 사람들이 자신에 대해 가지고 있는 조직적이고 지속적인 인식이라고 정의했다. 건강한 자아를 가진 사람은 자신의 경험을 자기만의 경험으로써 정확하게 상징화하거나 내재화할 수 있는데, 이러한 사람들은 과도한 불안감 없이 자신의 감정을 있는 그대로 느낄 수 있고 그 감정이 자신으로부터 시작되었다는 것을 이해하고 타인의 탓으로 돌리지 않는다. 이처럼 자신의 감정을 자신의 것이라고 받아들일 수 있는 능력은 타인과의 원만한 관계를 형성하는 기본이 된다.

OVP에 의해 지배를 받을 때, 자아는 일관되고 통합적이며 방어가 적어진다. 이처럼 OVP에 의해 지배를 받는 사람은 경험에 개방적이고 자신의 감정을 자기 것으로 수용할 줄 알고 과거의 상처나 미래에 대한 불안에 얽매이지 않고 현재의 삶에 충실할 수 있다. 또한 자기 자신에게 맞는 최선의 선택을 할 수 있고 그 선택에 따라 자유롭

게 행동하고, 자신과 인간에 대해 신뢰한다Burke(1989). 로저스는 이
처럼 지금—여기here and now에 충실할 수 있는 것을 '충분히 기능하
는 인간'fully functional person의 특징 중 하나라고 보았다.

자기 경험과 타인 인정

　로저스는 아이가 자기 인식을 형성하는 데 부모가 중요한 역할을
한다고 보았다. 아이들은 무조건적이고 긍정적인 수용을 필요로 하
는 존재이기 때문이다. 즉, 아이들은 가치의 조건 없는(무언가를 하기
때문이 아니라 단지 존재 자체로 사랑받는 것) 수용, 존중, 따뜻함, 사랑을 필
요로 한다. 아이들이 이러한 것들을 받게 될 때, 자기 수용과 자기애
를 표현할 수 있게 된다. 아이들은 이처럼 다른 사람으로부터 존중
받고 수용되고 이해받을 때 내적 갈등 없이 건강한 자기 인식을 발
달시킬 수 있다. 존중받는 아이들은 자신의 OVP에 따라 움직이고
내적인 경험에 기초해서 스스로 자기에게 맞는 선택을 할 수 있게
된다.

　그런데 불행하게도 부모들 자신이 완벽하지 않기 때문에 아이들
에게 가치조건을 내세우고 사랑받기 위한 선행조건들을 채우도록
요구한다. 예를 들어, "너는 공부를 잘해야만 나의 아들로서 인정받
을 수 있어", "너는 착하게 행동해야만 사랑스러운 여자아이야", "네
가 예쁘기 때문에 널 사랑하는 거야" 등의 메시지는 이러저러한 요
구조건에 맞게 행동할 때만 수용받고 사랑받을 수 있다고 전제하기
때문에 비록 그것을 명시적으로 말하지 않더라도 아이들은 부모의
사랑을 얻기 위해 어떤 방법을 써서라도 그렇게 되고자 한다.

이로 인해 결과적으로 OVP보다는 가치조건이 자기 경험을 형성하는 지침으로 변화되게 된다. 다시 말해서 아이들은 부모의 사랑을 얻어 내기 위해 자신의 OVP를 희생하고 부모가 정한 가치조건을 내면화시킨다. 그러나 이렇게 할 때 조건이 자기 인식의 한 부분이 되어 자유롭게 기능하는 것을 방해하게 된다.

이처럼 부모들이 양육과정에서 제시하는 가치조건은 아동들로 하여금 내면의 경험과 타인의 인정 사이에서 갈등을 느끼도록 한다. 예를 들어, 엄마가 딸에게 남동생을 미워하는 것은 절대 안 된다고 훈육할 때, 그 아이는 자기가 착한 아이이고 그래서 미움이라는 감정은 조금도 없다고 해야만 엄마에게 사랑받을 수 있다고 느낄지도 모른다. 그렇게 되면 그 아이는 미움이라는 감정이 느껴질 때, 자신의 내면에서 경험되는 감정을 부인하고 남동생을 해꼬지해서는 안 된다는 가치조건만을 배우게 된다. 또 한편으로는 부모가 남자아이에게 "사내녀석은 우는 게 아니야"라고 창피를 줄 때 아이들은 자신의 감정에 혼돈을 느끼게 된다. 아이들이 슬픔이나 미움을 느낄 때 부모들은 아이에게 그런 부정적인 감정들은 가져서는 안 된다고 말하기 때문이다. 이러한 경우 아이들은 고통이나 의존감이 느껴질 때 이를 억압하고 부모의 인정을 계속 유지하기 위해서 매우 독립심이 강한 아이가 되려고 노력하게 된다. 왜냐하면 아이들은 살아남기 위해서 본능적으로 자신의 내적 경험을 넘어서서 부모의 사랑과 관심을 얻고 인정받는 것을 선택하기 때문이다.

일반적인 가정의 양육과정을 살펴보더라도 아이들이 내적인 경험을 신뢰하기보다는 다른 사람의 인정을 선택하는 것을 쉽게 볼 수 있다. 이처럼 가치의 조건이 지배적이고 OVP가 무력하게 될 때 자기의 감정을 자기의 것이라고 할 수 없을 정도까지 자기 인식은 약화되고 타인의 피드백에 의존하게 된다.

가치조건의 내면화

OVP가 무력화되고 가치의 조건을 가지게 된 아이는 경험에 개방적이거나 창의적인 일을 잘하지 못하고, 현재를 충실히 살거나 자유로운 선택을 하지 못하며, 자기 자신의 감정을 받아들이지 못하고 타인을 신뢰하지 못하거나 애정을 느끼지 못하게 된다. 이로 인해 아이들은 자기 인식의 갈등을 경험하게 된다. 이처럼 자신의 감정을 스스로 허용할 수 없을 때 사람은 공허함을 느끼게 된다. 살긴 살아가지만 내가 사는 것 같지가 않은 것이다. 로저스는 이러한 현상을 현실의 자아와 이상의 자아의 분열이라고 말한다.

그렇다면 부모들이 어떻게 해야 할까? 앞선 예로 돌아가서 생각해 보자. 그렇다면 부모는 큰 아이가 동생을 괴롭히는 것을 보고도 그대로 두어야 하는가? 물론 다른 형제를 해치도록 허락할 수는 없다. 그러나 부모는 아이에게 행동의 한계를 제시하면서도 공감적으로 반응할 수는 있다. 예를 들어 이렇게 말해 줄 수 있다. "나는 네가 남동생 때문에 화가 나 있다는 것을 알아. 하지만 너는 동생을 해쳐서는 안 돼." 부모가 아이를 이렇게 대하면 아이는 마음대로 행동하지 못해 좌절감을 느낄지는 모르지만 자신의 감정을 부인하는 것을 내면화하지는 않는다. 대신 자신의 감정을 있는 그대로 경험하는 것을 배우고 그것을 무해한 방향으로 변경하는 것을 익히게 된다.

5. 회복을 위하여

세 가지 태도

그렇다면 어떻게 하면 아이들의 OVP를 해체하지 않으면서 충분히 기능하는 인간으로 양육할 수 있을까? 이와 관련하여 로저스의 인간중심상담이론을 통해 도움을 받을 수 있다. 로저스의 인간중심상담이론은 내담자중심이론이라고도 하는데, 로저스는 상담자가 취해야 할 기본적인 태도를 세 가지로 제안하고 있다.

첫 번째 태도는 일치성genuineness인데, 이것은 상담자가 내담자와의 상담관계에서 순간순간 경험하는 감정을 있는 그대로 솔직히 인정하고 표현하는 태도로, 상담자가 겉으로 표현하는 것과 내면에서 경험한 것이 일치하는 것을 말한다. 두 번째 태도는 무조건적인 긍정적 존중unconditional positive regard의 태도인데, 상담자는 내담자를 하나의 인격체로서 무조건적으로 존중하고, 있는 그대로의 모습을 따뜻하게 수용해야 한다는 것이다. 내담자의 사고, 감정, 행동 등에 대하여 어떠한 판단이나 평가도 하지 않는 것을 말한다. 세 번째 태도는 공감적 이해empathetic understanding인데, 상담자는 내담자가 보고 느끼는 것을 마치 상담자 자신이 보고 느끼는 것처럼 정확하게 감지할 수 있고, 또 내담자의 내면에 있는 감정을 존중해 주며 그것에 대해 이야기할 수 있는 것을 말한다. 로저스는 사실 상담자가 이러한 기본적인 태도만 내담자에게 보여 주어도 내담자의 문제를 해결할 수 있다고 보았다.

로저스식 상담이 어떻게 내담자를 도울 수 있는지 「패치 아담스」

라는 영화를 예로 들어 살펴보자. 이 영화에 나오는 루디는 다람쥐가 무서워서 화장실에 못가는 정신과 병동 환자이다. 다른 사람 눈에는 보이지 않는 다람쥐를 보고 두려워하기 때문에 의사들은 루디를 환자로 간주하고 신경안정제를 투여한다. 그런데 루디의 병동 룸메이트는 루디가 보는 것처럼 마치 다람쥐가 실제로 있는 것처럼 같이 보고 느껴 줌으로써 루디가 문제를 해결할 수 있도록 돕게 된다. 이 룸메이트의 태도가 바로 공감적 이해의 태도라고 할 수 있다. 이 룸메이트는 이 경험을 계기로 이후에 의사가 되어 사람들 마음에 공감해 줌으로써 문제를 치료하는 좋은 상담자가 된다.

공감적 이해

자, 그럼 이러한 공감적 이해의 태도를 배워 보도록 하자. 공감적 이해를 연습하기 위해서 공감적 이해를 5수준으로 나누어 훈련해 본다(금명자·이장호, 2006).

- **1수준:** 상대방의 언어 및 행동 표현의 내용으로부터 벗어나거나 내용에 주의를 기울이지 않기 때문에 감정 및 의사소통에서 상대방이 표현한 것보다 훨씬 못 미치게 소통하는 수준
  실제: 상대방이 명백하게 표현한 표면적인 감정조차도 제대로 인식하지 못한 의사소통을 한다. 지루함을 느끼거나 무관심해지거나, 상대방의 참조 틀을 완전히 배제한 경우를 말한다. 즉, 상대방의 이야기를 전혀 듣지 않거나 명백히 드러난 감정조차도 이해하지 못하고 민감하지 못하며 상대방과의 의사소통이 손상된 경우이다.

- **2수준**: 상대방이 표현한 감정에 반응은 하지만 상대방이 표현한 것 중에서 주목할 만한 감정을 제외시키고 의사소통하는 수준

  실제: 상대방의 명백한 표면적인 감정을 어느 정도 인식하기는 하지만 의미 수준을 왜곡해서 의사소통하는 수준이다. 자신의 의사는 전달하지만 상대방의 표현 수준과 일치하지 않는다. 즉, 느낌에 대해 반응할 때, 상대방이 전달한 내용에서 중요한 정서를 빠뜨렸을 경우로 상대방이 표현하거나 의도하는 것과는 거리가 있는 감정 및 의미에서 반응하는 수준이다.

- **3수준**: 상대방이 표현한 것과 본질적으로 같은 정서와 의미를 표현하여 상호 교류적인 의사소통을 하는 수준

  실제: 상대방의 표면 감정을 정확히 이해하고 반응을 한다. 하지만 보다 내면적인 감정에는 반응하지 못하는 수준이다. 3수준은 대인관계 기능을 촉진할 수 있는 기초 수준이라고 할 수 있다.

- **4수준**: 상대방이 스스로 표현할 수 있었던 것보다 더 내면적인 감정을 표현하면서 의사소통하는 수준. 상대방의 표현에다 중요한 내용을 첨가시켜 반응함으로써 상대방이 자신을 표현한 것보다 더 깊은 수준에서 감정을 표현해 준 경우

  실제: 상대방이 말로 표현한 것보다 더 내면적인 감정을 표현해 줌으로써 상대방으로 하여금 이전에는 표현할 수 없었던 감정을 표현하거나 경험하게 해 준다. 좀 더 깊은 감정과 의미를 첨가하여 의사소통하는 수준을 말하며 4수준부터는 의사소통이 촉진된다.

• **5수준:** 상대방이 표현할 수 있었던 감정의 내면적 의미를 정확하게 표현하거나 상대방의 내면적 자기 탐색과 완전히 같은 몰입 수준에서 상대방이 표현한 감정과 의미에 첨가하여 의사소통하는 수준

  실제: 상대방의 표면적인 감정뿐만 아니라 내면적 감정에 대해서도 정확하게 반응하는 경우이다. 상대방과 함께 경험하거나 상대방의 말을 깊이 이해한다. 이러한 반응을 통해 이전에는 깨닫지 못했던 존재의 의미를 탐색하도록 돕는다. 즉, 상대방이 누구인지 충분히 인식하고 상대방의 가장 깊은 감정까지 읽어 내서 정확한 공감적 이해를 해 주는 수준이다. 5수준의 가장 큰 특징은 상대방의 적극적인 성장 동기를 이해하고 표현해 준다는 것이다.

공감적 이해 수준별 연습해 보기

상대방의 표현: "우리 집은 왜 그리도 시끄러운지 모르겠어요. 집에선 영 공부할 마음이 없어요."

_____ 가. "네가 공부할 때는 식구들이 좀 조용히 해 주었으면 좋겠단 말이지?"

_____ 나. "좀 시끄러워도 참고 하면 되잖니?"

_____ 다. "뭐가 시끄럽다고 그러니? 공부하기 싫으니까 핑계도 많구나."

_____ 라. "그래. 우리 집이 시끄러우니까 공부하기 힘들지?"

_____ 마. "식구들이 좀 더 조용히 해 주면 공부를 더 잘할 수 있을 것 같단 말이지?"

정답: 가-4수준, 나-2수준, 다-1수준, 라-3수준, 마-5수준

주의집중과 경청

상담자는 관계에 대해 말하는 사람이 아니라, 관계를 직접 맺는 사람이어야 한다. 상담 장면에서 상담자 자신이 상담의 도구가 되기 때문이다. 따라서 상담자는 자신의 삶의 경험을 감출 수 없다. 감추기를 바라더라도 자신의 경험을 있는 그대로 인정할 수 없으면 진정한 상담관계를 맺기 어렵기 때문이다. 그러나 이것은 자신의 개인적 문제를 무작정 이야기해야 한다는 것과는 다르다. 또 상담자가 모든 종류의 고통을 경험해 봐야 한다는 논리도 아니다. 고통 중에 있는 사람에게 자신도 예전에 똑같은 문제를 겪었다고 말한다고 해서 그 사람에게 도움이 되지는 않는다. 또는 다 잘될 테니 너무 염려하지 말라는 것도 전혀 위로가 되지 못한다. 이처럼 무작정 자신의 상처를 노출하는 것은 전혀 도움이 되지 않는다.

상담자의 가장 중요한 상담능력은 경청과 공감이라고 할 수 있다. 앞서 공감에 대해서는 다루었는데 이러한 공감이 이루어지려면 사실 경청이 선행되어야 한다. 경청이란 내담자에게 주의를 집중할 수 있는 능력이다. 고통 중에 있는 내담자를 돕기 위해서 상담자는 먼저 자신에게 매여 있는 에너지를 풀어서 내담자에게 향할 수 있어야 한다. 온통 자기 자신에게 에너지가 쏠려 있으면 내담자의 말을 귀로 듣고 있어도 제대로 듣지 못하기 때문이다.

공감적 경청

성경에는 "무릇 귀 있는 자는 들을지어다"라는 말씀이 자주 등장한다. 이처럼 듣는 것이 중요한데, 한자 '들을 청'(聽)자를 파자해서 풀이한 글을 잠시 인용해 보자. 먼저, 귀 이(耳) 밑에 임금 왕(王)자가 있다. 귀가 왕이 되어야 한다, 즉 듣는 것이 가장 중요하고 먼저라는 것이다. 지도자는 국민들의 소리를 잘 듣는 자여야 하고 행복한 가정이란 서로의 마음의 소리를 잘 듣는 것이다. 둘째, 열 십(十)자 밑에 눈 목(目)자가 있다. 열 개의 눈을 가지고 보라는 것으로 이해할 수 있다. 눈은 대화에서 매우 중요하다. 눈을 마주치는 것은 중요한 비언어적 행동이기 때문이다. 상담자들이 내담자들을 만날 때 가장 먼저 살피는 것이 '눈 마주치기'eye contact이다. 눈 마주치기를 피하거나 포기하는 것 등은 불안하거나 이야기하고 싶지 않음을 나타내기 때문이다. 흔히 두 사람이 만나게 되면 얼마나 자주 그리고 언제 서로를 볼 것인지를 협상하는데, 이러한 협상은 무의식적이고 비언어적 수준에서 발생하기 때문에 사람들은 의식적으로 이러한 협상을 자각하지는 못한다. 우리는 대화할 때 눈 마주치기를 통해 대화를 관찰하고 피드백을 주고받고 상대방을 이해하고 있음을 나타내기도 한다. 우리는 소통하고자 할 때 상대의 비언어적 표현을 보면서 들어야 한다. 메시지를 언어적 메시지와 비언어적 메시지로 구분해 볼 때, 표정, 눈빛, 얼굴, 몸짓과 같은 비언어적 메시지가 차지하는 비율이 훨씬 크고 강력하기 때문이다. 말하는 상대의 몸짓과 표정과 태도 속에서 배어 나오는 소리를 잘 들을 수 있어야 한다. 셋째, '한 일'(一)자 밑에 '마음 심'(心)자가 있다. 상대방의 마음과 하나 되는 마음을 가지고 들어야 한다는 말이다. 즉, 상대방과 공감하면서 들어야 비로소 들린다는 뜻이다. 사실 귀로만 그저 들리는 소리를 듣는 것은 의미가 없다. 그래서 공감을 표현할 때 역지사지(易

SOLER의 원리(Egan, 1994)

S= 내담자를 정면squarely으로 보고

O= 개방적open 자세를 취하고

L= 내담자 쪽으로 기울이고lean

E= 적당하게 지속적으로 눈eye 마주치기를 유지하고

R= 편안하거나relaxed 자연스럽게 관계 맺기를 시도하는 것

ENCOURAGES의 원리(Hill & O'Brien, 1999)

E= 적당한 정도의 눈eye 마주치기를 유지한다(다른 곳을 자주 본다든지 뚫어지게 보거나 하는 것은 피하기).

N= 고개 끄떡임nods을 적당한 수준으로 사용한다.

C= 문화적 차이cultural differences를 인식하고 존중을 유지한다.

O= 내담자 쪽으로 열린 자세open stance를 유지한다(팔짱을 꽉 끼고 있지 말고, 정면으로 내담자를 마주 대하고 내담자 쪽으로 기울인다).

U= '음'hmm 등의 인정하는 언어를 사용한다.

R= 편안하고relaxed 자연스럽게 대한다.

A= 산만한 행동은 피하라avoid(예를 들어 너무 많이 웃거나 머리카락이나 물건 등을 만지작거리거나 하는 것은 피하라).

G= 내담자의 문법적인grammatical 스타일에 맞추라(자신의 언어 스타일 범위 내에서 내담자와 같은 언어 스타일을 사용하라).

E= 세 번째 귀ear로 들어라(언어적 메시지와 비언어적 메시지를 주의하여 들어라).

S= 적절한 공간space을 사용하라(예를 들어, 너무 가깝거나 또는 너무 멀리 앉지 않는다).

地思之)의 태도라고 이야기한다. 상대방의 입장에서 보아야 그를 이해하게 되고 상대의 자리에 내려가서under 보아야stand 비로소 이해 understand가 된다는 것이다. 이러한 공감적 경청이 있어야 비로소 제대로 듣게 되는 것이다.

상처 입은 치유자

상담자의 주된 임무는 내담자의 고통을 완전히 제거해서 멸균시키는 것이 아니다. 오히려 내담자 고통의 더 깊은 곳까지 내려가서 함께 견뎌 주는 것이다. 그때 비로소 내담자는 그 고통을 회피하기 위해 애써 왔던 모든 긴장을 내려놓고 그제서야 자신을 있는 그대로 받아들이게 된다. 신기하게도 고통은 직시할 때 오히려 고통으로서의 효력이 사라진다. 사실 심리적 고통의 대부분은 고통을 회피하려고 한 결과이기 때문이다.

그러나 이 모든 것들이 가능하려면 상담자가 먼저 자신의 고통 속으로 들어가서 자신의 문제를 먼저 치유해야 한다. 이런 맥락에서 부모는 상담자와 많이 닮아 있다. 부모가 먼저 자신의 상처를 회복하지 않으면 그 상처가 고스란히 자녀에게 전해지게 되어 있기 때문이다. 자녀를 제대로 양육하고 공감하기 위해서는 부모가 먼저 자신의 고통에 직면하고 자신의 상처를 딛고 일어서야 한다. 나우웬Henri Nouwen은 '상처 입은 치유자'wounded healer라는 표현을 사용했다. 즉, 다른 사람의 아픔을 이해하기 위해서는 먼저 자신의 아픔에 직면할 수 있어야 한다는 것이다. 가장 개인적인 것이 가장 보편적인 것이 되는 셈이다. 이러한 과정을 통해 상담자 또는 부모는 자신의 두려움이 만들어 내는 편협한 마음을 깨뜨리고 자신을 개방할 수 있게 된다. 그 결과로 넉넉하고 편안한 공간이 생기기 되면, 예상치 못했던 방문자가 오더라도 반갑게 맞이할 수 있고 삶에 지친 사람들이 그 공간에서 편안히 쉬어 가게 된다.

오늘도 실패했더라도 다시 잊어버리고, 때론 하기 싫더라도 또 시도해 보도록 하자. 누군가가 늘 우리를 향해 귀를 기울여 주었듯이 나 또한 다른 이의 고통을 이해하기 위해 잠시만이라도 나의 고통을 버려두고 마음의 귀를 열어 보자. 우리 함께 듣기 위한 고통을 기꺼이 감당하는 연습을 해 보자.

제4장

나는 통계적으로 판단하는가

이긍희 교수(통계학)

우리는 불확실한 세상에서 수많은 생각을 하면서 살고 있다. 그리고 무엇을 선택하거나 결정할 때 수많은 생각을 정리하여 그중 하나를 선택하게 된다. 수많은 생각에서 하나의 판단을 정하게 된 것은 아마도 그동안 내가 사회 및 가정에서 받았던 교육과 경험, 유전적 요인, 사회관계 등으로부터 형성된 나만의 판단모형에 따른 것이다. 이 판단모형은 항상 일정하지 않고 오감을 통해 느껴지는 데이터와 결합되면서 새로운 판단모형으로 변하게 된다. "나는 왜 오늘 우산을 가져갔을까?" "나는 왜 그 식당에 갔을까?" "나는 왜 그 제안을 거절했나?" 등을 돌이켜 생각해 보면 나의 판단이 어떤 과정으로 이루어지고 있는지 알 수 있다.

오늘 비가 올지 오지 않을지는 정확히 알 수 없고 오직 비 올 가능성만을 알 수 있을 뿐이다. 기상청은 이 불확실성을 고려하여 비 올 가능성을 확률로 발표하고 있다. "나는 왜 점심시간에 우산을 가져갔을까?"에 대해 생각해 보자. 나는 기상청 예보에서 비 올 확률이 50%가 넘으면 우산을 가져간다는 판단모형을 가지고 있다고 하자. 어떤 날 12시까지 비가 오지 않았고 나는 12시에 점심식사를 하러 밖으로 나간다. 현재 비는 오지 않지만 하늘에는 먹구름이 잔뜩 끼어 있다. 나는 이 데이터, 기상청의 비올 확률과 나의 판단모형을 결합하여 비 올 확률을 다시 계산하였고 이 확률을 바탕으로 점심식사를 하러 나갈 때 우산을 가져간다. 이와 같이 나는 불확실한 세상에서 관측된 데이터와 판단모형을 결합하여 불확실성을 최대한 줄일 수 있는 새로운 판단, 즉 통계적 판단을 하고 있다.

통계적 판단은 데이터를 기반으로 하므로 직관적인 판단보다 객관적이며 공정하다. 통계적 판단은 수학에 의한 계산과정이 아니라 데이터를 바탕으로 불확실한 세상에 대처하는 방법이다. 이는 통계학과 관련되어 있다. 빅데이터 시대인 현재 『타임머신』*The Time Machine*의 작가인 웰스H. G. Wells(1866~1946)가 말했듯이 통계적 판단은 어떤 현상을 가늠하고 행동을 결정하는 데 매우 유용하다. "통계적으로 생각하고 판단하는 것은 읽기나 쓰기 능력과 마찬가지로 유능한 시민이 되기 위해 반드시 갖추어야 할 능력이 되고 있다."

1. 왜 통계가 필요한가

나는 체온을 재거나 혈압, 체중을 측정함으로써 현재의 건강상태를 파악한다. 신용평가기관은 경제활동 데이터를 바탕으로 나의 신용상태를 측정한다. 만약 이러한 측정을 하지 않는다면 나는 건강을 안정적으로 유지할 수 없고, 돈이 필요할 때 금융기관으로부터 대출을 받기도 어렵다. 19세기 영국 과학자 톰슨William Thomson(1824~1907)이 말한 바와 같이 논의할 대상을 측정해서 숫자, 즉 데이터로 표시해야 그에 대해 안다고 할 수 있다.

데이터는 나를 중심으로, 즉 내부 데이터와 외부 데이터로 구분된다. 이 데이터의 일부는 규칙적·체계적으로 조사되어 평균값 또는 총량 등이 국가기관의 통계로 발표되기도 한다. 발표되는 통계로는 나의 소득과 소비지출에 대한 가계동향조사, 대출금액과 관련된 가계부채 등이 있다. 나는 발표되는 통계를 나의 데이터와 비교하면서 상대적 위치를 알 수 있다. 예를 들면 통계청의 '통계로 보는 자화상'(http://kosis.kr/contents /index.jsp)을 통해 나와 같은 나이, 같은 성의 사람들과 비교해서 체중과 키는 어느 위치에 있고, 소득은 어느 수준인지 파악할 수 있다. 이와 같이 통계는 나의 데이터와 결합되어 불확실한 상황에서 내가 나를 객관적으로 판단할 수 있는 실마리가 된다.

통계의 측정이 왜 필요한지 살펴보자. 경기도 화성에 가면 융건릉이 있다. 융릉은 정조의 아버지인 사도세자와 어머니인 혜경궁 홍씨의 합장릉이며, 건릉은 정조와 효의 왕후의 합장릉이다. 융건릉의 소나무 숲은 일품이다. 그런데 융건릉 주변의 숲은 정조가 조성한 것이다. 정조가 사도세자를 이곳으로 이장하면서 1789년부터

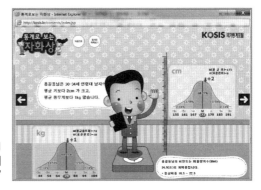

그림 1
통계청의
'통계로 보는 자화상'

1795년까지 7년간 현륭원 주변 8개 고을에 나무를 심도록 하였다. 정조(1752~1800)는 이 식목의 결과로 논공행상을 하려고 다산 정약용(1762~1836)에게 한 수레보다 많은 관련 문서를 주면서 그 결과를 한 권의 책으로 정리하도록 지시했다. 다산은 문서를 바탕으로 고을별·날짜별로 나무를 심은 결과를 분류하고 이를 한 장의 표로 종합하였다. 이 종합표는 7년 동안 12번 식목한 것을 고려하여 12번을 가로로, 8개 고을을 세로로 하여 칸마다 심은 나무 수를 계산해서 넣고 이를 모두 합한 표이다. 계산된 나무의 총수는 모두 1,200만 9,772그루였다. 정조는 이 보고서를 보고 "한 권의 책으로 정리해도 모자랄 내용을 한 장의 표로 요약하였다"면서 다산을 크게 치하했다.[1] 이와 같이 통계는 복잡한 결과를 직접적으로 이해할 수 있게 한다.

통계의 측정과 발표는 어떤 역할을 할까? 상자의 선택과 관련해서 살펴보자. 2개의 상자가 있다. 첫 번째 상자에는 10개의 공이 있는데 파란색 공이 8개, 빨간색 공 2개로 구성되어 있고, 두 번째 상자는 공의 구성을 알 수 없다. 2개의 상자 중 1개의 상자를 선택한 후 상자에서 파란 공을 뽑으면 상금 100만 원을 준다고 하자. "여러분은 2개의 상자 중 어떤 상자를 선택하겠습니까?" 판단하기 어렵다면 문제를 더 구체화해 보자. 어머니가 위독해서 병원에서 수술을 받아야 한다고 하자. 의사가 보호자인 여러분에게 물어본다. "기존의 수술법은 성공률이 80%입니다. 새로운 수술법은 아직 성공률이 확인되지 않았으나 임상실험 결과 기존의 수술법보다 우수합니다. 어떤 수술법을 선택하겠습니까?" 누구나 짐작하듯이 대부분 사람들은 불확실한 두 번째 상자 대신 파란색 공이 8개, 빨간색 공이 2

개 들어 있는 첫 번째 상자를 선택한다. 또 수술법으로는 새로운 수술법이 아닌 80% 성공률을 가진 기존의 수술법을 선택한다. 왜 그럴까? 이는 어떤 일에 대한 정보가 부족한 경우 사람들은 최악의 경우를 상정하고 이를 회피하는 의사결정을 하기 때문이다.[2]

측정되지 않는다면 사람들은 세상을 불확실하게 느끼고 어떤 사건이 발생하면 그에 대해 지나치게 불안해하거나 낙관하게 된다. 따라서 통계로 측정하여 모집단의 구조를 제대로 추측할 수 있다면 모집단의 불확실성은 어느 정도 해소되어 세상을 보다 객관적으로 판단할 수 있게 된다. 국가통계도 마찬가지 역할을 한다. 영국 정부가 펴낸 『통계에서의 신뢰의 구축』이라는 보고서에서 토니 블레어Tony Blair(1953~) 당시 총리는 "국가통계는 토론을 진작시키고, 정부 내외의 의사결정에 기여하며, 국민들에게 정부가 약속을 지키고 있는가를 판단할 수 있게 해 주고, 이러한 점에서 국가통계는 믿음을 기저로 하는 민주주의 제도에서 핵심적 역할을 수행한다"라고 국가통계의 역할을 정리하였다. 가치 있는 통계는 모두 같은 역할을 한다. 측정은 통계로 판단하거나 생각하는 데 있어 출발점이 된다.

2. 나는 통계적으로 판단하고 있는가

TV 드라마에서도 통계적 판단과정이 가끔 나온다. 2005년 SBS에서 방영했던 「프라하의 연인」은 대통령의 딸이자 외교관인 윤재희(전도연 분)와 강력계 말단 형사 최상현(김주혁 분)과의 로맨스를 그린 드라마이다. 윤재희는 프라하에서 만났던 최상현을 우연을 가장해서 종로경찰서 앞 식당에서 만나려는 계획을 세운다. 윤재희는 수행비서(하정우 분)와 같이 종로경찰서 앞 식당가에 가서 "이것이 통계학이다"라고 말하면서 식당마다 방문한 손님 수를 세기 시작한다. 이를 바탕으로 윤재희는 사람들이 가장 많이 방문하는 식당을 찾았고, 이 식당에 미리 가서 식사를 하면서 최상현을 기다린다. 아니나 다를까 점심시간에 최상현은 윤재희가 식사하고 있는 바로 그 식당에 갔고 여기서부터 그 둘의 만남이 다시 시작된다. 윤재희가 판단해 가는 과정 그 자체가 통계학이다. 그녀는 합리적으로 판단하기 위해서 데이터를 수집·정리했고, 사람들이 가장 많이 방문하는 식당 즉 최상현이 올 가능성이 가장 높다고 판단되는 식당을 선택한 것이다. 이와 같이 통계적 판단은 데이터를 바탕으로 가장 가능성(확률) 높은 판단을 하는 것이다.

다른 예를 살펴보자. KBS가 방영하는 「1 대 100」은 한 명의 초청자가 100명의 참가자와 퀴즈문제로 대결하여 최후의 1인을 가리는 퀴즈 프로그램이다. 초청된 1인은 100인을 상대로 총 11단계의 퀴즈를 풀게 된다. 초청된 1인은 3지선다 형식의 퀴즈를 단계별로 맞혀서 다음 단계에 도전한다. 초청된 1인과 100인 중 최후의 1인이 남을 때까지 문제를 푼다. 1인이 문제를 모두 맞히거나 문제를 푸는 도중 100인을 모두 탈락시키면 최고 상금 5,000만 원을 받는다. 문제를 푸는 동안 초청된 1인은 두 번의 찬스를 사용할 수 있다. 초청된 1인이 가장 많이 이용하는 찬스로는 '100인의 답'이 있다. 이 찬스는 100인이 문제의 선택지 가운데 1, 2, 3번을 선택한 빈도분포를 보여 준다. 초청된 1인은 이 분포를 보고 사람들이 가장 많이 선택한 번호를 답으로 선택하는데 이것이 대부분 정답이다. '100인의 답'을 통한 선택 역시 가장 가능성이 높은 판단을 하는 원리를 이용한 것이다.

이와 같이 나는 어떤 판단이나 결론을 내릴 때 데이터를 수집하고 이를 바탕으로 가능성 높은 결론을 도출한다. 나는 서점에서 베스트셀러 목록을 보고 책을 구매하고, 맛집으로 소문난 곳을 찾아가서 먹고, 시청률이 높은 드라마를 본다. 나는 "진실을 알 수 없을 때에는 가장 그럴 듯한 것을 따라야 한다"라는 데카르트René Descartes(1596~1650)의 말에 따라 판단하고 있는지 모른다.

우리는 이미 선천적으로 미지의 불확실한 세계와 마주칠 때 데이터를 수집하고 이를 바탕으로 가장 가능성 높은 결과를 도출하고 있는지도 모른다. 즉, 우리의 판단모형은 가능성으로 표현되는 모형이고, 이를 바탕으로 가장 가능성이 높은 판단을 하고 있는 것이다. 이와 관련된 학문이 통계학이다. 통계학은 데이터의 홍수 속에서 데이터를 이해하고 추상화하여 분석함으로써 새로운 지식, 정보를 발견하는 원리를 배우는 방법론의 학문이다. 마치 과학자와 수사관이 몇 가지 증거로부터 진실에 도달하듯이 통계학은 어떤 현상을 데이터로 측정하고 이를 통계로 요약하고 추상화하여 진리의 세계를 추측하는 귀납적인 사고방법이다. 통계학은 모든 현상의 불확실성을 이해하고 측정된 경험을 토대로 공정하고 의미 있는 결정을 할 수 있도록 도와준다.

캐나다의 과학철학자 해킹Ian Hacking(1936~)은 통계적 판단과 관련된 통계학을 다음과 같이 정리하고 있다. "통계학은 조용히 세상을 변화시켜 왔다. 그것은 새로운 사실이나 기술의 발견을 통해서가 아니라 세상에 관해 생각하는 방법, 실험하는 방법, 자기의 견해를 내세우는 방법들을 변화시킴으로써 이루어졌다." 그의 말과 같이 통계학, 즉 통계적 판단은 조용하게 교육방법을 혁신하고, 제품의 품질을 획기적으로 개선시키며, 신약을 개발하는 방법을 발전시키고, 경제정책을 변화시키며, 야구 경기를 하는 방법을 바꾸게 한다.[3] 그리고 나의 판단도 보다 객관적이고 근거 있게 만들며 나를 새로운 판단으로 인도한다.

3. 불확실한 세상을 어떻게 표현할까

통계적 판단이 필요한 이유는 세상이 불확실하기 때문이다. 우리 생활 주변에는 비슷한 사건이 반복해서 자주 발생하거나 실행되는 경우가 많다. 매일 아이가 태어나지만 그 아이가 아들인지 딸인지 알 수 없다. '가능한 결과로 아들과 딸이 있음'을 알 수 있을 뿐이다. 오늘 여행을 가지만 안전하게 돌아올 수 있는지 여부는 누구도 알 수 없다. 「프라하의 연인」이라는 드라마에서 최상혁이 윤재희가 미리 간 그 식당에 갈지 여부는 사전에 알 수 없다. 물론 시간이 지나면 이 가능성은 현실이 된다. 이때 확률은 '우연', '운' 등으로 표현된다.

여러 가지 사건이 내게 우연히 다가온다. "하필이면 내게 왜 이런 불운한 사건이 일어났나?"라며 하늘을 원망하기도 하고 운 좋은 사건의 연속으로 나를 과신하게 될 때도 있다. 그런데 이러한 우연한 사건도 수많은 사건 중 하나로 보고 전체적으로 모아서 정리해 보면 일정한 규칙이 있다. 이 규칙이 확률이다. 확률은 우연으로 가득한 세계에서 질서를 찾는 길로 우리를 안내해 준다. 확률은 0과 1 사이 값으로 표현된다. 확률값이 0에 가까우면 일어나기 어려운 사건, 1에 가까우면 거의 확실히 발생하는 사건을 의미한다.

　동전 던지기는 확률을 이해하기 위해 필요한 중요한 실험 중 하나이다. 동전 던지기로 축구에서 공격 순서를 정하기도 하고, 어떤 일을 결정하기 어려울 때 의사결정을 도와주기도 한다. 동전 던지기는 그 결과를 예측하기 어려우므로 그에 따른 결정을 이해당사자 간에 쉽게 합의할 수 있다. 동전을 한 번 던질 때는 앞면과 뒷면이 나날 결과를 예측하기 어렵지만 동전을 수없이 반복해 던지면 동전 앞면이 나올 비율이 50%로 접근해 가는 것을 볼 수 있다. 예컨대 현대 통계학의 창시자 피어슨Karl Pearson(1857~1936)이 동전 던지기를 2만 4,000번 해 보았더니 그 결과 앞면이 1만 2,012번 나타났다. 따라서 동전의 앞면이 나올 상대도수적 확률(앞면 발생수/시행횟수)은 0.5에 근접한다. 이를 통해 생각해 보면 확률은 우연이 아니라 많은 시행을 통해서 파악할 수 있는 일종의 질서이다. 나에게 나타나는 여러 가지 일은 우연한 것처럼 보이지만, 수없이 반복하다 보면 그 일은 일정한 규칙인 확률을 가진다는 사실을 깨닫게 된다.

　현실의 경우 경험(시행)의 횟수가 충분히 크지 않아서 확률의 규칙을 확인하기 어렵다. 확률의 규칙을 볼 수 있는 곳이 한 군데 있는데 그곳이 카지노이다. 도박의 경우 시행횟수가 매우 많아서 확률규칙이 나타나는 것을 알 수 있다. 시행횟수가 매우 많아지면 도박 참가자는 카지노와 실력 있는 도박사를 이길 수 없다. 이는 카지노에 가서 무한히 도박을 하면 결국 파산하게 된다는 것을 의미한다. 이 문제는 도박자 파산Gambler's ruin 문제로 수리적으로 증명되어 있다.

우리가 여행 중 카지노에 가서 도박을 계속한다면 결국 도박자 파산 문제로 들어가서 파산의 진리를 깨닫게 되는 것이다.

확률은 히스토그램 형태의 분포로 표현되는데 대표적인 분포로는 정규분포가 있다. 정규분포는 모평균을 중심으로 하여 대칭적인 구조를 가지고 있고 모평균에서 값이 멀어질수록 발생확률도 낮아지는 종 모양의 구조를 가지고 있다. 정규분포를 이용하여 수학능력시험의 등급을 파악하기도 하고 옵션과 같은 금융상품을 만들기도 한다.

4. 통계적 판단은 어떤 구조로 되어 있는가

이미 알고 있는 증거로부터 일정한 결론을 도출하는 것을 추론이라 하는데 추론은 크게 귀납적 추론과 연역적 추론 등으로 구분된다. 귀납적 추론은 다수의 관측을 통해 데이터를 얻고 이를 바탕으로 결론에 도달하는 방법이다. 이때 찾은 결론은 추가적인 관찰로 타당한지 점검된다. 예를 들면 사람 A가 죽고, 사람 B도 죽고, 사람 C가 죽는다는 것을 보고 모든 사람은 죽는다는 결론을 도출하는 것이다. 그렇다고 귀납적 추론이 결론을 보장해 주지는 않는다. 연역적 추론은 이미 증명된 명제로부터 논리적 형식을 적용하여 새로운 결론을 이끌어 내는 방법이다. 예를 들면 "사람은 죽는다. 나는 사람이다. 따라서 나는 죽는다"라고 추론하는 것이다. 이 두 가지 추론은 우리가 추론할 때 동시에 이용하게 된다.[4] 통계적 추론은 두 추론 중에서 귀납적 추론에 가깝다.

사람들이 우리말을 다른 나라 말로 번역할 때 구글 번역과 같은 자동번역을 이용하는 경우가 많다. 이 번역이 일종의 귀납적 추론이다. 자동번역은 어떻게 이루어질까? 1950년대 자동번역은 문법과 단어사전을 중심으로 규칙(문법)기반 번역이 이루어졌다. 그러나 규칙(문법)기반 번역은 한 단어가 여러 가지 뜻을 가지고 있고 단어 어순과 관련된 문법의 변형도 많아 상이한 언어 간에는 정확한 번역이 사실상 가능하지 않다고 밝혀졌다. 구글 번역은 규칙기반이 아닌 통계기반 번역이다. 통계기반 번역은 단어를 구분한 뒤 통계를 바탕으로 문법을 처리한다. 하나의 문서를 다양한 언어로 번역한 문서들을 바탕으로 단어들의 수많은 어순 중 가장 빈도수가 많은, 즉 가능성이 높은 번역을 한다. 번역이 정확해지려면 문서의 수가 많아져야 하고 좋은 번역 문서의 비중이 높아야 한다. 이러한 통계기반 번역은 귀납적 추론으로서 통계적 사고가 어떻게 이루어져야 하는지 알게 한다.

통계적으로 판단하는 방법을 좀 더 추상적으로 생각해 보자. 이 세상은 이원론적으로 진실의 세계와 경험의 세계로 구분된다고 하자. 진실의 세계는 무한의 세계이며 불확실하다. 우리가 경험하고 있는 이 세계는 인간의 입장에서는 유한의 세계이다. 우리가 겪고 있는 경험만으로 세상을 파악할 수 없다. 관심의 대상이 되는 전체, 즉 진리의 세계를 모집단population이라 부른다. 우리는 이 진리의 세계를 알고 싶다. 경험으로부터 진리의 세계에 도달하기 위해서 우리는 데이터를 수집하기 시작한다. 데이터는 저절로 얻어지기보다는 심려 깊은 관찰, 조사와 실험을 통해 얻어진다. 이렇게 얻어진 데이터를 모집단의 일부, 즉 표본sample이라 부른다. 우리는 모집단의 일부인 표본을 통해 모집단을 추측해야 한다. 이는 마치 범죄현장의 부족한 증거들로부터 합리적 추론을 하여 범인을 추측하거나 형사

재판 과정에서 증거를 바탕으로 피고인의 유죄 여부를 파악하는 것과 같다.

진리의 세계인 모집단은 불확실하므로 모집단의 변수들은 확률분포로 표현된다. 그런데 확률분포의 종류도 지나치게 많아서 간편하게 특정한 수에 의존하는 수리적 함수를 고려하게 된다. 대표적인 확률분포로는 정규분포가 있다. 정규분포는 모집단의 평균과 분산에 의해 확률분포가 결정되는 종 모양의 분포이다. 따라서 데이터로부터 정규분포를 추측한다는 것은 다름 아닌 모집단의 평균과 분산을 추정하는 것이 된다.

이제 경험의 세계인 표본의 세계로 돌아가 표본으로부터 모집단의 평균을 추정해 보자. 표본의 데이터로부터 모집단의 평균을 추정하는 여러 도구[5]들이 있다. 그중에서 모집단의 평균을 가장 잘 추정할 가능성 높은 도구를 찾게 되는데, 이와 관련된 추정법을 최대가능도추정법maximum likelihood estimation method이라고 한다. 최대가능도추정법에 대해 생각해 보자. 모집단으로 뽑힌 표본으로부터 모집단과 관련된 정보를 포함한 확률분포를 구할 수 있다. 이 분포에 표본으로부터 얻을 수 있는 모집단의 정보가 모두 들어 있다고 생각한다. 이 확률분포를 가능도함수라고 하는데, 최대가능도추정법은 가능도함수를 최대화하는, 즉 가능성이 가장 높은 추정도구를 찾는 방법이다. 많은 통계학자들이 이미 모집단의 정보를 추정하는 도구를 찾았다. 모집단이 정규분포인 경우 표본평균[6]이 모집단을 추정하는 가장 좋은 추정도구가 된다. 이 결과를 바탕으로 우리는 데이터를 단순히 평균해서 모집단의 평균을 추정한다. 이 추정에서부터 통계적 판단이 시작된다.

5. 통계적 판단을 위한 데이터를 어떻게 구할까

어렸을 때 읽었던 오성과 한음의 이야기는 지금 보아도 재미있는 일화들이 많다. 다음 일화는 그중 하나인데 기억은 정확하지 않다. 어린 오성 이항복(1556~1618)은 장난을 많이 쳤다. 어느 날 아버지가 이항복을 불러서 크게 야단치고 벌로 광에 있는 쌀가마니의 쌀 낱알 수를 저녁까지 세어 오라고 엄명했다. 그런데 이항복은 그 말을 듣고 바로 쌀을 세지 않고 하루 종일 놀고 나서 아버지께 낱알 수를 여쭈어야 할 시간이 다 되어서야 광에 갔다 오는 것이었다. 아버지는 크게 노해서 "너 어떻게 아비 말을 듣지 않고 쌀을 세지 않았느냐"고 야단쳤다. 그런데 이항복은 이미 쌀 낱알을 다 세었다고 하면서 어떻게 세었는지 설명했다. 이 말을 듣고 아버지는 이항복을 칭찬했다고 한다.

자 그러면 오성 이항복은 어떻게 쌀 낱알 수 모두를 세었을까? 놀랍게도 이항복은 요즘의 표본조사sample survey와 같은 방식으로 낱알을 센 것이었다. 이항복은 됫박으로 쌀 한 가마니가 몇 됫박인지 먼저 세었고, 한 됫박은 몇 숟갈인지 세었다. 그다음 한 숟갈에서 쌀이 몇 낱알인지 센 후 이를 거꾸로 계산하여 한 가마니의 쌀 낱알 수를 계산했고 이를 광에 있는 모든 쌀가마니에 적용하여 광에 있는 전체 쌀 낱알 수를 계산한 것이다. 이항복이 알고 싶은 것은 광 속의 수많은 쌀 낱알 수인데 이는 바로 모집단에서 알고자 하는 정보이다. 그런데 그 쌀 낱알을 세려면 수없이 많은 시간이 든다. 그래서 모집단에서 표본을 추출해서 이를 바탕으로 모집단의 낱알 수를 추정했던 것이다.

통계적으로 판단하려면 데이터를 구해야 하는데 모집단의 전체 데이터를 우리 힘으로 알 수 없으므로 그 일부인 표본을 뽑아 데이터를 수집해서 모집단을 살펴보게 된다. 모집단에 대한 정보를 찾는 방법으로는 조사, 실험, 관찰이 있으며, 이를 통해 얻어지는 데이터는 우리가 하는 판단의 핵심적 재료가 된다.

첫째, 조사는 모집단 대상 중 일부에 대해 물어보고 답을 얻는 것이다. 통상 모집단은 알 수 없고 모두 관찰할 수 없다는 가정하에서 모집단을 잘 섞은 후 그 일부를 추출하여 조사한다. 이는 된장국을 큰 냄비에 끓이고 맛을 볼 때 국을 다 먹고 평가하는 것이 아니라 된장국을 잘 휘저은 후 몇 숟가락만 떠먹어 보고 맛을 헤아리는 것과 같은 이치이다. 이때 적은 수의 표본으로 전체 모집단을 추측하려면 표본이 모집단을 대표할 수 있도록 잘 섞어야 한다. 이 방식으로 이루어지는 조사로는 정치여론조사, 시청률조사, 경제통계조사 등이 있다.

둘째, 실험은 어떤 요인의 작동 여부를 파악하기 위해서 모집단에 어떤 조건을 인위적으로 설정하고 그 결과 또는 결과의 변화를 조사하는 것이다. 예를 두면 동일하다고 판단되는 두 집단에 한 집단에는 조치를 하지 않고, 다른 집단에는 조치를 한 후 결과를 비교하여 조치의 효과를 살펴보는데 이 과정에서 생성된 데이터를 실험 데이터라고 한다.

셋째, 관찰은 모집단에서 저절로 생성되는 수많은 데이터를 자세히 살펴보는 것이다. 빅데이터 시대에서 관찰은 무엇보다 중요한 데이터 수집방법이다. 과거에는 모집단에서 데이터를 수집하기 어렵

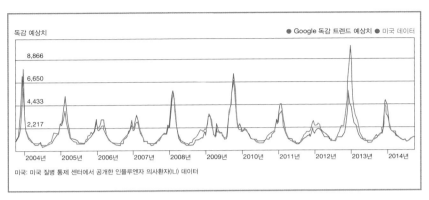

독감 예상치

● Google 독감 트렌드 예상치 ● 미국 데이터

8,866

6,650

4,433

2,217

2004년　2005년　2006년　2007년　2008년　2009년　2010년　2011년　2012년　2013년　2014년

미국: 미국 질병 통제 센터에서 공개한 인플루엔자 의사환자(ILI) 데이터

그림 2 미국 독감 유행 수준 추이

고 비용도 많이 들었지만 이제는 많은 데이터를 센서, SNS, 스마트 기기를 통해 상상할 수 없이 많고 다양한 데이터를 수집할 수 있고, 이를 자세히 살펴보면 그동안 찾지 못했던 패턴을 발견할 수 있다. 우리는 관찰만으로도 새로운 발견과 판단을 할 수 있는 데이터를 구할 수 있다.

구글 독감 트렌드http://www.google.org/flutrends/intl/ko/는 집계된 구글 검색 데이터를 사용하여 전 세계 독감 유행 수준을 실시간으로 예측한 결과를 보여 주고 있는데 일종의 검색결과를 관찰하여 정리한 데이터이다. 구글은 독감 관련 주제를 검색하는 사람의 수와 독감 증상이 있는 사람 수 간에 관계가 밀접함을 밝히고 그 결과를 「네이처Nature」지에 게재하였다. [그림 2]는 미국의 구글 독감 트렌드 예상치와 미국 질병통제센터의 실제 독감 감염자를 비교한 것인데, 이를 보면 검색어 요약 데이터와 독감 유행 수준 지표가 유사하게 움직이는 것을 볼 수 있다.[7]

6. 데이터를 어떻게 정리하여 표현할까

통계적 판단을 위해서는 데이터를 정리해야 한다. 데이터는 일반적으로 평균, 분산과 같은 수치값으로 정리된다. 그런데 데이터를 시각적으로 정리하면 데이터로 만들어지는 이야기나 생각과 판단을 보다 잘 파악할 수 있다. 일반적으로 인간 뇌의 50% 이상이 직간접적으로 시각기능과 관련 있기 때문에 데이터를 그래프로 요약하면 현상을 보다 포괄적으로 이해할 수 있다고 한다. 백문(百聞)이 불여일견(不如一見)이라는 말도 이 현상을 대변한 것이다.

1854년 영국은 빅토리아 여왕 시대로 전성기였다. 산업혁명으로 산업화가 가속되면서 런던의 인구가 폭발적으로 증가하였다. 하지만 런던의 상하수도 시설은 충분하지 않았다. 이 여파로 콜레라가 주기적으로 창궐하였다. 또한 1854년 영국과 프랑스 등은 러시아와 크림반도를 두고 전쟁을 시작하였다. 의사 존 스노 John Snow(1813~1858)는 콜레라 사망자 문제로, 나이팅게일Florence Nightingale(1820~1910)은 크림전쟁에서 야전병동의 사망자 문제를 두고 고심하였다. 그들은 데이터를 수집하고 이를 그래프로 표현하여 문제의 핵심에 접근하였다. 그들은 이를 정부에 제시하여 정부 정책을 바꾸었다. 그들이 만든 그래프는 각각 콜레라맵과 장미도표인데 19세기 역사를 바꾼 2개의 그래프로 기억되고 있다.

1854년 여름 런던, 빈민가 소호 지역에서 콜레라가 발생하였다. 발생 3일 만에 127명이 사망하였고 빠르게 확산되면서 600명 넘게 사망하였다. 콜레라 발병의 원인을 두고 논란이 컸는데 당시 주류 의료계는 콜레라가 공기를 통해 퍼진다고 확신했다. 그러나 존 스노

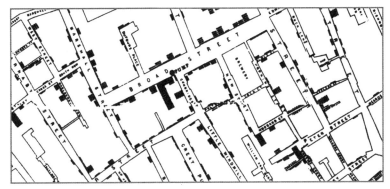

그림 3 콜레라맵 (출처: 위키피디아)

는 콜레라가 오염된 물을 통해 퍼진다고 생각했다. 그는 이를 입증하기 위해 콜레라 희생자를 방문 조사하고 사망자들을 지도 위에 점으로 누적해서 [그림 3]의 콜레라맵으로 표현했다. 여기서 검은 막대는 사망자수이다.

그는 콜레라맵에서 사망자가 브로드 거리에 집중된 것을 발견하고 이 그래프를 당국에 제시하여 거리의 식수원인 펌프를 폐쇄토록하였다. 그 후 그 지역에서는 콜레라 환자가 더 이상 발생하지 않았다. 존 스노는 콜레라맵 한 장을 그려서 콜레라 발병의 원인이 공기가 아닌 물이라는 것을 밝혀낸 것이다. 약 30년이 지난 1883년이 되어서야 독일의 미생물학자 코흐Robert Koch(1843~1910)가 콜레라균을 발견하였고, 콜레라균이 섞인 물을 마시면 사람들이 콜레라에 감염된다는 사실을 밝혔다.

같은 1854년 나이팅게일은 크림전쟁의 참상을 전해 듣고 크림반도의 야전병원에 간호사들과 가서 간호활동을 시작했다. 그녀가 야전병원에 가 보니 야전병원은 불결했고 부상병들이 방치되고 있었

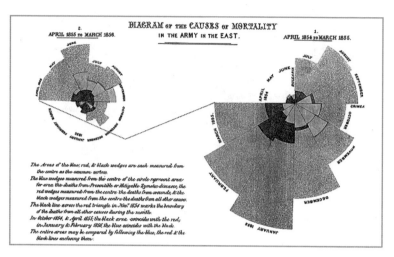

그림 4 **장미도표** (출처: 위키피디아)

다. 또 전쟁에서 얼마나 많은 군인이 어떻게 사망했는지에 대한 기록이 없었다. 그녀는 병동을 청소하고 부상병을 청결하게 유지하는 위생 개선사업을 진행하는 한편 야전병원에 입원한 군인들의 부상, 질병, 사망 등의 내역을 매일 정리하였다. 위생 개선사업 후 40%를 넘던 질병 사망률이 2%까지 떨어졌다. 그 당시는 환자들이 세균 감염으로 사망하는 것을 알지 못할 때였다. 데이터를 바탕으로 장미도표를 그려 보면서 병동 위생이 중요하다는 것을 깨달은 나이팅게일은 영국 정부에 장미도표를 제시하고 병동 위생 개선을 설득했다. 마침내 영국 정부는 영국군의 위생을 개혁하기 시작했다. [그림 4]는 2개의 장미도표이다. 오른쪽은 1854년 4월~1855년 3월, 왼쪽은 1855년 4월~1856년 3월의 사망자 수를 월별로 정리한 도표이다. 여기서 사망자수를 사망원인(질병, 부상, 기타)별로 색을 달리하여 표현하였다. 장미도표를 보면 위생관리를 통해 질병으로 인한 사망자수

그림 5 킹 목사의 워드 크라우드

가 급격히 줄었음을 알 수 있다.

　이와 같이 데이터를 그래프로 표현하는 것을 데이터 시각화라고 한다. 데이터 시각화는 세상을 보다 효과적으로 이해하게 하고 문제의 핵심을 통찰할 수 있게 한다. 최근 빅데이터 시대로 진입하면서 크고 다양한 데이터를 살펴보는 것이 더 중요해지고 있다. 빅데이터를 살펴볼 때 데이터 시각화를 통한 이해가 점차 중요해지고 있다. 맥캔들리스David Mccandless는 TED 강연에서 데이터 시각화에 대해 다음과 같이 말하고 있다. "정보로 우거진 밀림을 헤매다가 아름다운 도표와 사랑스러운 데이터 시각화를 만나면 마음이 편해집니다. 우거진 밀림에서 쉼터를 만나는 느낌입니다."

　나의 생각도 표, 수치로 정리하는 데서 나아가 아름다운 그래프로 그려서 표현한다면 나를 다시 되돌아볼 수 있는 좋은 자료가 된다. 1963년 8월 23일 '노예 해방 100주년 기념 평화 대행진'에서 마틴 루터 킹Martin Luther King, Jr.(1929~1968) 목사는 "나에게는 꿈이 있습니다"I have a dream라는 제목으로 연설했다. 이를 [그림 5]와 같은 워드 클라우드word cloud로 표현할 수 있다.[8] 큰 글씨가 빈도가 많은 단어이다. 이를 보면 킹 목사가 강조했던 키워드는 freedom(자유), negro(흑인의 속어), dream(꿈), day(그날)이었다. 연설을 듣지 않았지만 이 그림을 보면 킹 목사가 연설하는 모습이 연상된다.

7. 통계적 판단은 어떻게 하는가

통계적 가설검정은 통계적 판단을 가장 잘 구조화한 것으로 형사재판과 유사하다. 판사의 재판과정을 정리해 보자. 피고는 무죄라고 생각하고 검사와 변호사의 증거와 증언들을 살펴본다. 그리고 일정 기간 증거와 증언들을 바탕으로 피고가 무죄인지 여부를 판결한다. 이는 피고가 무죄라는 기존의 사실을 귀무가설로, 피고가 유죄라는 새로운 사실을 대립가설로 하여 가설검정을 하는 것과 같다.

판사는 피고에 대한 진실을 알지 못하며 오직 가능성으로 생각한다. 판사는 판결할 때 두 가지 오류가 있을 수 있다. 첫 번째 오류는 피고인이 무죄인데 유죄라고 판결하는 것이다. 두 번째 오류는 피고인이 유죄인데 무죄라고 판결하는 것이다. 판사는 이 두 오류를 모두 줄여야 하는데 이를 같이 줄일 수 없다는 고민에 빠지게 된다. 두 오류 중 어떤 오류가 더 중요할까? 통상적으로 첫 번째 오류가 더 중요하다고 말한다. 이 오류는 '피고인 개인의 인생'을 완전한 절망으로 빠트린다. 이러한 이유로 수사당국이나 검사에게 강조되는 것이 '범인 99명을 놓쳐도 1명의 억울한 사람을 만들지 말라'는 말이다. 그럼에도 불구하고 문제가 되는 판결이 적지 않다.

미국의 이노센스 프로젝트Innocence Project라는 단체는 DNA 검사 등 과학수사 방법을 이용하여 미국에서 억울하게 유죄판결을 받은 사람들의 무죄를 입증하였다. 그 결과 1992년부터 2015년 5월까지 총 343명의 사형 및 무기징역 등 장기수가 재심을 통해 무죄판결을 받았고, 140명의 진범이 검거됐다. 우리나라도 과거사진상규명위원회가 그 역할을 했다.

통계적 판단에서 첫 번째 오류를 제1종의 오류, 두 번째 오류는 제2종의 오류라 부른다. 통계적으로 판단할 때 역시 두 오류는 동시에 줄일 수 없다. 통계적으로 판단할 때 제1종의 오류가 제2종의 오류보다 상대적으로 중요하다고 판단하고, 제1종의 오류의 허용확률을 먼저 정하고, 그 안에서 제2종의 오류를 줄이는 검정법을 이용하게 된다. 즉, 제1종의 오류를 범할 허용확률을 유의수준significance level이라 부르는데, 이는 통계적으로 판단할 때 사전에 정해진다.

통계적 판단의 예를 생각해 보자. 동전이 평평한지 살펴보려고 한다. 이때 귀무가설은 동전이 평평하다. 즉, "앞면이 나올 가능성이 1/2이다"이며, 대립가설은 "앞면이 나올 가능성이 1/2보다 크다"이다. 먼저 동전이 평평하다고 생각하고 동전을 10번 던져 본다. 그런데 동전이 10번 모두 앞면이 나오는 사건이 나왔다고 하자. 이 사건은 동전이 평평하다고 생각한다면 일어나기 매우 어려운 사건이다. 그 확률값은 약 0.001로 매우 작다. 이 확률은 이상한 느낌을 가질 정도로 낮은 확률이다. 이와 같이 동전이 평평하다고 판단했을 때 매우 낮은 확률의 사건이 발생하면 동전이 평평하지 않다고 판단한다.[9] 그러면 얼마 크기의 확률값이 낮은 확률일까? 10번 중에 9번인지 10번 중에 8번까지가 낮은 확률인지 고민된다. 이때 기준이 유의 수준이다. 유의수준 값으로는 5%, 1%가 주로 이용된다. 귀무가설이 참이라고 가정하고 어떤 사건이 일어났고, 그 확률값(유의확률, p값)이 미리 정한 유의수준보다 낮다면 귀무가설을 기각하여 대립가설을 선택하게 된다.

필자가 재미있게 보았던 프로그램 중 하나가 2003년 일요일 7시 SBS에서 방영한 「도전 100만 달러 초능력을 찾아라」라는 TV 프로그램이다. 이 프로그램에서 제임스 랜디James Randi(1928~)라는 마술사는 초능력이 있다고 주장하는 사람에게 초능력을 진정으로 입증하면 100만 달러를 주겠다고 하면서 각종 초능력과 관련된 속임수를 소개했다. 숟가락 휘기, 자석인간, 투시 등 자주 나오는 초능력자의 경우 그 초능력이 일종의 속임수이거나 누구나 가능한 것임을 입증하였다. 그런데 랜디는 그동안 만나보지 못했던 동양적 관점의 초능력자를 만나게 된다. 그는 기(氣)를 통해 몸의 내장 구조를 볼 수 있다고 주장했다. 랜디는 기를 몰랐기 때문에 이 참가자가 진정한 투시력이 있는지 판단하기 위해서 통계적 실험을 제안했다. 한쪽 신장이 제거된 사람 1명과 정상적인 사람 9명으로 구성된 두 실험 그룹을 준비하고, 참가자가 두 그룹으로부터 신장이 없는 사람을 연속적으로 식별할 수 있는지 평가했다. 즉, 랜디는 참가자가 첫 번째와 두 번째 그룹에서 한쪽 신장이 없는 사람을 모두 눈으로 찾는다면 A를 초능력자로 인정하겠다는 것이었다.

이러한 과정이 통계적 판단, 즉 가설검정hypothesis testing이다. 랜디의 실험에서 귀무가설은 '참가자가 초능력이 없다'는 것이고 대립가설은 '참가자가 초능력이 있다'는 것이다. 실험 결과 참가자는 첫 번째 그룹에서 신장이 없는 사람을 찾았으나 두 번째 그룹에서는 신장이 없는 사람을 찾지 못했다. 랜디는 두 번째 그룹에서 남아 있는 9명 중에서 신장이 없는 사람을 다시 찾도록 기회를 주었지만 참가자는 이 역시 찾지 못했다. 이로써 이 참가자가 보여 준 능력의 정도는 초능력이 없다고 생각할 때 우연히 맞출 수 있는 범주라고 판단된다. 즉, 참가자는 랜디의 기준(유의수준 약 2%)에서는 초능력이 있다고 말하기 어렵다.

이와 같이 통계적 판단인 가설검정은 모집단에 대한 주장에 대해 표본의 데이터를 통해 그 주장의 타당성을 점검하는 것이다. 즉, "표본에서 나타나는 증거가 우연한 것인가 아니면 모집단에 실제로 존재하는가?"를 판단하는 것이다. 이 통계적 판단으로 새로운 기술과 새로운 약을 개발하고, 새로운 교육방법도 발견한 것이다.

8. 통계적 예측은 어떻게 하는가

나의 판단모형으로 "비싼 것이 좋고 싼 것이 비지떡이다", "정직이 최선의 방책이다", "공짜 점심은 없다" 등이 있다고 하자. 이 판단모형은 교육과 학습을 통해 얻어진 것에 그동안 경험했던 수많은 데이터가 결합되어 생성된 것이다. 이 판단모형은 생각과 다른 데이터를 얻어도 일정기간 유지되지만 그 데이터양이 많아지면 생각이 바뀌게 된다. 얼마 전 TV 프로그램에서 동일한 커피를 두 잔으로 나누고 각 잔에 가격을 달리 표시한 후, 실험자에게 두 커피 모두를 마시게 하고 더 맛 좋은 커피를 선택하게 했다. 이 경우 대부분의 실험자들은 "비싼 것이 좋다"는 판단모형에 따라 맛있는 커피로 비싼 커피를 선택한다. 이 판단모형은 몇 잔의 커피를 마신 후 둘 다 동일한 커피라는 것을 알았다고 해서 쉽게 바뀌지 않는다. 그런데 여러 번 반복해서 두 커피를 마신다면 언젠가 비싼 커피 대신 싼 커피를 맛있는 커피로 선택하면서 판단모형이 "커피 맛은 가격과 관계없다"로 바뀌게 된다.

통계적 사고에서 판단모형에 해당하는 것이 통계모형이다. 통계모형은 데이터 간 인과구조를 표현하기도 하고 데이터의 기조적 흐름을 패턴화하기도 한다. 일반적으로 우리가 관측하는 데이터는 신호signal[($f(t)$]와 확률적 요인인 잡음noise(ϵ_t)으로 다음과 같이 구성되어 있다고 가정한다.

$$y_t = f(t) + \epsilon_t, \ t = 1, 2, \cdots, T$$

통계적으로 판단할 때 통계적 방법을 통해서 기존 데이터로부터 신호와 잡음을 분리해서 신호의 추정모형을 찾아내고 새로운 데이터에 추정된 모형을 적용하여 새로운 판단과 예측을 하게 된다. 통계모형은 판단모형과 마찬가지로 복잡한 모형보다는 간결한 모형이 선호된다. 복잡한 통계모형은 현재 또는 과거 현상은 잘 설명하지만 이 모형으로 불확실한 미래를 판단하는 데에는 어려움이 따를 수밖에 없다.

통계모형이 많이 쓰이는 분야가 예측이다. 우리의 판단은 시간에 의존하고 앞을 예견하여 이루어지기 때문에 데이터로부터 세상을 예측하는 것이 필요하다. '지금 알고 있는 걸 그때도 알았더라면…'이라는(류시화 역, 1998) 시가 있다. 누구나 살아가면서 한 번쯤 이 시처럼 후회 섞인 가정을 하게 된다. '그때 이 직장이 부도날 것을 알았더라면', '그때 집값의 흐름을 알았더라면'이라고 말할 때, '그때 알았더라면'이란 '그 시점에서 미래를 정확히 예측할 수 있었더라면'을 의미한다. 나는 판단하기 위해서 끊임없이 예측하고 있다. 여행을 간다고 하자. 이 경우 여행지로 출발하기 전에 여행지까지 가는 도로상황과 소요시간, 여행지 기상예보를 알아본다. 또 자산에 투자하기 전에 자산가격이 향후 어떻게 변할지 살펴본다.

예측에는 주관적 예측과 객관적 예측이 있다. 주관적 예측은 주로 전문가들의 통찰력, 탁월한 식견, 영감을 바탕으로 이루어지는 예측이다. 점술가의 예측도 일종의 주관적 예측의 하나이다. 그러나 한두 사람의 식견으로 복잡한 미래를 파악하는 데에는 제약이 있을 수밖에 없다. 객관적 예측은 데이터를 바탕으로 수리적 통계모형을 만들고 이를 이용하여 이루어지는 예측이다. 통계모형을 데이터를 바탕으로 구체화한 후 이 모형의 패턴대로 미래가 이루어질 것으로 보고 모형을 연장하여 예측한다.

주관적 예측은 객관적 예측보다 항상 우월해 보인다. 왜냐하면 주관적 예측은 수없이 많은 사람에 의해 실시되고, 이 중 몇 사람의 예측은 항상 객관적 예측보다 훨씬 우월하기 때문이다. 그런데 어떤 한 사람을 대상으로 일정기간 주관적 예측결과를 객관적 예측결과와 비교해 보면 객관적 예측이 평균적으로 주관적 예측보다 우월함을 발견할 수 있다.

객관적 예측은 통계모형에서 알 수 없는 사건이 발생할 경우 모형으로 연장한 예측이 크게 빗나간다. 그럼에도 불구하고 대다수 예측기관이 통계모형을 바탕으로 한 객관적 예측을 기본적으로 예측하는 것은 통계모형이 예측에 대한 이론적 근거를 제시하고 예측오차에 대한 통계적 관리가 가능하기 때문이다.

실제 예측은 객관적 예측에 중요한 주관적 예측을 가미해 실시된다. 통계모형에 의한 객관적 예측은 평균적 예측이므로 이를 나(또는 예측기관)의 예측으로 전환하기 위해서는 주관적 예측이 결합되어야 한다. 객관적 예측에 주관적 예측이 가미된다는 점에서 예측은 '과학'이라기보다는 '예술'이라고 불린다.

9. 통계적으로 판단하는 데 나타나는 오류에는 무엇이 있을까

불확실한 세상을 통계적으로 판단한다 하더라도 항상 바르게 판단할 수 없다. 발생되는 판단오류는 판단모형의 오류와 데이터의 오류로 구분된다. 통계모형을 연장하여 판단하는 모형은 귀납적 추론 방식을 따르는데 영국의 철학자 러셀Bertrand Russell(1872~1970)은 귀납적 원리, 즉 통계적 판단원리에 한계가 있음을 다음의 칠면조 우화를 통해 말하고 있다.

어떤 농부가 칠면조에게 매일 정해진 시간에 모이를 준다. 처음에는 모르지만 농부가 모이를 며칠 연속 일정시간에 주면 칠면조는 계속 그 시간에 모이를 먹을 수 있다고 기대한다. 그런데 추수감사절이 가까워지면서 모이 양이 점차 늘어나면 칠면조는 모이에 대한 기대감이 더 커진다. 그런데 추수감사절에 칠면조는 농부 가족을 위한 요리가 되어 죽임을 당하게 된다. 이와 같이 이전 경험만으로 미래를 예측할 수는 없다. 금융위기, 도산, 사고 등 과거에 경험하지 못했던 위기가 발생하는 경우 과거를 연장하는 방식의 통계적 사고에 제약이 있을 수밖에 없다. 탈레브Nassim Taleb(2008)는 『블랙스완』 *Black Swan*이라는 책에서 칠면조의 우화를 바탕으로 미국발 글로벌 경제위기와 같이 과거에 경험해 보지 못한 위기가 발생하는 경우 과거 데이터에 근거한 통계모형은 위기를 예측하지 못한다고 하면서 통계적 예측의 문제점을 제기하였다.[10] 그런데 유명한 통계학자 박스George Box(1919~2013)는 "모든 통계모형은 오류를 가지고 있지만 일부는 쓸모 있다"면서 통계적 판단모형의 한계와 유용성을 동시에 설명하고 있다. 금융위기 이후에도 금융기관 및 예측기관에서는 기존 통계모형을 보완해서 이용하고 있다.

통계적 오류의 또 다른 이유는 잘못된 정보, 거짓 정보가 많기 때문이다. 거짓 정보가 많을 때는 당연히 잘못된 결론이 나올 가능성이 높다. 통계적 사고에서 데이터들은 모두 참은 아니지만 대부분 바르다는 가정하에 진행된다. 그런데 누군가 의도적으로 데이터를 집단적으로 조작하려고 한다면 통계적 사고로는 이를 해결하지 못한다. 쓰레기가 입력되면 쓰레기가 나오듯이 거짓된 데이터로 만들어지는 통계모형은 나의 판단을 호도하게 만든다. 잘못된 데이터인 경우 오류의 근원을 찾고 보완하려는 노력이 필요하다. 예를 들어 어느 고등학교에서 교사가 학생들에게 흡연 경험을 묻고 그 학교 학생의 흡연율을 파악하려 한다고 하자. 이 경우 어느 학생도 흡연 경험을 쉽게 말하지 않을 것이다. 무기명으로 서면조사를 하더라도 학생들은 조사에 제대로 응답하지 않을 것이다. 이 경우 다음과 같은 방식으로 조사해서 편향적 응답을 줄일 필요가 있다. 즉, 응답자가 스스로 동전을 던져서 앞면이 나오면 사실을 인정하는 것이 되고, 뒷면이 나오면 어떤 답을 해도 된다면 응답자는 부담 없이 조사에 응할 수 있다. 이는 탈세, 범죄 등의 조사에서도 유용하게 이용될 수 있다.

나는 불확실한 세상에 맞서 고독하게 서 있다. 수많은 데이터가 내 주변에 있고 나는 이를 바탕으로 끊임없이 나의 판단모형을 새로이 만들고 있다. 나에게 특별한 사건이 발생한다면 나는 관련 데이터를 수집하고 그동안 만든 나의 판단모형과 결합하여 새로운 통계적 판단을 하게 된다. 통계적 판단은 불확실성에 압도되어 어떤 결론도 내리기 어려울 때 내가 일정한 위험을 감수하면서 최선의 판단을 할 수 있도록 나를 안내한다. 데이터를 수집하여 이를 정리하고, 이로부터 가장 가능성이 높은 것을 선택하여 진실을 찾아가는 통계적 판단은 저절로 습득되지 않고 오직 연습과 학습에 의해 이루어진다. 빅데이터 시대에 살면서, 나는 데이터를 활용하여 통계적으로 판단하고 있는지 묻고, 그렇지 않다면 이를 배우고 연습해야 할 시점이다.

제5장

내 생활습관은
건강한가 }

정성희 교수(간호학)

1. 고령화사회에서 슬기롭게 살아가기

건강하게 오래 사는 것은 인간이 추구하는 가장 간절한 소망 가운데 하나일 것이다. 1950년대까지만 해도 유행성 전염병과 굶주림으로 인한 사망자가 많았던 반면, 20세기 중반 이후 과학문명의 발전과 경제 수준의 향상으로 인해 사회적으로 점차 복지국가를 지향하게 되면서 건강에 대한 인식도 변화하게 되었다. 단지 신체적으로 아프지 않은 상태만을 건강하다고 여기는 것이 아니라 심리사회적 혹은 영적인 건강까지도 포함하는 질적인 건강을 추구하게 된 것이다. 질병 양상도 변화되어 전염병보다는 암이나 심장병과 같은 만성질환에 의해 사망하는 사례가 증가하고 있다.

더욱이 고령화사회를 넘어 초고령화사회를 눈앞에 두고 있는 시점에서 만성질환에 대한 관심은 높아질 수밖에 없다. 인간의 수명이 길어진다는 것은 만성질환을 지닌 채 살아가야 하는 기간이 그만큼 늘어나고 있다는 의미로, 역학자인 올샨스키와 올트(Olshansky and Ault, 1986)는 이러한 시기를 '퇴화성 질병이 지연된 시대'the age of delayed degenerative disease라고 불렀다.

현대인들은 웰빙well-being에 대한 관심이 매우 높으며, 고령화사회를 슬기롭게 살아가기 위해 만성질환을 잘 다스리기 위한 건강행위에 많은 노력을 기울이고 있다. 금연, 유기농 식품, 친환경 제품, 헬스, 요가 등은 최근 우리가 흔히 접하게 되는 말들이다. 바쁘게 살아가는 현대인들에게 건강은 역시 가장 큰 관심사 중 하나일 수밖에 없다. 건강은 개인의 생각과 의지만으로 지킬 수 있는 것이 아니라 유전인자, 물리적 환경, 생활양식, 의료 등 다양한 요인들에 의해 복합적 영향을 받는 것이기에 그것을 지켜 내는 것은 어려울 수밖에 없다. 하지만 생활양식이 건강의 60% 이상을 결정한다고 할 만큼 건강한 생활습관이 중요하며 실제로 수많은 연구를 통해 이러한 사실들이 입증되고 있다.

2. 생활습관병

산업화, 기계화가 인간의 삶을 풍요롭게 변화시키면서 영양과잉이 보편화되고 동물성 식품 위주의 식생활 변화가 초래되었다. 선진국을 중심으로 한 이러한 변화는 질병 양상에도 큰 영향을 미치게 되어 비만이 증가하고 암, 당뇨, 순환기계 질환 등의 만성질환자 수가 늘어나기 시작하였다. 여기서 만성이라는 용어는 급성과 대비되는 것으로 시간적 요소를 내포하는 특성을 가지며, 만성질환이란 30일 이상의 중환자 관리를 받거나 3개월 이상 병원이나 요양기관에서 의학적 관리 혹은 재활교육을 필요로 하는 지속적인 질환이나 영구적인 장애상태를 의미하므로 생활습관병과는 조금 다른 측면에서의 명칭으로 이해해야 할 것이다.

암, 당뇨와 같이 흔히 만성질환이라 부르는 질병에 대한 명칭은 국가마다 다양하게 사용되고 있다. 미국에서는 '만성 퇴행성 질환'chronic degenerative disease 혹은 '만성질환'chronic disease이라는 용어를 사용하고, 영국에서는 '생활습관 관련병'life-style related disease이라고 한다. 스웨덴에서는 생활이 유복한 사람이 잘 걸린다는 의미에서 '유복병'이라고 하며, 독일에서는 '문명병', 프랑스에서는 '생활습관병'으로 부르고 있다.

우리나라의 경우, 이러한 만성질환의 대부분이 성인에서 발생하므로 '성인병'이라고 불렀는데, 사실 이는 1950년대 이후 일본에서 통용되는 용어였다.

하지만 성인병에 해당하는 질병은 성인기에 나타나기는 하지만 이미 소아 때부터 발생하여 진행되는 것이며, 질병이 나타나기 전까지 오랜 기간 잠재기를 거치게 된다. 또한 한 가지 특정 원인이 질병을 발생시키는 게 아니라 여러 요인이 복합적으로 작용하여 발병위험을 높인다. 주요인으로는 식습관, 운동, 흡연, 음주, 스트레스 등의 생활습관이 밀접하게 관련된다는 사실이 밝혀졌다. 이에 따라 대한내과학회는 2003년부터 성인병이 아닌 '생활습관병'을 공식적인 명칭으로 사용하기 시작했다.

3. 대사증후군

암, 당뇨, 심혈관계 질환, 만성폐질환, 간질환, 근골격계 질환 및 신경계 질환 등 만성적인 건강문제를 초래하는 질환의 종류 및 그에 따른 증상들은 매우 다양하지만, 이들 질환을 효과적으로 관리하는 데에 건강한 생활습관이 영향을 미친다는 사실은 이제 의심의 여지가 없다. 지금까지 밝혀진 질병발생 위험요인에는 흡연, 간접흡연, 음주, 잘못된 식습관, 신체활동 부족, 비만, 스트레스, 환경오염, 낮은 사회경제적 수준 등이 있다.

개인은 각자의 직업, 성격, 환경 등에 따라 운동, 영양, 흡연, 음주, 수면, 휴식, 스트레스, 대인관계의 형태가 각기 달라 자신만의 생활양식을 가지고 살아간다. 그런데 이러한 생활습관 요인들이 건강하게 유지되지 못할 때 신체적으로는 체중증가로 인한 비만 특히 복부비만이 나타나며, 이와 더불어 혈압상승, 혈당증가, 혈액 내 중성지방 증가, 고밀도 콜레스테롤 저하 등이 함께 나타나는 경우가 있는데, 이러한 임상적 문제들이 심뇌혈관 질환의 주요 위험인자로 밝혀졌다.

임상적으로는 이들 심뇌혈관 위험인자 다섯 가지 항목에 대한 검사에서 기준치를 벗어나는 항목이 세 가지 이상인 경우를 대사증후군metabolic syndrome이라고 한다(표 1 참조).

보건복지부가 발표한 국민건강영양조사(2007~2010) 분석 자료에

〈표 1〉 **대사증후군의 진단기준**

성별	허리둘레	중성지방	HDL 콜레스테롤	혈압	공복혈당
남자	90cm 이상	150mg/dL 이상 혹은 치료제 복용	40mg/dL 미만	SBP≥130 또는 DBP≥ 85mmHg 혹은 치료제 복용	100mg/dL 이상 혹은 치료제 복용
여자	85cm 이상		50mg/dL 미만		

따르면, 30세 이상 서울시민 3명 중 1명이 대사증후군 환자이며, 40~50대 남성과 폐경 후 여성에게 흔한 것으로 나타났다(그림 1 참조). 30세 이상 여성 중에서는 비전업주부에 비해 전업주부의 대사증후군 위험이 1.85배 높게 나타났는데, 특히 중성지방, 복부비만 등의 위험도가 상대적으로 높았다. 남성의 경우에는 사무직 종사자에서 대사증후군 위험이 가장 높았으며, 여성의 경우와는 달리 혈압 상승의 위험도만 상대적으로 높게 나타났다. 따라서 신체활동이 부족하고 스트레스가 많으며 탄수화물과 지방 섭취가 많은 생활습관은 대사증후군 발생과 관련된다고 볼 수 있으므로 건강한 생활습관을 실천할 수 있는 다양한 방안들을 강구해야 함을 알 수 있다(그림 1 참조). 특히 건강보험심사평가원은 보도자료(2015)를 통해, 최근 5

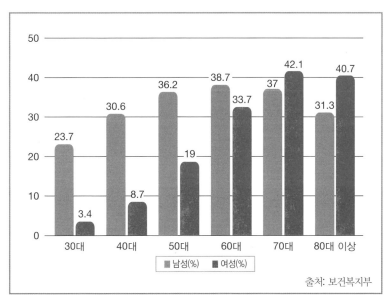

그림 1 30대 이상 건강검진 수검자 성별·연령별 대사증후군 환자 비율

년(2010~2014)간 대사증후군 관련 질환으로 인해 진료받은 사람 중 80% 이상이 50세 이상의 남성이라고 밝히고, 노년의 건강을 위한 건강한 생활습관 실천의 중요성을 강조한 바 있다.

뿐만 아니라 서구화된 식습관, 운동량 감소, 수면부족 및 학업 스트레스 등으로 인해 소아 비만이나 청소년 비만이 꾸준히 증가하는 추세여서 청소년기 대사증후군의 발병위험도 높아지고 있다. 초기에는 뚜렷한 증상이 없으나 관리를 소홀히 할 경우에는 성인이 되어 심뇌혈관 질환이나 암 등이 유발될 가능성이 있으므로 어릴 때부터 건강한 생활습관을 유지할 수 있도록 올바른 교육 및 효과적인 관리가 이루어져야 할 것이다.

발병원인

대사증후군의 근본적인 발병원인은 밝혀지지 않았으나, 인슐린 저항성insulin resistance에 의한 것으로 보는 견해가 일반적이다.

인슐린은 체내에서 포도당을 세포로 이동시켜 우리 몸의 연료로 쓰이도록 하는 전달자의 역할을 하고 있는데, 몇몇 원인에 의해 인슐린에 대한 인체의 반응이 감소하게 된다. 지금까지 연구를 통해 밝혀진 바에 따르면, 비만 중 특히 복부비만은 내장지방세포에서 지방산이 과다하게 유리되어 혈중 유리지방산이 증가하면서 인슐린 저항성을 촉진한다고 한다. 운동부족이나 스트레스도 인슐린에 대한 인체의 반응을 감소시켜 체내 혈당을 낮추는 인슐린의 역할을 방해함으로써 혈중 포도당 수치를 높이는 반면, 포도당을 공급받지 못하는 세포는 연료부족으로 인해 췌장에서 인슐린을 더 많이 분비하게 하는 악순환이 일어나는 것으로 알려져 있다. 그 밖에 유전적 요인이나 저체중 출산 등도 인슐린 저항성의 원인으로 제시되고 있다. 또한 과다하게 분비된 인슐린은 혈중 염분과 수분을 증가시켜 혈압을 높이기도 하며, 지방의 체내 축적을 유도하여 비만발생률이 증가하기도 하고, 혈중 중성지방 농도를 증가시켜 이상지질혈증을 유발하기도 한다. 따라서 대사증후군의 모든 위험요인과 인슐린 저항성 간에는 밀접한 관련이 있다고 볼 수 있다.

위험요인

앞서 보건복지부 발표대로 서울시민 3명 중 1명이 대사증후군 환자이며, 특히 40~50대 남성과 폐경 후 여성의 비율이 가장 높다는 사실에 비추어 보면 대사증후군은 소위 100세 시대를 위협하는 직접적인 원인이 되고 있으며, 우리들로서는 생명의 절반이 걸려 있는 중대사가 아닐 수 없다. 이에 대사증후군의 위험요인을 알아보고 진단항목별 기준치를 하나하나 짚어 보고자 한다.

복부비만

복부비만은 복부에 지방이 과도하게 축적된 상태를 일컫는 용어로 비만의 기준은 국가나 민족에 따라 약간씩 다르다. 우리나라의 경우에는 허리둘레를 측정하여 남자는 90cm 이상, 여자는 85cm 이상인 경우를 복부비만으로 분류한다. 복부의 지방은 분포하는 위치에 따라 내장지방과 피하지방으로 구분되는데(그림 2 참조), 체내 장기를 둘러싸고 있는 부위에 축적된 내장지방이 심혈관질환의 발생과 밀접한 연관성이 있는 것으로 밝혀지면서 내장비만과 복부비만이 같은 의미로 사용되기도 한다. 특히 중년 이후의 복부비만은 내장비만을 의미하기 때문에 심각성이 더 크다고 할 수 있다. 허리둘레는 보통 배꼽 주변 벨트가 놓이는 부위에서 측정하는데, 방법이 간단하

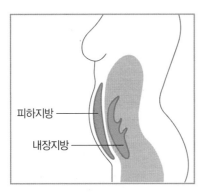

피하지방
내장지방

그림 2 **피하지방과 내장지방**

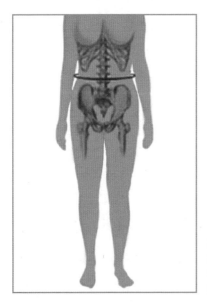

그림 3 **허리둘레 측정방법**(WHO: 양발은 25~ 30cm 간격으로 벌리고 숨은 편안히 내쉰 상태에서 늑골 가장 아래 부위와 골반 장골능의 중간 부위를 측정한다.)

여 복부비만 진단에 널리 이용되고 있다(그림 3 참조).

　연령이 증가함에 따라 내장지방이 증가하기 쉽고, 과식이나 운동 부족도 내장지방 축적의 주요 원인으로 작용한다. 특히 여성의 경우에는 폐경기 이후에 복부비만이 현저히 나타나는 것으로 알려져 있다. 따라서 복부비만을 예방하기 위해서는 식사량을 줄이고 균형 잡힌 영양섭취를 하는 등 식습관을 조절하고 운동량을 늘리려는 노력이 요구된다.

고혈압

　고혈압은 대표적인 만성질환으로 심뇌혈관 질환의 주요 위험요인으로 작용하기 때문에 장기간에 걸친 꾸준한 관리가 요구되는 건강 문제이다.

　고혈압은 원인에 따라 1차성(본태성) 고혈압과 2차성(속발성) 고혈압으로 분류된다. 1차성 고혈압은 전체 고혈압의 90% 정도를 차지하는데 원인이 명확히 밝혀지지는 않았으나 비만, 짠 음식, 흡연, 음주, 스트레스, 유전적 성향 등이 관련된 것으로 알려져 있다(그림 4 참조). 2차성 고혈압은 신장의 이상, 내분비질환 등의 다른 질병에 의해 2차적으로 발생하는 경우로 전체 고혈압 환자의 10% 정도를 차지한다.

　혈압은 120/80mmHg 미만인 경우를 정상혈압으로 간주하며, 수축기 혈압이 140mmHg 이상이거나 이완기 혈압이 90mmHg 이상인 경우를 고혈압이라고 하는데, 특히 수축기 혈압이 120~139mmHg이거나 이완기 혈압이 80~89mmHg인 경우를 고혈압 전 단계pre-hypertension로 분류하여 관리함으로써 고혈압으로의 진행을 막기 위한 노력을

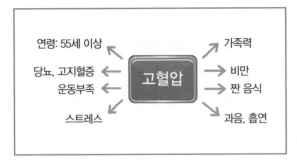

그림 4
고혈압의 위험요인

기울이고 있다.

수축기 혈압이 130mmHg 이상이거나 이완기 혈압이 85mmHg 이상일 때, 혹은 혈압약 복용 여부가 대사증후군의 진단기준이 되고 있다. 고혈압은 인슐린 저항성과 관련이 있으므로, 운동량을 늘리거나 체중을 조절하면 혈압을 낮출 수 있다.

당뇨병

포도당은 우리 몸을 움직이는 데 쓰이는 주요 에너지원인데, 이 포도당이 세포에서 이용되려면 췌장의 베타세포에서 분비되는 호르몬인 인슐린이 필요하다(그림 5 참조).

만일 췌장에서 인슐린을 너무 소량 분비하거나 전혀 만들어 내지 못하면 혈액 속에 당이 과다해져서 당뇨병이 생기게 된다. 또한 인슐린은 정상적으로 분비되었으나 비만 등의 이유로 인해 인슐린에 대한 체내의 저항성이 높아져 인슐린이 세포에서 잘 쓰이지 못함으로써 혈당이 높아지는 경우도 있다.

대개 당뇨병 초기에는 특별한 증상을 느끼지 못하는 경우가 대부분이지만, 혈당이 높아지면 전형적인 3대 증상(다음, 다뇨, 다식)을 경험

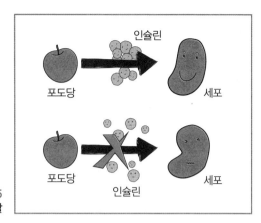

그림 5
인슐린의 역할

하게 된다. 즉, 많이 먹고 마시며 소변량이 증가하는 특이 증상과 더불어 체중이 감소하며 온몸이 나른하고 권태감을 많이 느끼게 된다.

당뇨의 진단에서는 혈중 포도당의 수치를 측정하는 것이 가장 중요하다. 검사방법으로는 공복혈당fasting blood sugar, FBS 검사와 당부하 검사glucose tolerance test, GTT가 있다. 우리 몸의 혈당수치는 신체활동 정도나 음식섭취 상황에 따라 변하기 쉽기 때문에 일반적으로 8시간 이상 공복상태를 유지하고 채혈을 실시한다. 요즘은 가정에서 간이 혈당측정기를 이용하여 꾸준히 혈당관리를 해 나가는 경우가 많은데, 이때 주의할 점이 있다. 손가락 끝에서 혈액이 충분히 나오지 않는다고 억지로 짜내는 경우가 있는데, 이렇게 하면 조직액이 섞여 나와 정확한 혈당수치를 반영할 수 없게 된다.

당부하검사는 포도당을 마신 후 일정시간 간격을 두고 혈당을 측정하는 검사법인데, 당뇨진단에 일반적으로 사용되지는 않고 있다. 또한 당뇨병은 평소에 적정 수준을 유지함으로써 뒤따르는 합병증을 최소화하는 것이 매우 중요하므로 어느 한 시점에서 측정한 혈당치와 더불어 장기간의 혈당조절 상태를 파악하는 것이 필요하다. 최근 2~4개월의 평균 혈당수치를 반영하는 검사에는 당화혈색소 HbA1c 검사가 있다. 당화혈색소란 적혈구에 정상적으로 존재하는 혈색소에 당이 결합된 형태를 말하는데, 당화혈색소 수치가 높다는 것은 최근에 혈당이 높게 유지되었음을 반영하는 것이다.

아래 세 가지 가운데 한 가지에 해당하면 당뇨병으로 진단할 수 있다.

- 전형적인 당뇨증상(다음, 다식, 다뇨, 원인 불명의 체중감소)을 보이면 서 혈당수치가 200mg/dL 이상인 경우
- 공복혈당수치가 126mg/dL 이상인 경우
- 당부하검사에서 2시간 후 혈당수치(PP2)가 200mg/dL 이상인 경우

한편 혈당 조절능력에 문제는 있으나 위의 조건을 충족할 정도로 높지는 않아 당뇨로 진단할 수 없는 상태를 '당뇨병 전 단계'라고 한다. 당뇨병 전 단계에 있는 경우는 잠재적 환자군으로 혈관계 합병 증이 발생할 위험이 매우 높은 상태이므로 예방적 차원에서 집중적인 관리를 필요로 한다. 이러한 점을 감안하여 혈당수치에 관한 대사증후군의 진단기준은 공복혈당이 100mg/dL 이상이거나 현재 당뇨로 인한 치료를 받고 있는 경우로 하고 있다.

이상지질혈증

인체 내에 존재하는 지질lipid의 종류는 다양하며, 그중 임상적으로 중요한 의미가 있는 것으로는 콜레스테롤, 중성지방, 인지질, 유리지방산 등이 있다. 이들의 혈중 분포에 이상이 생길 경우에는 혈관 상태가 악화되어 동맥경화를 비롯한 심뇌혈관 질환의 위험이 높

아진다. 특히 동맥경화 발생과 밀접하게 관련된 중성지방, 저밀도 지단백 콜레스테롤(LDL 콜레스테롤), 고밀도 지단백 콜레스테롤(HDL 콜레스테롤)의 수치가 적정 수준을 벗어나게 되는 경우를 이상지질혈증이라고 한다.

흔히 콜레스테롤을 우리 몸에 무척 해로운 것이고 동맥경화를 일으키는 주요인으로만 인식하는 경우가 많다. 하지만 콜레스테롤은 인체구성의 기본단위인 세포막 및 지단백의 구성성분일 뿐 아니라 호르몬 및 담즙산의 원료이므로 우리 몸을 유지하는 데 필수적인 요소이기도 하다.

콜레스테롤은 동맥경화의 위험을 증가시키는 LDL 콜레스테롤과 말초혈관의 콜레스테롤을 제거하는 HDL 콜레스테롤의 두 종류가 있다. 따라서 LDL 콜레스테롤 수치는 낮추고 HDL 콜레스테롤 수치는 높이는 것이 고콜레스테롤혈증 관리의 목표라 할 수 있다. 대사증후군 진단기준은 HDL 콜레스테롤이 남성은 40㎎/㎗ 미만, 여성은 50㎎/㎗ 미만인 경우이다.

중성지방은 죽상경화증을 유발하거나 LDL 콜레스테롤의 증가에 영향을 미치기도 한다. 혈액 내 중성지방 수치가 150㎎/㎗ 이상이거나 이미 치료제를 복용하고 있는 경우를 대사증후군의 진단기준으로 하고 있다. 중년기 이후 고지혈증으로 인해 약물치료를 받는 경우를 흔히 볼 수 있는데, 감자, 고구마, 옥수수와 같은 고탄수화물 식품을 간식으로 즐겨 하고 칼국수, 수제비 등의 식사를 즐기는 우리나라의 식문화가 한국인의 중성지방혈증과 관련되므로 식습관에 대한 점검이 필요하다.

문제점

　대사증후군은 신체적·심리사회적 측면에서 다양한 문제를 동반하게 된다. 우선 복부비만의 경우에는 심혈관계 질환, 호흡기계 질환, 내분비계 이상 및 당뇨, 암 등을 동반하기 쉬우므로 전반적인 건강상태와 아주 밀접한 관련을 갖는다. 뿐만 아니라 복부비만 자체가 스트레스원으로 작용하여 우울감, 고립감 등을 유발하며 긍정적인 자아상을 형성하는 데 저해요인이 되기도 하고, 원만한 대인관계를 형성하는 데 저해요인이 되며 더 나아가서는 삶에 대한 만족도를 낮추기도 한다. 특히 최근들어 얼짱, 몸짱이라는 말이 유행할 정도로 외모가 중시되는 사회적 분위기 속에서는 과도한 다이어트로 인한 문제들도 드물지 않게 나타나고 있다.

　고혈압, 당뇨, 고지혈증을 효과적으로 관리하기 위해서는 규칙적인 약물복용과 식생활에 유의해야 한다. 먹는 즐거움은 우리에게 아주 큰 즐거움과 행복을 느끼게 한다. 타인과 음식을 나눠 먹는 과정을 통해 우리는 정을 나누고 유대감과 친밀감을 돈독히 하기도 한다. 그런데 혈압, 혈당 혹은 혈중 지질수치를 조절하기 위해 식이관리를 하게 되면 인간의 기본적인 욕구라 할 수 있는 먹는 즐거움을 충족하지 못하게 되어 삶의 질 저하까지도 초래될 수 있다.

4. 건강 생활습관의 실천

　대사증후군을 예방하고 관리하려면 생활습관 개선을 위한 개인의 적극적인 실천의지가 있어야 한다. 식이조절, 운동, 금연 및 절주, 스트레스 관리 등을 통해 건강한 생활습관을 유지하는 것과 더불어, 대사증후군의 진단 항목인 고혈압, 당뇨, 이상지질혈증 등의 치료 및 복부비만, 인슐린 저항성에 대한 관리가 병행되어야 한다.

일반적으로 대사증후군 환자 대부분은 과체중 혹은 비만상태이다. 따라서 6개월 내지 1년의 장기 목표를 설정한 후, 열량을 줄이고 포화지방산(주로 동물성기름)이 많은 고지방 식품과 정제된 곡류의 섭취를 제한하는 대신 과일, 채소, 통곡류, 살코기를 적극 섭취하는 등 식습관을 바꾸는 것이 가장 중요하다. 보건복지부는 대사증후군 관리를 위한 식생활 개선방안으로 지방 섭취량을 전체 열량의 30% 이하로 하고, 전체 지방 섭취량 중 포화지방산은 10% 이하가 되도록 하며, 콜레스테롤은 하루 300㎎ 이하로 제한하면서 신선한 과일이나 채소, 생선과 오메가-3 함유 식품을 충분히 섭취할 것을 제안하고 있다. 아울러 염분섭취를 제한하기 위해 소금은 하루 6g 이하, 나트륨은 하루 2.4g 미만을 섭취하도록 권장한 바 있다. 적절한 음주가 내장비만 환자에서 콜레스테롤 상태를 개선할 수 있다고 알려져 있기는 하지만, 음주를 적절히 한다는 것은 실제로 쉽지 않은 문제이므로 본인의 의지가 무엇보다 중요하다. 대사증후군의 관리를 위해서는 금연을 해야 한다. 흡연 시 발생하는 일산화탄소가 호흡을 통해 우리 몸으로 들어오면 헤모글로빈과 결합하게 되는데, 그 결합력이 산소에 비해 무려 400배나 크기 때문에 결국은 혈액 내에 산소가 매우 부족하게 된다. 이로 인해 혈관수축, 혈관 내벽의 세포 손상, 동맥경화 등과 더불어 혈액순환 장애를 초래하게 되며 쉽게 피로해진다. 담배 성분 중 니코틴도 체내 흡수가 매우 잘되기 때문에 혈압과 맥박 상승을 초래하고 심장에 부담을 주게 된다.

중년기에 접어들면 무지방 체중은 감소되고 칼로리 요구량이 줄어든다. 특히 여성들의 경우에는 신체 지방의 비율이 증가하게 되는데, 이러한 지방의 증가를 늦추려면 운동과 근력강화 훈련을 하는 것이 매우 중요하다. 운동을 통해 무리한 다이어트를 피하면서 이상 체중을 유지하고 복부비만을 관리할 수 있도록 하는 것이 바람직한 전략이다.

일반인은 자신의 최대 운동능력의 50~80% 범위 내의 강도로 하루 30~60분씩 일주일에 3~5회 시행하는 것이 좋지만, 비만한 사람은 운동의 강도를 50~60%로 낮게 하고, 운동시간을 60분 이상으로

〈표 2〉 대사증후군 관리를 위한 생활습관 실천내용

항목	실천내용
지방	– 전체 열량의 30% 이하 섭취 – 포화지방산: 전체 지방 섭취량의 10% 이하 섭취 – 콜레스테롤: 하루 300mg 이하 섭취
신선한 과일이나 채소	– 하루 5회 이상 충분히 섭취
생선과 오메가-3 함유 식품	– 일주일에 2회 이상 섭취
염분	– 소금: 하루 6g 이하 섭취 – 나트륨: 하루 2.4g 미만 섭취
알코올	– 남자: 일주일에 21단위 미만 섭취 – 여자: 일주일에 14단위 미만 섭취 *단위: 주류의 양×알코올 함량 비율(%)
담배	– 금연
체중	– 이상체중 유지 및 복부비만 관리 – 허리둘레: 남자<90cm, 여자<85cm
운동	– 유산소운동: 하루 30~60분씩 일주일에 3~5회 실시

늘리며, 일주일에 6~7회 시행하는 것이 바람직하다. 수영이나 빠르게 걷기 등의 유산소운동이 유용한 것으로 알려져 있다.

건강한 생활습관을 효과적으로 실천하기 위해서는 대사증후군을 예방하고 관리하려는 개인의 의지가 무엇보다 중요하다. 병의원뿐 아니라 지역사회 보건소 등 1차 의료기관에서도 대사증후군 관리를 위한 프로그램 운영에 많은 노력을 기울이고 있으니 이를 적극적으로 활용하는 지혜가 필요하다. 더구나 우리 사회는 이미 고령화를 넘어 머지않아 초고령화 시대로의 진입을 앞두고 있다. 건강이 행복의 전부는 아니지만 행복한 노후를 위한 필수요소임에는 의심의 여지가 없다고 본다. 우리가 살아가는 사회 속에서 행복을 누린다는 것은 결국 자신의 몸과 끊임없이 소통하면서 신체적·정신적 건강을 지켜가는 일일 것이다. 우리 모두가 자신의 생활습관을 되돌아보는 작은 노력, 개선을 위한 의지, 실천을 향한 용기를 가져야 하겠다.

제2부

공동체에
대한
성찰

제6장

19세기 동아시아 질서의 재편과 한반도

강상규 교수(동아시아 국제정치, 정치사상사)

1. 19세기 우리의 경험을 어떻게 바라볼 것인가

19세기 동아시아 질서는 완전히 전복되었다. 그리고 부국강병을 토대로 하는 약육강식의 원리와 유럽에서 밀려든 새로운 문명기준이 그 자리를 덮쳤다. 이 과정에서 오늘날 우리가 살아가는 삶의 기준이 바뀌는 '문명기준의 역전' 사태가 발생했으며 일본 제국주의가 아시아의 패권을 장악했다. 그리고 이러한 와중에 한반도는 강제로 국권을 빼앗기고 국제무대에서 퇴출당하는 아픈 경험을 하게 되었다.

19세기 한반도가 겪었던 위기의 실상은 일본에 의한 한국 강제병합이라는 선명한 역사적 경험 때문에 자칫 한일양국 간의 관계 속에서 협소하게 이해될 소지를 갖고 있다. 그러면 우리는 19세기 동아시아 질서의 변동과 일본의 한국 국권침탈이라는 사태를 어떠한 시각에서 조망해 볼 필요가 있는 것일까? 우리는 19세기 거대한 전환기의 경험에서 무엇을 배워야 하는가? 여기에서 19세기 후반 한반도를 둘러싼 대외정세의 변동을 당시의 세계사적 맥락과 동아시아 지역질서의 재편이라는 측면에서 검토해 보려는 것은 기본적으로 이러한 이유 때문이다. 그리고 이에 대한 우리의 대응방식에서 나타났던 특징과 문제점은 무엇이었는지를 고찰해 보고, 여기서 어떠한 함의를 끌어낼 수 있는지 생각해 본다.

2. 서세동점과 19세기 동아시아 질서의 재편

한반도가 속해 있는 동아시아 지역은 역사적으로 고유한 정치적·사회적 경험과 문명의식, 가치관 등 많은 부분을 공유해 왔다. 흔히 중화(中華)질서 혹은 천하(天下)질서 등으로 지칭되는 동아시아 문명질서는 서구 근대국제질서와는 대단히 다른 성격을 견지하고 있었다. 국가 간 관계도, 중화질서에서 하나의 행위주체로서 국가가 갖는 의미도, 그리고 국가와 개인의 관계라고 하는 것도 서구 근대국제질서의 그것과는 차이가 있었다. 중화문명이 서구문명과는 다른 문명권에 속한 만큼 서로 다른 '문명기준'standard of civilization을 갖는 것은 자연스러운 것이었고, 따라서 삶을 영위하는 방식도, 지향하는 가치나 세계관도 서구의 그것과는 크게 달랐던 것이다.

이른바 조공(朝貢)과 책봉(冊封)은 중화질서를 현실적으로 지속시켜 가는 주요한 제도가 되었다. 주변국은 정해진 때에 문명과 문화의 중심으로 간주되는 중국에 조공을 했으며, 이에 대해 중국은 우수한 문물과 아울러 문명기준을 제공하며 주변국의 군주를 책봉하는 예(禮)를 갖추었다. 이러한 제도는 대체로 중국과 주변국 양측 모두에게 정치적 권위와 체제의 정당성을 강화시켜 주는 효과를 갖는 것이었을 뿐만 아니라, 일정한 한계 내에서 국가 간의 교역관계를 가능케 하는 기능을 하였다.

조선 역시 중국에 대해 전통적인 이념과 예의(禮義)에 근거해서 상호 관계를 맺으려는 입장을 견지해 왔다. 조선 유학자들의 의식 속에서 중화질서에 사대교린(事大交隣)이라는 형태로 참여한다고 하는 문제는, 중국 중심의 강력한 위계적 세계질서 안에 편입됨으로써 대외적인 안보와 대내적인 안정을 구가한다는 현실정치적 의미를 지니고 있었을 뿐만 아니라, 스스로가 중화질서를 '문명기준'으로 삼아 보편적인 문명국가, 문화국가를 실현하겠다는 정치적 의지의 표현이기도 했다.

동아시아의 19세기는 이른바 '서세동점'(西勢東漸)의 시기였다. 당시 동아시아 세계는 중화질서라는 독자적인 문명권에 속해 있었고, 중화질서 고유의 문명의식과 자부심을 견지하고 있었다. 이러한 상황에서 동아시아 삼국은 압도적인 물리력을 앞세운 구미 제국의 압력과 근대 유럽의 문명기준에 입각한 상이한 가치체계와 마주하게 되었고, 이 과정에서 양측은 서로를 야만으로 간주하며 충돌하게 된다.

19세기 중화질서에 존재하던 나라들은 근대국제질서라는 상이한 대외질서 관념과 만나게 된다. 전통적인 중화질서는 전 세계로 팽창하기 시작한 유럽 열강에 의해 동요하기 시작하여 서서히 무너져 내리게 되는데, 바로 아편전쟁은 서세동점으로 일컬어지는 서구 제국주의의 물리적 공세가 시작되는 신호탄이 되었다는 점에서 세계사적 의미를 지닌 사건이었다. 이후 아편전쟁으로 인해 체결한 난징조약(1842)은 서구제국과의 불평등조약의 원형이 되었고, 이후 거듭되는 전쟁에 따라 톈진조약(1858)과 베이징조약(1860) 등으로 이어지게 된다. 이것은 서양에서 비롯된 근대 국제법이라는 새로운 패러다임에 따라 '주권국가'sovereign state라는 새로운 국가형식과 아울러 '조약체제'treaty system라는 '새로운 국가 간의 교제 및 교섭 방식'에 입각하여 중국이 이른바 근대국제질서로 편입되었다는 것을 의미했으나 이러한 사실이 갖는 의미를 인식한 것은 세월이 한참 흐르고 난 다음에 가능했다.

3. 위기의 시대와 문명기준의 역전

한국과 중국, 일본이라는 동아시아 삼국에게 19세기는 상이한 패러다임의 만남과 충돌 속에서 빚어지는 고민과 혼돈, 모색과 좌절이 뒤섞인 '위기의 시대'였다. 당시 조선에서 가장 흔히 사용되던 말마따나 '숯불과 얼음'의 관계처럼 상극적인 성격을 지닌 서로 다른 패러다임이 격렬하게 부딪힌 위기의 시대라고 할 수 있을 것이며, 당대의 일본 사상가 후쿠자와 유키치(福澤諭吉, 1834~1901)의 표현을 빌리면, '마치 뜨거운 불과 차디찬 물이 만나는 것과 같고', '한 몸으로 두 인생을 겪는 것과 같은' 충격과 위기, 거대한 변동의 시대였던 것이다.

이처럼 동아시아의 19세기는 상이한 문명 곧 '동서문명'의 충돌이 이루어진 거대한 전환기로서, 그것은 외부로부터의 새로운 패러다임이 기왕의 고유한 패러다임을 밀어내는 과정이었다. 이것은 중화문명권의 관점에서 보면, 기존의 문명기준이 새로운 문명기준에 의해 전복되는 과정이자, '문명기준'이 완전히 '역전'되는 사태가 발생했음을 의미하는 것이었다.

하지만 한·중·일 동아시아 삼국에 나타난 '서구의 충격'은 실제로 각국이 처한 각각의 외압의 성격이나 강도, 타이밍의 차이, 지정학적 위치, 기존 정치질서의 안정성 등의 여부에 따라 그 충격의 여파가 다르게 나타나고 있었다. 19세기 동아시아에서 나타난 국가 간 관계의 패러다임 변동과 맞물려 조선의 지정학적 외벽인 중국과 일본은 점차 지구적 규모에서 구미 열강의 세력균형 속에 들어가게 되고, 중국과 일본 양국은 전통적인 중화질서에서의 일탈을 기획하고 있었다. 중국은 조공국의 자율성을 인정하던 전통적인 사대질서를 부정하고 조선에 대한 종주권을 기획하였고, 메이지(明治)유신 이후 서구적 근대화의 길을 선택한 일본은 조선과의 전통적인 교린질서, 더 나아가 중화질서 전반의 전복을 기획하였던 것이다.

중화질서의 변동이 아편전쟁이라는 외부로부터의 충격에서 비롯되었다면, 동아시아 삼국 간의 구체적인 관계변동은 메이지유신이라는 일본 국내의 정치변동을 기점으로 본격적으로 가시화되었다고 할 수 있다. 1870년대에 나타난 청일수호조규 체결(1871), 일본 내부의 '정한론'(征韓論) 논쟁(1873)과 대만침공(1874), 조일수호조규의 체결(1876), 그리고 '유구'(琉球, 지금의 오키나와) 문제의 대두와 일본의 일방적인 병합(1879)으로 이어지는 일련의 사건은 동아시아의 정치변동이 본격적으로 시작되었으며, 중화질서의 주변부에 위치하던 일본이 이러한 정치변동을 주도할 것임을 강력하게 시사해 주는 것이었다. 그리고 그것은 일본의 근대국가 형성과정이 단순히 하나의 주권국가 탄생의 의미를 넘어 제국건설의 형태를 띠고 진행되고 있으며 동아시아 삼국 간의 대결을 예고하는 것이기도 했다.

한편 일본의 배타적이면서도 팽창적인 태도는 중국 측의 위기의

식을 급격하게 심화시켜 놓았고, 중국의 위기감의 심화는 조선에 대한 간섭과 압박의 심화로 이어지면서 이후 동아시아 갈등의 핵심 고리는 본격적으로 '조선문제'로 이전되어 나타나게 된다. 이것은 조선의 입장에서 보면, 조선이 제국주의 시대에 구미열강—중국—일본의 삼중압박하에 놓이게 되었으며 조선이 자율적으로 스스로의 생존 가능성을 모색할 시간이 얼마 남아 있지 않음을 의미하는 것이기도 했다.

4. 세상의 흐름을 잘못 읽고 타이밍을 놓치다

반면 동시대 한반도의 위정자와 지식인들은 사상적으로 매우 고립주의적 경향을 보여 주고 있었다. 조선 지식인들은 두 차례의 왜란과 호란으로 이어지는 장기간에 걸친 '혼돈'의 와중에서 등장한 존주론(尊周論)의 언설에 따라, 주체와 객관적 세계 간의 소통의 필요성에 대해 유연하고 탄력적으로 인식하지 못하고 세계의 흐름과 변화에 대해 경직된 인식태도를 일상적으로 반복하게 된다. 이러한 양상은 환언하면, 조선 성리학의 다양한 경향에도 불구하고 항심(恒心)과 항산(恒産)의 두 개의 날개로 왕도정치의 정치적 이상을 추구하던 기존의 사유체계에 나타나던 균형감이 경직된 '정신주의'적 경향으로 심각하게 경도되어 있음을 의미한다.

이러한 사태는 타협과 조정을 특징으로 하는 '정치'의 논리가 옳고 그름[正邪]의 분별을 중시하는 '규범과 윤리'의 논리에 의해 재단되고 억압되는 사태가 일상화되면서, 모든 논의가 '군자 대 소인'이라는 소모적 이분법으로 귀결될 소지가 커지게 되었음을 의미한다. 그것은 요컨대 조선의 사상계가 이단이 아닌 정통, 이(夷)가 아닌 화(華), 실리가 아닌 의리에 지나치게 집착하게 되면서, 견제와 균형, 타협과 조정을 이끌어 내던 조선의 유교적 정치지형의 유연한 소통공간이 심각하게 마비되어 가고 있음을 의미하는 것이었다.

더욱이 19세기 벽두부터 조선에서는 천주교에 대한 탄압은 물론 모든 서양 서적의 도입이 금지되었다. 이후 조선은 사상적으로 외부 세계로부터 더욱 고립되어 가는 양상을 보이고 있었다. 반면 아편전쟁 이전부터 조선의 해안에는 이양선(異樣船)이라 불리는 서양 선박들이 나타나기 시작하여, 시간이 갈수록 그 출현하는 빈도가 늘어갔다. 천주교가 서구의 이념적 도전을 상징한다면, 포경선과 군함을 포함한 이양선은 서구 제국주의의 경제적·군사적 도전을 상징하는 것이었다.

19세기 중반 병인양요(1866)와 신미양요(1871)를 통해 조선은 서구의 군사력과 직접 충돌한다. 당사국 모두가 상대방을 야만으로 규정한 이 두 차례의 충돌에서 조선은 승리한 듯 보였다. 대원군의 리더십과 독려 속에 치러진 서양 열강과의 싸움에서 패배하지 않고 조선을 방어할 수 있었다는 사실은 국가적 차원의 자신감과 일체감을 불러일으켰고 나라 전체를, 오랑캐를 격퇴시켰다는 승리감에 들뜨게 했다.

이는 당시 서구 열강과의 무력충돌에서 패배를 경험한 중국이나 일본의 상황과 비교할 때 매우 특기할 만한 사태라고 할 수 있다. 하지만 이 승리가 서세동점의 대세를 거스르지는 못했다. 오히려 두 차례의 충돌로 인해 외세를 배격하는 조선의 태도는 한층 확고한 원칙이 되어 좀처럼 바꾸기 힘들게 되었다. 그리고 서양 열강 및 주변국과의 긴장관계를 극도로 고조시킴으로써 조선의 대외적인 입지를 위태롭게 하였고, 아울러 조선의 위정자와 지식인들로 하여금 세계 정세와 시대적 변화를 객관적으로 파악하기 더욱 어렵게 만들었다는 점에서 패러다임 전환기 조선에서 나타난 '거대한 역설'이라고 해야 할 것이다. 조선의 지정학적 외벽인 중국과 일본이 이미 지구적 규모에서 구미 열강의 세력균형 구도 속으로 들어가고 있었음에도 불구하고 조선은 세계의 대세를 외면함으로써 오히려 소중한 변화의 기회를 놓치고 있었던 것이다.

당시 조선의 전통적인 지식인들은 서양세계를 자기들이 살아가는 '문명세계'에 대한 반대의 이미지로서 바라보고 있었다. 이러한 이해 방식은 전통적인 화이관념에 입각한 것으로 병인양요(1866)를 비롯하여 오페르트 도굴사건(1868), 신미양요(1871) 등 서양과의 폭력적이고 적대적인 만남과 충돌과정 속에서 확산되어 갔다. 조선이야말로 중화질서의 정수를 견지하고 있는 유일한 문명국가라는 믿음과 아울러 정치의 논리가 옳고 그름의 이분법적 논의에 의해 재단되어지는 사상적 경향하에서, 조선의 전통적인 엘리트들에게 서양의 야만성은 이미 경험적으로 거듭해서 확인되었다고 확신하고 있었다. 서양의 '야만성'을 확인할수록 '예의지방(禮義之邦)으로서 조선'이라는 문명국가로서의 자부심과 자신의 정체성에 대한 믿음은 오히려 확고해져 갔고 그런 만큼 '개화개방'과 '부국강병'이라는 시대조류와는 멀어져 갔다.

이처럼 외부세계와 정치적·사상적으로 유연하게 타협하고 조정해 나갈 여지가 현실정치의 장에서 거의 봉쇄된 가운데 대다수의 조선의 위정자와 지식인들은 기존의 문명과 야만 관념이라고 할 수 있

제2부 공동체에 대한 성찰

는 화이(華夷)관념의 연장선상에서 눈앞에서 전개되는 대외정세를 양이(洋夷), 즉 서양오랑캐라는 새로운 위협적 요소의 '양적' 증가라는 일종의 '현상적'이고 표면적인 차원의 변화로 해석하려 했다. 그리하여 조선이 속해 있는 동아시아 질서 자체가 근저에서부터 '질적'으로 변화하고 있음을 예측하지 못하고 구태의연하고 소극적인 대응으로 일관하였으며, 가능한 한 외세와의 접촉을 줄이고 무시하되 만약의 상황이 발생할 때에는 중국의 보호 우산 속에 편승하려는 의식을 보이게 된다.

5. 조선정치의 엇박자와 국민적 역량 결집의 실패

하지만 조선 정계 '안'에서도 외부에서 일어나는 새로운 패러다임에 관심을 기울이는 정치세력이 등장하고 있었다는 사실이 간과되어서는 안 될 것이다. 1882년 8월 국왕이 내린 교서는 이처럼 세계의 달라진 변화상에 주목하고 달라진 무대에 새롭게 적응하겠다는 조선 정부 국정운영의 청사진을 명확하게 밝히고 있다는 점에서 주목할 만하다.

"만국병립의 상황이 바로 세계적 대세이며, 종래의 배외(排外)정책이나 양이(攘夷)적 관념은 조선을 세계 속에서 고립시켜 위태롭게 할 뿐이다. '국가평등' 관념에 입각한 새로운 근대국제법[萬國公法]적 질서에 근거해 조선의 대외관계를 전면적으로 재정립해 나갈 것이다. 다만 서양과 공법에 입각해 조약을 맺는 것과 사교(邪敎, 천주교)의 확산은 별개의 문제이다. 조선의 '문명국가로서의 자부심'은 견지하되, 서양의 발달된 기술은 '이용후생의 원칙'에 입각하여 받아들이도록 할 것이다"라고 조선의 국왕이 공개적으로 천명하고 나섰기 때문이다. 조선이 미국을 비롯한 영국, 독일 등 서양 열강들과의 근대적 조약관계를 처음으로 체결한 것은 바로 이러한 고민의 산물이었다.

그러나 이처럼 세계의 변화상에 주목하고 달라진 무대에 새롭게 적응하려는 모습은 국내외의 다양한 비판과 견제에 부딪히게 된다. 그 와중에서 나타난 것이 임오군란(1882)과 갑신정변(1884)이었다. 요컨대 임오군란은 주로 외래와 고유의 제 요소, 새로운 것과 낡은 것을 둘러싼 갈등 속에서 전통주의자들이 주도하여 일으킨 사건이었으며, 반면 갑신정변은 조선의 협소한 정치공간에서 보다 혁신적인 방식으로 개혁을 추진하고자 했던 진보주의자들이 주도한 사건이었다. 이 두 개의 사건은 동아시아의 패러다임이 전환하는 시점에서 국왕이 주도하던 개화 자강정책의 속도와 변화의 폭을 너무도 과격한 것으로 받아들이는 대다수의 세력과 너무도 온건한 것으로 받아들이는 소수의 세력이 함께 존재하고 있었던 상황을 생생하게 반영하고 있었다.

이 두 사건은 서로 정반대되는 방향을 지향하는 세력들이 주도한 사건들이었지만, 타협과 조정 능력을 보여 주지 못한 채 급격한 방식으로 일어났다는 그 과정상의 특징이나, 동아시아 질서가 변동하면서 '조선문제'가 첨예한 국제정치적 이슈로 부상하던 와중에서 발생함으로써 주도세력의 주관적인 의도와는 달리 결과적으로 공히 외세의 간섭을 불러들이고 그 간섭을 질적으로 심화시켜 놓았다는 점에서 역설적으로 매우 닮은 것이었다.

이후 갑신정변의 여파로 인한 강렬한 보수회귀의 분위기 속에서 친(親)중국 세력의 득세와 중국의 종주권 획책, 왕권에 대한 견제가 보다 강화되었고, 이로 인한 정치적 구심축의 균열이 더욱 진행되면서 결국 사태는 '동학농민봉기'라는 아래로부터의 개혁요구와 외세의 개입에 의한 무자비한 탄압, 그리고 한반도에 대한 지배권을 놓고 외세 간의 전쟁, 곧 청일전쟁(1894)과 러일전쟁(1904)으로 이어지게 된다. 이처럼 대내외적인 위기의 상황에서 조선 정계가 끊임없는 '엇박자'로 사태가 전개되어 가는 양상은 거대한 문명사적 전환기의 상황에 놓여 있던 조선이 주권국가 간의 근대국제질서라는 새로운 패러다임에 적극적으로 참여할 수 있는 선택의 여지가 사실상 봉쇄되어 가게 되는 경위를 설명해 준다.

이 과정에서 독립협회와 정치적 대중이 새롭게 정치의 주체로서 등장하는가 하면, 대한제국이라는 근대적 자주독립국가가 탄생하고 민족적 차원의 자각이 이루어지는 등 여러 가지 새로운 정치적 시도가 나타났다. 하지만 이러한 노력들이 '국민적 역량의 결집'이라는 성과로 이어지지 못한 상황에서 한국은 동아시아의 맹주로 새롭게 등장한 제국 일본의 강압에 의해 국권을 피탈당하고 국제질서 무대에서 사라지는 비극적 상황을 맞이하고 말았다.

6. 한반도는 동아시아 정치질서의 바로미터

한반도는 독특한 지정학적 위치로 인해 주변 국제정세가 크게 변동하는 거대한 지각변동의 시기마다 거의 예외 없이 그 변화의 소용

<표 1> 동아시아 정치질서 변동과 한반도의 상관관계

한반도가 경험한 거대한 지각변동	한반도에서 발생한 사건
21세기 탈냉전, 탈근대, 세계화	–
20세기 '냉전'의 시작	한국전쟁(1950)→한반도 분단의 고착화
20세기 두 차례 세계대전	해방이면서 동시에 국토의 분단
19세기 서세동점의 진행	일본에서 정한론(征韓論), 청에서 조선 속국화 시도→청일전쟁과 러일전쟁→국권의 상실
17세기 '명청교체'[=한족(漢族)에서 만주족으로 중화문명의 패권 이동]	두 차례의 호란(정묘호란, 병자호란) 발생
16세기 말 일본의 전국(戰國)시대가 정리되어가던 격변기	두 차례의 왜란(임진왜란, 정유재란) 발생

돌이 한복판에 놓였던 독특한 '역사'적 경험을 가지고 있다. 실제로 우리의 역사적인 경험을 이해하기 위해 한반도가 속해 있던 국제정치지형의 변동기로 잠시 거슬러 올라가 보자.

　그러려면 우선 우리 한반도가 경험해 온 거대한 지각변동에는 어떤 것들이 있었는지 생각해 보아야 한다. 현재 우리는 탈냉전 이후의 거대하고 복합적인 전환기의 와중에 서 있다. 그런데 시간을 거꾸로 거슬러 가기 시작하면 20세기 중엽의 '냉전'의 시작과 만나게 된다. 그리고 그 전에 기왕에 근대국제질서를 주도하던 유럽 세계가 상대적으로 몰락하고 미국과 소련이 부상하게 되는 '두 차례의 세계대전'을 만날 수 있다. 그리고 더 올라가 보면 19세기의 '서세동점'이라는 전환기와 만나게 된다.

　그러면 이런 전환의 와중에서 한반도에서는 무슨 일이 발생하였는가? 탈냉전이 동아시아에서 뒤늦게 전개되고, 현재 진행형이라는 점을 고려하면 일단 이 지점은 괄호 안에 넣어 두도록 하자. 트루먼 독트린Truman Doctrine 등을 기점으로 20세기 '냉전'의 기운이 한창 시작될 무렵 한반도에서는 1950년 6·25전쟁 곧 한국전쟁이 발발했다. 이는 한반도 분단의 고착화를 의미하는 것이었다. '두 차례의 세계대전'의 경우는 조금 복잡하다. 전쟁이 발발했을 때 한반도는 이미 일본 제국주의에 의해 국권을 상실한 상황이었기 때문이다. 이후 대규모의 전쟁에서 일본이 패배하자 그것이 한반도의 '해방'으로 이어지게 되었다. 그러나 한반도의 해방은 '분단'의 얼굴을 하고 있었다. 이때 다른 수많은 식민지 국가들이 존재하고 있었으나 분단된 경우가 어디에도 없었다는 점을 고려해야만 우리가 경험한 사태의 독특한 의미가 온전히 이해될 수 있을 것이다. 그리고 19세기 '서세동점'이 진행되는 상황에서 일본에서는 조선을 정벌하자는 정한론(征韓論)이 부상했으며, 중국에서는 근대국제법적 차원에서 조선을 속국화하려는 시도를 진행하였다. 이것은 서구 열강들과의 국제적 역학관계와 맞물려 결국 한반도의 운명을 둘러싼 청일전쟁과 러일전쟁으로 비화되었으며, 결국 대한제국의 국권상실로 이어진다.

좀 더 거슬러 올라가 보자. 현재 세계질서의 패권이 미국에서 다른 곳으로 이동할 가능성이 있는지, 그리고 있다면 어디로 어떻게 이전하게 될 것인가 하는 문제는 21세기 오늘날의 가장 중요한 화두 중의 하나가 되고 있다. 이러한 사실을 고려한다면, 마찬가지로 17세기 중엽 중화질서의 패권이 한족(漢族)에서 만주족으로 이동하게 되는 '명청교체'라는 사태가 중화질서에서 살아가던 한반도에 얼마나 중요한 변화였는지 가히 짐작할 수 있으리라. 그런데 바로 이 시점에서 한반도에서는 두 차례의 호란(정묘호란, 병자호란)이 발발한다.

다시 거슬러 올라가 보자. 16세기 말 이웃나라 일본의 전국시대(戰國時代)가 정리되고 17세기 초 결국 도쿠가와 막부가 탄생하면서 에도시대가 열리게 된다. 바로 일본이 격변기의 상황을 겪는 와중에 한반도는 두 차례의 왜란(임진왜란, 정유재란)을 치러야 했다. 여기서 주목해 보아야 할 것은 한반도가 이처럼 전환기적 상황마다 동아시아의 정치적 긴장관계의 초점으로 부상하고 있다는 사실이다. 이는 역사적으로 한반도가 동아시아 정치질서의 안정성을 보여 주는 바로미터로서의 역할을 하고 있음을 의미한다. 그렇게 보면 냉전이 '해체'되는 21세기 벽두의 새로운 변화의 와중에서 동아시아 위기의 초점으로 '북핵문제'가 떠오른 것도 단순히 역사적 우연으로만 간주하기 어려울 것이다.

한반도가 이처럼 전환기적 상황마다 동아시아의 정치적 긴장관계의 초점으로 떠오르게 된 데는 한반도의 민감한 지정학적 위치라는 '구조'적인 요인이 자리 잡고 있다. 중국 외교관 황준헌(黃遵憲)은『조선책략』(朝鮮策略, 1880)의 서두에서 "조선이라는 땅은 실로 아시아의 요충을 차지하고 있어 형세가 반드시 다투게 마련이며, 조선이 위태로우면 중국과 일본의 형세도 날로 위급해질 것이다. 따라서 러시아가 강토를 공략하려 할진대, 반드시 조선으로부터 시작할 것이다"라고 지적한 바 있다. 이러한 언급은 동아시아에서 한반도의 지정학적 위상을 극명하게 보여 주는 수많은 사례 중의 하나일 뿐이다.

이처럼 전환기 한반도의 '역사적' 경험과 '구조적' 사례들은 한반도가 국제정세의 변화에 얼마나 민감하며 또한 취약할 수 있는지를 분명하게 드러내 준다. 한국의 위정자와 지식인 그리고 국민들에게 왜 국제정치적 안목이 동시에 필요한지를 잘 보여 주는 대목이다.

7. 가재의 탈피와 역사를 움직이는 힘

가재는 살아 있는 동안 수차례 '탈피(脫皮)'를 한다. 그런데 그게 쉽지 않다. 그도 그럴 것이 큰 집게발과 몸통을 기왕에 자신을 감싸고 있던 단단한 껍데기 사이로 빼낸다는 것이 간단한 일일 리 없기 때문이다. 더욱이 탈피를 하는 동안 다른 가재나 주변 물고기의 공격이라도 받게 되면 그야말로 가재는 속수무책으로 당하게 된다. 그래서 탈피를 준비하는 가재는 본능적으로 은밀한 곳으로 숨어들어 간다. 가재에게 탈피는 곧 '위기상황'이다. 그러면 가재는 이처럼 대단히 위험한 과정임에도 불구하고 도대체 왜 탈피를 하는 것인가. 탈피를 하지 않으면 안 되는 것인가?

가재는 자신을 감싸 주는 단단한 껍데기 속에서 성장한다. 하지만 가재의 몸을 보호하는 딱딱한 껍데기는 자라나질 않는다. 그러다 보니 여태까지 가재를 보호해 주던 기왕의 '껍데기'가 어느 순간부터 가재의 '몸'에 비해 작아지는 시점, 곧 '모순'(矛盾)이 발생하여 서로 대립하는 지점에 마주치게 되는 것이다. 따라서 가재에게 탈피의 순간은 숙명처럼 다가온다. 몸의 성장이 멈추지 않는 한 가재는 필연적으로 여러 차례 탈피를 해야 하며, 탈피에 수반되는 위기상황을 잘 극복하면 가재에게 탈피는 새로운 환경을 제공하는 '기회'로 탈바꿈하게 된다.

가재의 몸을 '내용'에 비유한다면 가재의 껍데기는 일종의 '형식'이라고 할 수 있을 것이다. 내용과 형식이 서로 잘 어우러지는 상황에서는 별다른 문제가 있을 리 없다. 그런데 몸이 가만히 있지 않고 자꾸 변해 간다. 그러나 껍데기는 단단하고 딱딱해서 변하지 않는다.

즉 가재의 내부에서 '변하는 것과 변하지 않는 것' 사이에 대립과 모순이 필연적으로 발생하게 되고 양자 간의 긴장과 갈등이 커져 가게 되는 것이다. 이처럼 몸이 커져 감에 따라 현재 변화하고 있는 내용과 기존의 형식 '간'에 불일치가 발생하게 되고 그 '모순'이 심화되면, 변화된 내용을 담아낼 수 있는 새로운 형식, 곧 새로운 패러다임이 불가피하게 필요해지게 되는 것이다. 가재의 삶을 '역사'에 비유한다면 가재의 탈피는 기존의 틀 곧 패러다임의 변화가 일어나는 '전환기'에 해당한다.

인간의 삶은 모순으로 가득 차 있다. 더욱이 개개인이 어우러져 살아가는 사회는 더더욱 그러하다. 여기서 발생하는 '변하는 것과 변하지 않는 것', '상대적으로 빠르게 변하는 것과 느리게 변하는 것' 사이의 모순과 대립이 끊어지지 않는 한 역사의 수레바퀴는 움직이게 마련이며, 전환의 시점은 어김없이 찾아오게 되는 것이다. 그러면 패러다임이 변화하는 전환기적 상황을 지혜롭게 극복하려면 어떻게 해야 할 것인가.

다시 가재의 탈피 현장으로 눈을 돌려 보자. 여기서 다음과 같은 의문을 품게 된다. 가재와 같은 갑각류가 탈피를 해야 하는 이유는 이해가 되는데, 단단하면서도 상대적으로 작은 껍데기 속에서 도대체 어떻게 더욱 크고 단단한 껍데기를 준비할 수 있는 것인가. 가재가 마법이라도 부리지 않는다면 어떻게 이런 일이 가능할 수 있는가. 혹시 막 탈피를 마친 가재에게는 껍데기가 존재하지 않다가 탈피를 마친 후에 다시 생기는 것인가? 가재의 탈피과정을 관찰해 보면, 어렵사리 막 탈피를 마친 가재의 몸에는 분명히 새로운 보호막이 씌워져 있다. 그러면 도대체 어떻게 된 것일까?

가재가 온몸으로 보여 준 해답은 의외로 명쾌한 것이었다. 새로 생겨난 껍데기는 기존의 단단하던 보호막과는 다르게 아주 부드럽고 말랑말랑했기 때문이다. 탈피를 앞둔 가재의 새로운 껍데기는 탄력적이고 유연하기 때문에 기왕의 강하고 단단한 껍데기 속에서 마치 바람 빠진 풍선처럼 속살에 밀착된 형태로 준비될 수 있었던 것이다. 그리고 탈피를 무사히 마친 뒤 가재의 새 껍데기는 풍선처럼 부풀어 오르게 되고 영양분을 공급받으면서 다시 단단한 모습으로 변해 가게 된다. 이렇게 가재는 새로운 외피를 둘러쓴 모습으로 거듭나게 되는 것이다.

가재의 탈피과정은 패러다임의 전환기에 '위기'가 수반되는 정황을 이해하게 해 주며, 위기상황을 극복하게 되면 전환기는 새로운 '기회'의 모습으로 다가올 수 있음을 명증하게 보여 준다. 그리고 패러다임의 전환을 가능하게 만드는 열쇠를 가재의 탈피를 통해 유추한다면, 전환기적 상황일수록 '발상의 전환'을 가능하게 하는 탄력적이고 유연한 사고야말로 전환기의 위기를 풀어 가는 핵심적인 관건이라고 할 수 있다. 결국 그것은 새로운 세계에 대한 호기심과 풍부한 상상력, 그리고 그것을 가능하게 하는 도전과 실험정신으로 환언할 수 있을 것이다.

8. 과거와 미래의 대화

춘추전국시대 초(楚)나라 사람이 검을 품고 양쯔강을 건너다 그만 강에 검을 빠뜨리고 말았다. 그는 나중에 찾기 위해 검을 떨어뜨린 곳을 뱃전에다 주머니칼로 표시를 해 두었다. 배가 목적지에 도착한 후 그는 표시해 둔 곳으로 내려가 검을 찾으려 했으나 검은 눈에 띄지 않았다. 이 이야기는 각주구검(刻舟求劍)이라는 유명한 고사성어에 얽힌 이야기이다(『呂氏春秋』). 누구나 들으면 실소를 금하기 어려운 무슨 바보 이야기처럼 들리지만 조금 더 곰곰이 생각해 보면 우리가 다루는 주제에 관한 날카로운 통찰력이 담겨 있다. 무엇이 문제였는가? 문제는 요컨대 강물이 흐른다는 것을 의식하지 못했다는 것이다. 만일 그가 흐르는 강물 위에 서 있는 상태가 아니었다면, 이 사람의 행위는 매우 온당한 대응방식이었을 것이기 때문이다.

각주구검이라는 고사성어는 게임의 룰이 변하고 경기장이 바뀌는 상황, 즉 패러다임이 변화하는 전환기를 이해할 때 매우 유용하다. 왜냐하면 기존의 패러다임에서는 현실적으로 가장 적절하다고 간주되던 방식이 전환기의 상황, 즉 새롭게 부상한 패러다임에서는 전혀 현실적인 해법이 될 수 없음을 명료하게 시사해 주기 때문이다.

하지만 이러한 패러다임의 변환을 감지하고 적절하게 대응하는 것은 말처럼 쉬운 것이 아니다. 19세기 조선의 전통주의자들이 화이관념의 연장선상에서 눈앞에서 전개되는 대외정세를 양이(洋夷)라는 새로운 위협적 요소의 '양적' 증가라는 일종의 '현상적'인 차원의 변화로만 해석함으로써, 조선이 속해 있는 동아시아 질서 자체가 근저에서부터 '질적'으로 변화하고 있음을 전혀 예측하지 못하고 구태의연하고 소극적인 대응으로 일관했던 사례는 실제로 패러다임의 변환을 예측하는 것이 얼마나 어려운 것인지를 잘 드러내 준다. 더욱이 패러다임의 변환을 예측한다고 하더라도, 현실정치 공간에서 새로운 비전을 만들어 내고 국가의 '안과 밖'으로 광범위한 '동의'를 끌어내는 것은 더욱 더 힘겨운 작업이라는 사실을 19세기 한반도의 경험은 명료하게 보여 준다.

더욱이 19세기에 나타난 이질적인 문명 간의 만남과 문명표준의 역전이라는 사태는 '문명의 세계가 야만으로 전락하고 금수들의 세계가 문명세계로 둔갑하는' 것이었다는 점에서, '하늘이 무너져 내리고 땅이 뒤집어지는[天崩地壞]' 혼돈의 상황이었다. "살고 싶다. 의롭고 싶다. 그러나 둘 다 가질 수 없다면, 삶을 버리고 의를 택하겠다"(『孟子』)는 신념을 가지고 살아가던 조선의 지식인들에게 자신의 생존을 위해 '부국강병'으로 매진하라고 하는 것은 '문명세계에서 걸어 나와 금수의 세계로 들어가는 것'만큼이나 사상적으로 수용하기 어려운 변화였던 것이다.

19세기 중엽 조선은 기존의 삶의 방식과는 다른 새로운 패러다임과의 전면적인 만남을 목전에 마주하고 있었다. 하지만 시대의 흐름을 읽고 이처럼 변화하는 세계를 직시하려는 책임감과 비전을 갖춘 정치세력이나 지식인 그룹은 좀처럼 부상하지 않고 있었다. 그러나 눈을 감는다고 해서 거대한 변환의 수레바퀴가 그냥 조선을 피해가지는 않았다. 아니 오히려 조선의 약점을 더욱 철저하게 파고들면서 짓밟으려 했다.

19세기 거대한 문명사적 전환기를 맞이하는 한반도에는 국내외의 다양한 위기의 징후들이 나타나고 있었다. 이에 따라 위기에 대한 다양한 진단과 대응전략이 거론되고 모색되었다. 하지만 부국강병으로 상징되는 새롭게 대두되는 패러다임과, 타협과 조정을 특징으로 하는 정치의 논리가 사라지고 이분법적 엄격주의와 정신주의로 경도된 전통적인 패러다임이 서로 벌어진 간극을 조정하기는 어려웠다. 따라서 위기에 대한 진단은 무성했으나, 현상적 차원의 변화 이상의 '질적' 변화를 감지하는 데 취약했으며, 광범위한 동의를 얻어낼 만한 비전을 창출하지도 못했다.

19세기 동아시아 국가 '간' 관계의 패러다임 변환이란 동아시아 전통국가들의 '무대'가 예의관계에 입각한 '천하질서'에서 상위의 질서를 인정하지 않는 주권국가 간의 관계, 즉 '근대국제질서'로 변화해 갔던 것을 의미한다. 무정부적 속성을 지닌 새로운 무대 환경에서는 덕치(德治)나 예치(禮治), 왕도정치(王道政治), 사대자소(事大字小, 작은 나라가 큰 나라를 섬기고, 큰 나라는 작은 나라를 보살핌)와 같은 기존의 '연기'(演技)와는 다른 부국과 강병, 균세(均勢, 세력균형)와 자강(自强)의 능력이 보다 중시되었고 이에 적응하지 못한 배우들은 무대 밖으로 밀려났다. 우리는 연기력 부족으로 19세기의 변화된 새로운 무대에서 퇴출당하였고 다른 배우들의 연기를 바라보고 있어야만 했다. 지혜로운 자는 실패에서 배운다고 한다. 21세기 새롭게 전개되고 있는 전환기의 길목에서, 우리는 19세기 거대한 전환기의 역사적 경험으로부터 무엇을 배울 것인가.

제7장 한국 근현대사의 지향

-민본에서 민주로

송찬섭 교수(한국사)

1. 역사 속에서 길을 찾다

작년(2014) 10월 중순 연구년 기간을 이용해서 홍콩과 중국 광저우 지방을 잠깐 다녀왔다. 홍콩에서는 '우산혁명'umbrella revolution, 이른바 2017년 홍콩 행정장관 직선제 후보 제한 등 중국 정부의 홍콩 선거 개입에 반대하는 대학생들이 중심이 된 민주화 시위가 한창이어서 홍콩 시민의 민주화 열망을 잠시나마 느낄 수 있었다. 이곳에서 가장 인상적이었던 것은 지하철을 출구를 통해 시위 중심지로 나왔을 때 맞닥뜨린 홍콩 시민 선전대의 피켓이었다. 거기에는 "들불에 타도 모두 사라지지 않고 봄바람이 불면 또 자라난다"(野火燒不盡 春風吹又生)라는 당나라 백거이의 유명한 시 구절이 씌어 있었다. 시민들은 자신들의 민주화 열망이 절대 꺼지지 않을 것이라는 다짐을 이

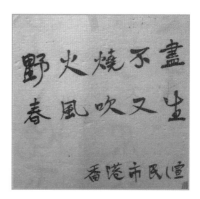

그림 1 홍콩 민주화 시위 현장의 피켓에 씌어 있는 백거이의 시구

구절을 통해 표출하고 있었다.

그보다 앞서 광저우에 잠깐 들렀을 때 인상 깊었던 일도 덧붙여
보자. 지하철이나 거리 곳곳에서 '사회주의 핵심 가치'라는 제목 아
래 '부강', '민주', '문명', '화해', '자유', '평등', '공평' 등 10여 개의 용
어를 나열한 벽보들이 눈에 들어왔다. '부강'을 앞세운 것은 현재 세
계 2위의 경제대국으로 떠오른 중국의 자긍심을 표현한 것이리라.
순간 중국은 아직 계몽주의 단계인가 하는 생각도 스쳤지만 이 벽보
에 눈길이 간 것은 사회주의 국가인 중국에서도 '민주'가 '사회적 핵
심 가치'로 대접받고 있다는 사실 때문이었다.

순간 우리 사회의 핵심 가치는 무엇일까 하는 생각이 떠올랐다. 한
국의 거리에서 무심코 걷다 마주치는 플래카드에서 질서를 강조하는
법치적인 캠페인 외에 우리 사회가 지향해야 할 보편적 가치를 강조
한 문구를 별로 본 적이 없다. 계몽하지 않아도 충분하다는 뜻일까?
아니면 보편적 가치라는 것이 우리 사회에서는 별로 의미가 없다는
뜻일까? 모든 것이 이미 시장자율화 속에 포함되었을 수도 있다.

돌이켜 보면 우리는 지난 시절 민주, 자유, 평등과 같은 가치보다

그림 2 중국이 내세운 사회주의 핵심 가치를 써 놓은 벽보

는 오히려 애국·애족을 열심히 배워야 했다. '국가 안보를 위해', '더 잘 살기 위해' 민주·자유·평등은 오히려 사치스런 장식물로 취급되었다. 주객이 전도된 것이다. 이런 일이 가능했던 이유는 무엇인가?

애국은 대체로 일제강점기에는 일본제국을, 해방 후 군부권위주의 시절에는 권력자에 대한 충성과 같은 의미로 활용되었다. 통치의 맥락에서도 강한 국가가 약한 국가를 윽박지를 때 애국은 곧잘 자국민을 동원하는 수단이 되었다. 인류를 전쟁의 공포로 몰아넣었던 나치즘, 파시즘의 경험에서 알 수 있듯이 민족이라는 이름도 자민족우월주의와 인종차별주의, 다른 민족에 대한 침략과 억압의 수단으로 활용된 사례가 허다하였다. 한마디로 국가와 민족을 위한다는 애국·애족이 민주라는 인류의 보편적 가치를 압살함으로써 수단이 목적을 정당화해 버린 본말전도인 것이다.

얼마 전 큰 화제가 되었던 영화 「국제시장」의 한 장면이 생각난다. 부부 싸움을 하던 주인공이 오후 6시가 되어 국기강하식과 함께 애국가가 울려 퍼지자 즉시 싸움을 멈추고 애국가가 들리는 곳을 향해 경례를 한다. 이 장면을 어떤 이들은 애국심으로 해석하기도 하지만 대다수 국민은 개인의 인권과 민주적 가치를 말살했던 유신 시절의 기억을 떠올린다. 오죽하면 『몽실언니』로 유명한 아동문학가 권정생 선생이 "이 세상 그 어느 나라에도/ 애국 애족자가 없다면/ 세상은 평화로울 것이다"라는 '애국자가 없는 세상'이라는 시를 썼을까?

민주, 자유, 평등, 인권, 평화 등은 누구도 부인하기 어려운 보편적 가치이다. 그 가운데서도 민주가 다른 가치까지도 포괄할 수 있기에 '민주사회'라는 표현은 이러한 가치가 구현된 사회를 대표한다. 그런데 우리 사회는 과연 민주를 보편적 가치로 내걸고 진정으로 이를 실현해 왔을까?

한국 근현대사는 숱한 굴곡과 어려움을 겪으면서 걸어왔다. 그 방향은 어디서 와서 어디로 가는 것일까? 큰 틀에서 보았을 때 근대는 생산력과 생산관계의 측면에서 전근대에 비교하여 크게 발전해 왔다. 우리 사회도 식민지와 전쟁의 고통을 딛고 보릿고개를 넘어 이른바 '한강의 기적'을 이루어 지금은 선진국의 문턱에 들어섰다고들 한다. 이렇게 이전 시기보다 월등히 나아진 물질적 풍요 속에서 우리는 과연 얼마나 행복감을 느끼고 만족해하고 있을까? 얼마 전 갤럽에서 세계 143개 나라를 대상으로 국민행복지수를 조사했는데 한국은 118위로 작년보다 24계단이나 추락했다고 한다(「한겨레」 2015. 3. 24.자). 최근 '국민행복시대'를 열겠다는 정치권의 구호가 무색해진다. 왜 이런 상황에 처했는지 앞으로 짚어 보아야겠지만 행복의 기준에 대해서는 성찰이 필요할 것 같다. 아마도 행복한 사회란 사회가 지향하는 목표(가치라고 표현할 수도 있다)와 실제가 가장 근접한 사회가 아닐까 한다. 여기에는 분명히 민주라는 가치가 중요한 기준이 된다.

그렇다면 그 같은 목표와 실제가 가장 근접했던 시기, 또는 반대로 가장 괴리되었던 시기는 언제일까 하는 점도 흥미를 갖게 한다. 우리가 근대사회라고 할 때 그것은 중세사회가 끝나면서 새롭게 전개되어 현재에 이르는 사회를 가리킨다. 이럴 경우 중세사회는 단지 극복의 대상일 뿐 거기에서 수용할 부분은 없는 것일까? 가령 조선시대라고 하면 흔히 한글, 백자, 측우기, 경복궁 등 잘 짜여진 궁궐, 『조선왕조실록』 같은 기록문화를 비롯해서 세계문화유산에 등재된 문화재 등을 떠올린다. 그렇다면 총체적으로 그런 자랑스러운 문화를 꽃피울 수 있었던 사회가 지향했던 중심적 가치는 무엇이고, 그 것이 오늘날 우리 사회에서 어떤 역할을 할 수 있을까 궁리하는 것도 중요하다.

비록 일제의 식민지로 막을 내리기는 했지만 500여 년을 지탱한 조선은 세계에서 보기 드문 장수국가이다. 이를 가능케 한 바탕에는 여러 중요한 가치가 있겠지만 그 중심 가치는 '민본'(民本)이었다고 할 수 있다. 민본, 그 의미가 무엇이며 그것이 민주적 가치의 실현과 어떤 관계가 있는지, 또 어떻게 계승 발전시켜 나가야 할지 지금부터 이야기를 나누어 보자.

2. 조선, 민본을 표방한 국가

조선은 왕조국가이다. 왕조국가라고 하여 국왕 혼자 모든 것을 자기 마음대로 할 수 있다고 생각하면 이는 큰 오산이다. 그렇다면 국왕조차 마음대로 할 수 없었던 조선사회를 작동시켜 온 최고의 가치는 무엇일까? 오늘날 우리 사회가 내세우는 민주, 공화와 비교한다면 조선의 가장 중심적인 통치이념은 민본, 공론이라고 하겠다. 이른바 유교적 민본주의는 지배에 대한 합의 시스템이라고 할 수 있다. 여기에서 민(民)이 통치의 주체는 아니지만 국가를 지탱하는 근본이라는 점이 강조되고 있다. 이것은 조선왕조의 기틀을 세운 정도전의 『조선경국전』(朝鮮經國典)에서 잘 드러난다.

천하는 지극히 넓고 만민은 지극히 많은데 만일 하나라도 그들의 마음을 얻지 못한다면 크게 염려해야 할 일이 생기게 될 것이다. 하민들은 지극히 약하지만 힘으로써 위협할 수도 없으며 또한 지극히 어리석지만 지혜로써 속일 수도 없다. 그들의 마음을 얻으면 복종하게 되고 마음을 얻지 못하면 배반하게 되는데 … 그들의 마음을 … 얻는 방법은 역시 인(仁)일 뿐이다(정도전, 『조선경국전』).

이처럼 조선사회에서 민은 국가의 근본이며 군주의 하늘이었다. 신하가 호적을 바칠 때 군주가 절을 하며 받은 것도 이 때문이었다. 민본주의는 조선시대 내내 가장 중심적인 가치였다. 조선 초기에 농사짓는 데 필수적인 천문, 농학 등이 발전하고 민과의 직접 소통을 위해 신문고 등이 설치된 것도 이와 관련이 있다.

세종이 초정리 행차 때 노정 고을민에게 보여 준 배려라든가 정조의 화성 행차 때 상언(上言), 격쟁(擊錚) 등 민의 의사를 들으려는 시도 등을 보면 민본의식이 얼마나 중요한가를 보여 준다. 역사공부를 처음 시작할 때는 민본이란 그저 표방에 불과하다고 생각했다. 교과서에서 자랑하던 신문고(申聞鼓)도 중국의 등문고(登聞鼓)를 본받았으며 실효성도 잘 드러나지 않아 보였다. 그런데 민본에 대한 통치자들의 인식, 그리고 제도가 마련되어 가는 모습을 보면 알맹이 없는 표방만은 아닌 듯하다. 요즘 우리나라 정치인들이 재래시장에 가서 무엇을 사 먹는 행태의 이미지 정치보다 훨씬 실체를 지니고 있다.

민본주의 아래 조선왕조의 경제정책은 민생을 위한 절용(節用), 손상익하(損上益下), 양입위출(量入爲出)이 중심이었다. '절용'은 국가 수입이 한정된 상황에서 가장 중요한 덕목일 수밖에 없다. 특히 아껴 쓰는 것은 베푸는 방법이기도 하였다. '절용'을 위주로 경제를 운영하는 것도 '절용하는 것이 백성을 사랑하는'(節用而愛人) 길이라고 보았기 때문이다. 곧 '절용'을 통해 나라의 경상비 지출을 최소화하고 재원을 비축함으로써 비상시 진휼, 구제에 대비할 수 있었다.

'손상익하'는 민생을 이야기할 때 가장 많이 사용하던 용어였다. 쉽게 말하자면 '위를 덜어서 아래를 이익되게 한다'는 뜻이다. 어려운 아랫사람들이 살아가려면 경제적 여유가 있는 사람들에게서 세금을 더 거둘 수밖에 없다. 그래서 정조 때 시독관(侍讀官) 남학문은 "훌륭한 왕은 손상익하를 마음에 두고 어리석고 포악한 왕은 손하익상을 일삼았다"고 하였고, "아래를 덜어서 위를 보태는 것은 나라 전체가 손해요"(損下益上은 損), "위를 덜어서 아래를 보태는 것은 나라 전체가 이익"(損上益下는 益)이라고 규정하였다. 남학문이 극심한 양극화 속에서 '보편적 복지론'과 '부자감세론'이 사회적 갈등을 일으키는 우리의 현실을 본다면 뭐라 했을까? 부끄러운 일이 아닐 수 없다.

남학문은 '손상익하'를 제대로 시행하려면 자연히 세(稅)가 균등해야 한다고 주장한다. 일반 민에게는 세를 감면하고 양반과 평민 간에는 세 부담이 평등해야 한다는 균세(均稅) 논리였다. 조선왕조가 자랑하는 대동법, 균역법, 구휼제도는 이에 근거한 제도였다.

그렇다면 조선사회의 가장 기본적인 사회 단위인 향촌 공동체의 지배 사족(士族)들이 민에 대해 갖고 있던 인식은 어떠했을까? 민에 대한 사족의 인식은 한 사족의 가훈에서 엿볼 수 있다. 17세기의 학자 이유태(李惟泰, 1607~1684)는 "다른 사람의 위급한 사정을 불쌍히 여기지 않고 잘 갚을 사람만 골라 빌려주게 되면 이것은 궁핍한 사람을 구휼하여 도와주는 도리가 아니다"(이유태, 「정훈(庭訓)」)라고 하여 덕의(德義)를 집안 차원의 실천 윤리로 강조하였다. 우리가 잘 아는 경주 최 부자는 '재물은 분뇨와 같아서 모아 두면 악취가 난다', '흉년에 남의 논밭을 매입하지 말라', '1년에 1만 석 이상 모으지 말라'고 하였다. 물론 모든 사족이 그러했던 것은 아니지만 많은 사족들이 이를 마음에 담고 실천했다고 한다.

향촌의 민간에서 행한 각종 계, 두레, 노력 봉사도 이런 뜻으로 설명할 수 있다. 각종 계나 두레 등은 향촌사회의 삶을 함께 책임진다는 의미이다. 중세 서양에서 성곽을 경계로 귀족과 농노들의 삶의 터전이 분리되었던 것과는 달리 조선사회에서는 사족이나 민은 신분과 관계없이 같은 공간에서 살았다. 그래서 향촌 공동체 안에서의 빈민구제는 부자가 어느 정도 책임을 지고 있었다. 그런데 지금 우리의 현실은 어떤가? 양극화로 인해 '가난과 부의 대물림'이라는 신분 아닌 새로운 계층 구분이 생겨나 서울의 강남과 강북처럼 교육과 주거지 등에서 빈부격차가 커지고, 공간마저도 자꾸 나뉘어 가고 있다. 지역공동체 의식이 무너지고 있는 것이다.

이와 같은 공동체적 의식에서 본다면 민은 단지 지배만 받는 수동적 존재가 아니라 때론 민본의 가치를 지키려는 능동적 존재이기도 하였다. 다산 정약용이 황해도 곡산부사로 부임했을 때, 그 전 해에 민란을 일으켰던 주모자 이계심이 나타나 고을의 폐단을 고쳐 줄 것을 요구하였다. 이에 대해 다산은 다음과 같이 말했다.

관장이 밝지 못하게 되는 이유는 백성이 자기 몸을 위해서만 교활해져 폐막을 보고도 관장에게 항의하지 않기 때문이다. 너 같은 사람은 관에서 마땅히 천 냥의 돈을 주더라도 사야 할 사람이다(정약용, 『목민심서』).

이것은 다산이 고을의 폐단에 적극적으로 항의하는 민의 합리적인 역할을 존중했기 때문에 가능한 일이었다. 다산은 "천하에 힘없고 천한 것이 소민이라고 하더라도 한편으로는 매우 큰 힘을 발휘하는 것이 소민이다"라고 하였다. 개개의 소민은 나약하지만 소민집단의 힘은 크다는 것을 알고 있었던 것이다.

다산의 이러한 주장은 오늘날 민주주의에서 말하는 일상적인 민권과는 다르다. 다산이 민에 대해 상대적으로 진보적 인식을 가질 수 있었던 데는 민본과 유교적 합리주의, 여기에다 서학의 영향도 있었을 것이다. 그렇다고 다산이 다양한 계층 간의 평등을 주장한 것은 아니다. 그는 신분이 나뉘어 있음을 인식하면서도 높은 신분이라고 해서 함부로 권한을 행사하는 것을 반대했고 낮은 신분이라고 해서 무조건적인 온정의 대상으로 삼은 것도 아니었다. 전체 사회를 합리적으로 운영할 수 있도록 각 계층의 입장을 존중하였다. 신분의 차별이 분명한 시대에 모든 계층을 존중한다는 것은 결국 아래층에 혜택이 자연히 더 돌아갈 수 있었다. 다산의 주장은 대체로 합리적인 사회 운영원리에 근거하였다. 『목민심서』에서 제시한 다음의 예에서 이에 대한 생각을 읽을 수 있다.

다산은 관청 건물이 낡았을 때 일부 수령들이 백성들의 수고로움을 생각해서 건물을 손보지 않는 것은 잘못이라고 보았다. 제대로 고을을 다스리려면 관청이 일정한 모습을 갖추어야 하기 때문이다. 다만 낡은 관청을 수리할 때 그 방식이 달랐다. 일반적으로는 고을민에게 강제 노역을 시키겠지만 다산은 아전과 관노를 먼저 일꾼으로 삼아야 한다고 했다. 이를테면 다산은 관청은 누구의 집이냐고 질문을 던졌다. 수령은 언제 갈지 모르는 나그네이니 집주인이 아니고, 백성은 들에서 일하므로 뙤약볕이나 심한 비바람이 몰아쳐도 이 집의 덕을 보지 못하니 그들의 집도 아니다. 결국 이 집의 혜택을 받는 자는 아전과 관노들이니 수령이 수고롭고 백성이 고통을 겪는 것은 잘못되었다는 것이다. 다산의 노역 동원 논리가 무척 합리적이지 않은가?

다산은 부민에 대해서도 무조건 그들을 사시로 쳐다보지 않았다. 흉년이 들었을 때 곡식을 마련할 방법이 부민(富民)에게 있다고 하더라도 곡식을 거의 강제로 빼앗는 방식은 반대했다. 다산은 관보다 민, 사족보다는 평민, 부민보다는 빈민에게 더 합리적인 방법을 제시했다. 그는 국왕에 대해서도 절대군주가 아닌 통치의 책임자로 바라보았다. 그렇기에 다산은 「탕론」(蕩論), 「원목」(原牧)에서 역설하였듯이 왕이나 천자는 아래에서 추대해서 나오기 때문에 이들이 제 역할을 못 하면 추대한 사람들이 의논해서 바꿀 수 있다고 주장하였다. 사실 민주주의 시대도 아닌 왕조시대에 다산의 이 같은 주장은 위험천만한 발상이다. 하지만 그의 생각은 왕이나 천자가 절대군주가 아닌 통치 책임자라면 통치의 필요상 교체를 할 수도 있다는 뜻이었다.

그림 3
다산 정약용은 민본을 가장 적극적으로 해석하고 실천하려고 노력한 인물이다.

제2부 공동체에 대한 성찰

19세기 삼정문란에 대해 저항했을 때도 농민들은 수령에게 민본에 따른 정책 시행을 요구하였다. 전라도 함평의 민란 지도자 정한순이라는 인물은 자신의 행위가 나라를 보호하고 민을 위한 길이라고 당당히 말하였다. 민본과 같은 뜻이었다. 곧 수령과 이서들로부터 내용도 모르면서 호갱처럼 수탈당하는 것을 거부하는 것이라 할 것이다. 경상도 인동(仁同)에서 민란이 일어날 때도 농민들은 당당히 자신들의 요구 조건을 내걸었다. '이서의 포흠을 농민에게 징수하지 말라, 결가는 매 결당 7냥 5전씩 하라, 그동안 도망했거나 죽은 군정(軍丁) 1,000여 명은 장부에서 제외하라, 신분의 상하를 막론하고 군보(軍保)는 1인당 2냥씩으로 하라' 등등. 농민들은 부역과 세금의 조건을 당당히 요구했다. 그 당당함은 기본적으로 자신들의 주장이 본래 국가에서 책정한 원칙에 근거했기에 가능했다. 이는 곧 관도 민에게 기본적인 정의를 지키라는 주장이었다.

이처럼 조선사회 내부에서는 고을에서부터 관이 민본의 가치를 망각하거나 저버릴 때 아래로부터 민본을 실질적으로 성취하려는 능동적인 움직임이 계속 일어나고 있었다.

3. 한말, 외세의 침탈 속에 추구한 부국강병

민본 중심의 조선사회는 개항 이후에도 내면적으로 이어졌다. 그러나 외형적으로 근대로 접어들면서 사회 모습이 크게 바뀐다. 서구 근대는 자본주의와 민주주의를 양면으로 하여 형성되었다. 그러나 현실적으로 서구사회는 자본주의의 발전을 위해 부국강병을 꾀하였고 이를 위한 국민 결집의 방법으로 국가와 민족을 강조하면서 시장 개척과 자원탈취를 목적으로 침략으로 나아갔다. 1876년 조선왕조도 굳게 닫았던 나라의 문을 열었지만 서구 열강의 침략에 무방비 상태나 마찬가지였다. 조선사회는 개항을 계기로 세계 자본주의 체제에 편입되면서 열강의 침략이라는 큰 파도에 휩쓸려 들어갔다.

조선에도 서양의 제도에 대한 지식이 들어왔다. 외국을 견문한 관리들은 왕에게 서구 제도를 소개하였다. 고종은 1883년에 미국을 다녀온 홍영식에게 '민주제도'를 실시하는 나라가 있고 대통령은 4년마다 교체된다는 이야기를 들었다. 홍영식은 1881년에도 일본에 다녀왔는데 미국의 공화 통치나 프랑스, 일본의 군민동치(君民同治)에 대해 보고하였다. 군과 민이 함께 다스리는 제도가 갖추어져 있다는 것이다. 박영효가 발행한 「한성순보」에서도 군민동치, 합중공화 등이나 상원, 하원 등이 있어서 군주가 높다 해도 자기 뜻대로 처리할 수 없다는 것을 기술하였다(1884. 1. 30).

이 밖에도 여러 관료 지식인들이 서구 제도를 수용하였다. 김옥균은 『갑신일록』을 통해 인민은 평등하다는 대원칙을 내세웠다. 미국을 거쳐 유럽을 여행하고 온 유길준도 『서유견문』을 통해 입헌체제에서는 군주 한 사람의 독단이 없다는 점을 밝혔다. 심지어 교조신원운동을 전개하던 동학 농민은 여러 나라에 민회가 있어서 나라의 법률을 만들거나 민국에 불편한 일이 있으면 회의를 열었듯이, 자신들도 민회를 열고 있다고 내세울 정도였다. 열강의 군함과 대포 소리에 놀라며 우리도 서양 국가처럼 부국강병해야 한다면서 서양의 제도와 문물을 적극적으로 받아들였다. 당시 상황에서는 군주국이지만 군신공치 또는 군민공치를 염원했다.

그렇지만 조선의 국왕 고종은 견해가 달랐다. 고종은 1897년 대한제국을 선포하였는데 오로지 부국강병과 전제군주제를 목표로 삼았다. 근대사회의 본질에 대한 이해가 충분하지 못한 상태에서 나온 대한제국의 한계는 1899년에 만들어진 '대한국국제'(大韓國國制) 속에 확연히 드러난다.

> 제1조 대한국은 세계가 공인한 자주독립의 황제국이다.
> 제2조 대한국 정치는 오백 년을 이어 왔으며 만세불변할 전제정치이다.
> 제3조 대한국 대황제는 무한한 군권을 누린다.
> 제4조 대한국 신민이 군권을 넘볼 경우, 행동을 했는지 아닌지와 상관없이 신민이 아니라 할 것이다. (하략)

'대한국국제'에는 황제의 전제권력만 곳곳에 강조하고 있을 뿐, 국민권리에 관한 규정은 들어 있지 않다. 황제의 권력강화가 곧 고종이 말하는 자주독립이었다. 고종은 자신의 선대왕들이 내세웠던 민본과 덕치는 이제 시대에 뒤떨어진 사상이라고 생각했을까?

이후 국정개혁을 위한 상소나 건전한 비판을 더욱 받아들이지 않았던 것을 보면, 고종은 국정개혁을 민과 함께하기보다는 권력을 독점하면 부국강병으로 나아갈 수 있다고 믿었던 것 같다.

그렇다면 대한제국의 전제군주제를 반대하고 입헌군주제를 주장했던 독립협회는 민권을 내세웠을까? 사실 그들의 출신 면모를 살펴보면 민권을 크게 내세울 입장은 아니었다. 더더구나 그들이 받아들인 근대사상, 특히 사회진화론을 민주주의 사상이라고는 할 수 없

었다. 1898년 7월 27일 「독립신문」에 실린 다음 기사는 민과 민권에
대한 이들의 생각을 단적으로 보여 주고 있다.

하원은 백성에게 정권을 주는 것이다. 정권을 갖는 사람은 지식과
학문에 있어서, 내 권리를 알면서도 남의 권리를 해치지 않고, 사적인
일보다 공무를 앞세우며, 큰 의리를 숭상하여 백성과 나라에 유익한
정치를 해야 한다. 무식하면 한 사람이 다스리나 여러 사람이 다스리
나 나랏일이 잘못되기는 마찬가지이다. 무식한 세계에는 군주국이 도
리어 민주국보다 견고하다는 사실이 역사와 다른 나라 상황이 보여 준
다(「독립신문」, 1898. 7. 27).

엘리트주의에 빠진 독립협회는 애초 민을 무식한 존재로 보았다.
이런 상태에서 이들에게 민권 신장이나 민주주의는 기대 낙망이 아
니겠는가. 그렇다면 과연 당시 민은 무식하고 나랏일도 함께 걱정하
지 못할 존재였을까?

당시 민들 가운데는 이들보다 훨씬 깨어 있는 생각을 하는 이들도
많았다. 농촌 지식인 출신으로 농민전쟁을 주도했던 전봉준은 봉기
에 성공하면 "왕 주변에서 간악한 관리를 쫓아낸 다음, 기둥 같고 주
춧돌 같은 선비를 찾아 억지로라도 정치를 맡길 생각이었다. 나랏일
을 한 사람의 세력가에게 맡기는 것은 크게 폐해가 있으니, 몇 사람
이 협력하여 합의제로 정치를 담당하게 할 생각이었다"라고 했다.
또한 농민군이 내세운 폐정개혁안을 보면 앞서 민란 때의 부세 수탈
에 대한 저항을 넘어서 이러한 문제를 일으킨 탐관오리, 불량한 유
림과 양반, 횡포한 부호 등에 대해서도 당당하게 문서로서 이들을

처벌할 것을 명문화하고 있다. 무엇보다도 농민군은 폐정개혁안의 첫째 조항에서 자신들과 정부 사이에 그간 묵은 감정을 씻어 버리고 모든 정치 운영에 협력할 것을 제시하여 자신들도 국가경영의 한 주체임을 당당히 선언하고 있다.

4. 일제강점, 가치 지향이 불가능한 사회

일제강점기는 한편으로는 군국주의에 의해 침략과 수탈을 당하면서 어느 정도 근대화로 가는 시기였고, 다른 한편으로는 국권회복을 위해 노력하던 시기였다. 일제에 의한 강제병합은 나라를 잃은 것과 함께 조선시대의 중심 가치인 민본과 같은 전통의 단절을 가져왔다. 비록 민본은 한계가 분명하지만 그 시대에는 최고의 가치였고 발전시킬 만한 것이었다. 그러나 병합으로 그 한계를 극복하고 민주적 가치로 발전시키는 데 장애가 조성되었다. 여기에는 일제의 조작된 역사인식도 큰 몫을 차지하였다. 일제는 식민지 합리화를 목적으로 이른바 식민사관을 만들었다. 조선은 미개한 나라이고 일본은 문명국가이므로 식민지화는 문명국가가 미개 국가를 돕는 것이라며 조선의 역사와 문화를 미개한 것으로 깎아내렸다. 이런 상황에서 민본의 가치를 근대화 과정에서 새로운 가치로 계승·발전시키는 것은 현실적으로 불가능할 수밖에 없었다.

일본은 스스로를 동양과 서양 문명을 융합하여 근대화에 성공한 모범국가임을 표방하며 식민통치의 중요한 수단으로 법치를 내세웠다. 1910년 8월 22일 강제 체결한 병합늑약에서 "일본 정부는 병합의 결과로 한국의 시정을 담임하여 조선에 시행할 법규를 존중하는 한인의 신체 및 재산에 대하여 충분한 보호를 하고 또한 그 복리의 증진을 꾀"한다(1910. 8. 22, 병합늑약 제6조)고 했다. 얼떨결에 나라를 잃은 백성은 일제가 말하는 생명과 자유를 보장받으려면 일제가 만든 법규를 지켜야만 했다.

사실 법은 어느 시기에나 필요하다. 그러나 일제의 법은 과연 민주적이었을까? 당시 상당수의 지식인은 우리 힘으로 근대화를 이루기 어려운 상황에서 강대국의 지배 아래에서라도 근대화를 이룰 수 있다면 그도 괜찮을 것으로 판단했을 수도 있다. 그런데 남의 지배 아래 근대화란 어떤 의미를 지닐까? 더군다나 일본이라는 나라의 지배 아래라면? 이 시기 일본 제국헌법의 중요 조항을 보면 그들이 어떤 나라인지 알 수 있다. 이른바 '대일본제국헌법'(1889.2)을 보면 제1

그림 4
야스쿠니신사의 나무에 걸린 글. 일제 말기 전쟁에 참여하였던 군인들이 쓴 글이다. 이들은 침략을 애국으로 받들고 있다.

조 "대일본제국은 만세일계(萬世一系)의 천황이 통치한다", 제3조 "천황은 신성하며 (그 권위 등이) 침범되어서는 아니 된다", 제4조 "천황은 국가의 원수로서 통치권을 총람하고, 헌법의 조문으로 이를 시행한다", 제11조 "천황이 육·해군을 통수한다"고 되어 있다. 한마디로 역사적으로 전혀 신뢰성이 없는 만세일계의 천황이 절대권력을 가지고 통치하는 것이다.

병합 후 조선에는 이런 헌법조차 적용되지 않았다. 식민지 조선은 천황의 입법권을 위임받은 총독의 제령에 의해 통치되었다. 당시 식민지 본국인 일본을 내지(內地)라 하고 조선을 '외지'(外地)라 한 것은 곧 조선은 일본 헌법의 적용 범위 밖에 있는 곳이라는 뜻이다. 더구나 일본 자체가 민주주의와 거리가 먼 나라인데 그 식민국인 조선의 상황은 오죽했겠는가.

그때나 지금이나 병합을 합리화하던 자들은 일본 자본의 조선 진출을 두고 조선의 근대화에 기여했다고 주장한다. 근래 우리 학계 일각에서 제기된 '식민지 근대화론'도 이와 맥락을 같이한다. 그러나 당시에도 이런 일본 자본의 조선 진출에 대해 '조선 경제는 발전하는데 조선인이 없다. 아니 없는 것이 아니라 조선 경제의 발전이 조선인 경제를 총체적 위기로 몰아넣고 있다'고 진단했듯이 식민지근대화론은 일본 자본이 조선에 진출한 목적과 그 결과에 눈감은 속임수일 따름이다.

당시 일제가 만든 '황국신민서사'를 보면 조선인의 처지가 더욱 극명하게 드러난다.

우리는 황국신민(皇國臣民)이다. 충성으로서 군국(君國)에 보답하련다.

우리 황국신민은 신애협력(信愛協力)하여 단결을 굳게 하련다. 우리 황국신민은 인고단련(忍苦鍛鍊)하여 힘을 길러 황도를 선양하련다(1937).

나라를 잃은 조선인은 일본제국의 신민으로서 군국에 충성하는 존재에 지나지 않았다. 물론 식민지의 일상생활, 특히 부를 지닌 층으로부터 시작하여 차츰 대중도 근대 문물을 수용하고 즐기면서 살아갔다. 그러나 일반 대중의 삶은 실제로는 제국주의 체제 속에서 대부분 옥죄여 있었다. 박완서의 소설 『그 여자네 집』을 보면 가슴 아픈 이야기가 있다. 화자의 고향 마을에 있었던 곱단이와 만득이의 불행한 사랑 이야기이다. 만득이는 일제 말기 징병으로 끌려갔고, 곱단이는 '정신대'로 끌려가지 않으려고 중년 남자의 후처가 되어 마을을 떠났다. 해방이 되어 만득이는 고향에 돌아왔으나 곱단이의 소식을 듣고 마지못해 다른 여자와 결혼하였다. 말년에 만득이는 화자에게 이런 말을 하였다. 곱단이가 어쩔 수 없이 원치 않은 사람에게 시집가면서 느꼈을 분하고 억울하고 절망적인 심정을 자신은 생생하게 느낀다고 하면서 위안부 할머니처럼 직접 당한 사람이나 면한 사람이나 똑같이 그 제국주의적 폭력의 희생자였다고…. 이것이 바로 알게 모르게 일제에 의해 짓밟혀 온 식민지 민중의 일상이었다. 인간으로서 누려야 할 보편적 가치는 이 사회 속에서 꿈꾸기도 어려웠다.

5. 독립운동, 새로운 국가 구상과 민주공화제 지향

 나라를 빼앗겼기 때문에 이제 사회에 대한 지향은 군주제에 머물 이유가 없었다. 독립운동의 양상을 보면 민주주의 제도에 대한 인식도 상당했음을 알 수 있다. 특히 독립은 단순한 복고가 아니라 민주, 공화를 지향하고 있었다. 1917년 상해에서 독립운동가들이 선언한 '대동단결선언'은 이를 잘 보여 주고 있다.

 융희 황제가 주권을 포기한 8월 29일은 즉 우리 동지들이 이를 계승한 8월 29일이니, 그 사이에 순간의 쉼도 없다. 우리 동지들은 주권을 완전히 상속하였으니, 황제권이 소멸한 때가 곧 민권이 발행하는 때요, 구한국 최후의 하루는 곧 신한국 최초의 하루이다. 그러므로 경술년 융희 황제의 주권 포기는 곧 우리 국민 동지들에 대한 묵시적 선위이니 우리 동지들은 당연히 주권을 계승하여 통치할 특권이 있고 또 대통을 상속할 의무가 있도다.

 독립운동가들은 1910년 8월 29일 병합이 선언되는 순간 순종황제의 주권 포기를 국민 동지에게 선위한 것이라고 하며 주권을 계승하겠다는 뜻을 명백히 밝히고 있다. 비록 나라는 아직 찾지 못했지만 8월 29일 그 날이 국민이 주인이 된 새로운 한국의 시작임을 선언하고 있다.

 1919년 3·1운동 직전 간도에서 선언된 '대한독립선언서'는 어떠한가? "우리 대한은 완전한 자주 독립과 신성한 평등 복리를 우리

자손만대에 전하기 위하여, 이민족 전체의 억압을 벗어던지고 대한의 주인인 인민의 자립을 선언한다' 하여 인민이 주인이 되는 완전한 자주 독립과 신성한 평등 복리를 내세우고 있다.

3·1운동 직후 상해에서 수립된 임시정부의 '대한민국임시헌장'(1919. 4. 11)에서는 민주공화제라는 틀을 정확하게 내세우고 있다.

제1조 대한민국은 민주공화제로 함.

제2조 대한민국은 임시정부가 임시의정원의 결의에 의하여 통치함.

제3조 대한민국의 인민은 남녀 귀천 및 빈부의 계급이 없고 모두 평등함.

제4조 대한민국의 인민은 종교, 언론, 저작, 출판, 결사, 집회, 서신 교환, 주소 이전 및 신체와 소유의 자유를 가짐.

제5조 대한민국의 인민으로 공민자격이 있는 자는 선거권과 피선거권을 가짐.

비록 국가는 아직 되찾지 못했지만 임시정부 지도자들이 세우려는 나라는 단호하였다. 위에서 보듯이 '임시헌장'은 인민의 권리장전이요, 임시정부의 수립은 공화국을 향한 전환점이자 새로운 시대를 만들기 위한 투쟁이었다. 독립운동의 일부에서는 조선왕조, 대한제국을 복구하려는 움직임이 전혀 없지는 않았지만 대부분의 독립운동가는 그렇지 않았다. 근래 건국절을 둘러싸고 논란이 있지만 3·1운동 이후 세워진 임시정부를 중시하는 것은 정부를 표방했다는 점만이 아니라 이 같은 민주공화제를 근간으로 하는 국가를 내세우고 있기 때문이다.

이렇기에 임시의정원 의장 이동녕은 임시정부가 수립되던 날 "지금이야말로 내 생애에서 가장 보람된 순간입니다. 우리는 이제 군주제를 부활하려고 독립운동에 투신한 것이 아닙니다. 세계적인 추세에 따라, 우리나라에 민주제를 정착시켜야 한다는 사명감 속에서 회의를 진행하고 있는 것입니다"(임시의정원 문서)라고 하며 감격에 겨워했던 것이다.

이는 민주주의에 대한 지식인들의 인식의 폭이 넓어지는 것과 관련이 있다. 일제강점 아래 식민지 지식인들은 당시 민주주의의 역사적 발전과정과 현실에 대해서도 정확하게 파악하고 있다. 가령 1920년 「개벽」지에서 다음과 같이 말하고 있다. "18세기 데모크라시는 상공자본계급이 전통적 특권을 가진 제1계급, 제2계급에 맞서 계급적 해방을 요구한 운동으로서 제3계급의 경제적 권리를 발현시킨 것일 뿐 모든 계급의 보편적 자유와 권리를 인정하는 체제에는 미치지 못한 것이었다"는 것이다(「개벽」, 1920). 이에 그치지 않고 오늘날의 과제에 대해서도 명확하게 의견을 제기하고 있다. "현대 민주주의는 일부 소수의 정치적 자유만을 보장하게 되는 근대 민주주의의 한계를 넘어서 구성원의 실질적 평등을 보장함으로써 사회구성원의 진정한 자유를 보장하는 원리이다"(「동아일보」, 1920. 4. 2)라는 주장이 그것이다.

이 시기 대부분의 항일운동 세력은 민주주의에 대해 비슷하게 인식하고 있었다. 심지어 사회주의자들도 한때 독립의 목표는 민주공화국이었다. 1925년 결성되었던 조선공산당 강령에서도 잘 드러난다. 조선공산당이 강령에서 내세운 당면한 투쟁의 목표는 '일본 제국주의 압박에서 조선을 절대로 해방함'에 있고, 당면한 정치적 요구로서 첫 번째가 바로 "민주공화국을 건설하되 국가의 최고 및 일체 권력은 국민으로부터 조직된 직접·비밀·보통 및 평등의 선거로 성립한 입법부에 있"었다(조선공산당 강령, 1925).

이러한 추세는 이후로도 계속되어 1930년 임시정부의 여당으로 조직된 한국독립당의 당의(黨議)로 이어졌다. 한국독립당은 "혁명적 수단으로 원수 일본의 모든 침탈 세력을 박멸하여 국토의 주권을 완전 광복하고 정치·경제·교육의 균등을 기초로 한 신민주국을 건설하여 안으로 국민 모두의 균등생활을 확보하며 밖으로 민족과 민족, 국가와 국가의 평등을 실현하고 나아가 세계가 한 집안이 되기를 지향"한다고 대외적으로 선언했다(한국독립당 당의, 1930.1).

정치·경제·교육의 균등이라는 민주적 가치를 실현할 신민주국을 건설하려는 임시정부의 바람은 해방을 몇 년 앞두고 임시정부에서 작성한 '건국강령'에서도 잘 드러난다. '건국강령'에서는 조국을 완전히 수복하고 새롭게 세울 독립국가에 "삼균제도를 골자로 한 헌법을 시행하여 정치·경제·교육이 민주적 시설로 실제상 균형을 도모하며 전국의 토지와 대 생산기관의 국유화가 완성되고 전국 학령 아동의 전수가 고등교육의 면비(免費) 수학이 완성되고 보통선거 제도가 구속 없이 완전히 실시되어 전국 각 동, 리, 촌과 면, 읍과 도, 군, 부와 도의 자치조직과 행정조직, 민중 단체와 조직이 완비되어 삼균제가 배합, 실시되고 경향 각층의 극빈 계급에 물질과 정신상 생활 정도와 문화수준을 높이어 보장"한다고 했다.

이처럼 임시정부의 지도자들이 해방 뒤 조국에 들어가 세우려고 한 새로운 조국은 정치·경제·교육의 균등을 통해 개인과 개인, 민족과 민족, 국가와 국가의 균등을 꾀하여 민주적 가치가 온전히 실현되는 국민을 위해 존재하는 국민의 국가 건설이었다.

6. 광복, 채우지 못한 민주공화의 꿈

1948년 7월 17일 제정된 '제헌헌법'에는 광복의 꿈이 오롯이 담겨 있다. 중요한 몇 개 조항만 살펴봐도 알 수 있다.

> 제1조 대한민국은 민주공화국이다.
> 제2조 대한민국의 주권은 국민에게 있고 모든 권력은 국민으로부터 나온다.
> 제3조 대한민국은 정치, 경제, 사회, 문화의 모든 영역에 있어서 각인의 자유, 평등과 창의를 존중하고 보장하며 공공복리의 향상을 위하여 이를 보호하고 조정하는 의무를 진다.

일제 강점 아래 어려운 상황 속에서 민주공화의 나라를 만들기 위해 독립운동가들이 노력하였던 내용이 그대로 잘 담겨 있다. 제헌국회 속기록에서도 이 같은 내용을 담으려는 목소리를 생생하게 들을 수 있다.

> 이 헌법의 기본 정신은 정치적 민주주의와 경제적·사회적 민주주의와의 조화를 꾀하려고 하는 데 있다고 말씀드릴 수 있겠습니다. 다시 말씀하면 불란서 혁명이라든가 미국의 독립시대로부터 민주주의의 근원이 되어 온 모든 사람의 자유와 평등과 권리를 위하고 존중하는 동시에 경제 균등을 실현해 보려고 하는 것이 이 헌법의 기본 정신이라고 말할 수 있습니다(제헌국회 속기록).

이처럼 제헌헌법에는 형식적인 민주주의가 아니라 경제적·사회적 모든 분야에서 민주주의를 담고 있고 여기에는 제도적 민주주의의 근간이 되어온 자유·평등·균등 등의 사회적 가치를 실현하고자 하는 의지가 천명되어 있다.

이 밖에도 제헌헌법 제18조에는 "영리를 목적으로 하는 사기업에 있어서는 근로자는 법률의 정하는 바에 의하여 이익의 분배에 균점할 권리가 있다"고 하였고, 제19조 "노령, 질병 기타 근로 능력의 상실로 인하여 생활 유지의 능력이 없는 자는 법률의 정하는 바에 의하여 국가의 보호를 받는다"고 하였다. 또한 제84조에는 "대한민국의 경제 질서는 모든 국민에게 생활의 기본적 수요를 충족할 수 있게 하는 사회 정의의 실현과 균형 있는 국민 경제의 발전을 기함을 기본으로 삼는다. 각인의 경제적 자유는 이 한계 내에서 보장된다"고 하였다. 오늘날 우리 사회에서 논의되고 있는 경제민주화의 내용이 고스란히 들어 있는 셈이다.

이처럼 제헌헌법은 사회 최상위에 있는 규칙, 정치적인 조직체로서의 사회를 규정하는 최고의 규범이었다. 여기에는 해방 후 새롭게 출발하는 대한민국 사회에 밑으로부터 새로운 정신을 불어넣는다는 의미가 내포되어 있었다.

그러나 이후 한국의 현실은 어떠했는가? 우리나라 현대사는 헌법에 표현된 보편 가치를 제대로 실현하지 못했을 뿐 아니라 오히려 적극적으로 부정되었다. 이승만 정권은 분단상황을 활용하여 여러 차례 헌정질서를 유린하였다. 1952년 이른바 '발췌개헌'을 통해 대통령직선제를 통과시켰고, 1954년 이른바 '사사오입개헌'을 통해 초대 대통령에 대한 중임 제한을 철폐하였다. 이승만 정권의 민권에 대한

그림 5
남산 위 이승만 동상. 임기 중에 만들어졌다는 점이나 높이 우러러 보게 만든 점 등은 이 시기 민주 원칙이 작동하지 않았다는 점과도 관련이 있을 듯하다.

인식은 한국전쟁 때 잘 드러난다. 1950년 6월 25일 북한이 침략하자 정부는 서울 사수를 계속 홍보하며 시민을 안심시켰다. 그러면서 이승만은 서울 시민을 버려둔 채 서둘러 대전으로 피난을 갔고 정부는 한강 다리마저 폭파시켜 피난길마저 끊어 버렸다. 그 뒤 이렇게 도망간 도강파들이 한강을 건너지 못한 이들을 잔류파라고 매도하면서 갖은 박해를 가하였다. 이 과정에서 어쩔 수 없이 서울에 머물렀던 수많은 시민은 '부역자'라는 딱지가 붙게 되어 말할 수 없는 고통을 겪어야 했다.

　5·16 군사쿠데타에 의해 등장한 박정희 정권은 쿠데타 자체가 헌법을 유린한 것이지만 이후 군사정권을 운영하는 과정에 '선 성장 후 분배'를 내세우며 경제개발이라는 미명 아래 국민들의 기본 인권과 생존권까지 억눌렀다. 박정희는 '3선 개헌'(1967)을 통해 권력을 연장

하고, 유신체제(1972)를 통해 1인 독재를 이어가며 헌법정신을 철저히 유린하였다. 국가에서 국민사상의 획일화를 목적으로 한 국민교육헌장, 반공표어, 반공운동회, 충효사상 등을 강요한 것을 비롯하여 풍기문란이라는 이유로 일상에서 이루어진 장발이나, 미니스커트 단속 등도 역시 헌법에서 제1의 민주적 가치로서 보장한 개인의 자유에 대한 철저한 억압이었다.

특히 유신체제에서는 헌법조차 고쳐서 국민주권을 제한하였다. 유신헌법의 제1조 제2항 "대한민국의 주권은 국민에게 있고, 국민은 그 대표자나 국민투표에 의하여 주권을 행사한다"가 그것이다. 이 조항을 근거로 실시된 반민주적 조항은 '1. 대통령 직선제의 폐지 및 통일주체국민회의의 간접선거', '2. 국회의원의 1/3을 대통령 추천으로 통일주체국민회의에서 선출(유신정우회)', '3. 대통령에게 헌법 효력까지도 일시 정지시킬 수 있는 긴급조치권 부여', '4. 대통령의 국회해산권 및 모든 법관 임명권', '5. 대통령 임기의 6년 연장과 연임 제한 철폐'였다. 조항 하나하나가 국민들의 최소한의 정치적 권리를 무시한 것으로 대통령은 삼권 위에 군림했고 종신집권도 가능하였다. 결과적으로 이 내용은 전제군주제를 넘어서는 권력의 완전한 사적 소유를 도모한 것이었다. 1979년 유신체제가 무너졌지만 1980년 신군부가 등장하면서 이 같은 억압은 계속되었다.

면면히 지속되었던 민주화운동은 헌법의 측면에서 본다면 민주와 공화의 내용을 다시 되찾기 위한 방편이었다. 1960~1970년대 지속되었던 중요한 운동의 흐름은 한일회담 반대운동, 삼선개헌 반대운동, 전태일 분신자살, 1970년대 학생과 재야의 민주화운동, 1980년 광주민중항쟁, 1987년 6월민주항쟁과 노동자 대투쟁 이후 시민운동의 전개로 이어졌다. 이러한 노력에 따라 1987년 이후 새로운 헌법이 만들어졌다.

민주화운동으로 새롭게 수정된 헌법(1987. 12. 29)은 제헌헌법처럼 민주공화국을 지향하는 염원을 잘 담고 있다. 그것은 헌법 전문을 통해 확인할 수 있다.

유구한 역사와 전통에 빛나는 우리 대한국민은 3·1 운동으로 건립된 대한민국임시정부의 법통과 불의에 항거한 4·19 민주이념을 계승하고, 조국의 민주개혁과 평화적 통일의 사명에 입각하여 정의·인도와 동포애로써 민족의 단결을 공고히 하고, 모든 사회적 폐습과 불의를 타파하며, 자율과 조화를 바탕으로 자유민주적 기본 질서를 더욱 확고히 하여 정치·경제·사회·문화의 모든 영역에 있어서 각인의 기회를 균등히 하고, 능력을 최고도로 발휘하게 하며, 자유와 권리에 따르는 책임과 의무를 완수하게 하여, 안으로는 국민 생활의 균등한 향상을 기하고 밖으로는 항구적인 세계 평화와 인류 공영에 이바지함으로써 우리들과 우리들의 자손의 안전과 자유와 행복을 영원히 확보할 것을 다짐하면서 1948년 7월 12일에 제정되고 8차에 걸쳐 개정된 헌법을 이제 국회의 의결을 거쳐 국민투표에 의하여 개정한다.

이 내용을 1948년 제헌헌법의 전문과 비교하면, 정부수립 이후 일어난 4월혁명이나 남북 간의 달라진 환경에 따른 평화적 통일의 추구 등이 첨가된 것 외는 거의 같다. 제헌헌법에 그만큼 우리 사회의 중요한 가치가 잘 담겨 있으므로 이를 이어받는 것이 최선이라고 보았던 것이다. 그렇지만 현실은 그 내용을 제대로 지켜 나가지 못하고 있다. 짧은 기간 동안 압축적으로 성장하여 경제규모로는 세계에서 높은 순위를 점하고 있지만(무역 7~8위, 국민총생산 13~14위), 정작 헌법 전문에 나타난 민주, 자유, 행복 등의 가치에서는 매우 뒤떨어진다. 정말 부끄러운 사실이지만 이를 증명하듯이 현재 한국의 노동시간, 빈부격차, 자살률, 산업재해율 등은 오랜 기간 세계적으로 1, 2위를 다투는 수준이며, 공공사회복지, 언론자유도 상대적으로 매우 낮은 수준이다.

결국, 총체적으로 한국인의 행복지수, 삶의 만족도에서 외형적인 경제규모와는 달리 매우 뒤처지고 있다. 최근 경제협력개발기구(OECD)에서 조사 발표한 '더 나은 삶의 지수'에 따르면 한국은 교육·안전은 상위권이나 삶의 만족도는 하위권이며, 특히 한국인이 각종 사회적 관계를 중시하지만 정작 어려울 때 의존할 수 있는 사람이 있다고 응답한 비율은 OECD 회원국 가운데 가장 낮았다고 한다. 전근대사회처럼 지역공동체는 차치하고 '인간사회공동체'라는 측면에서도 우리나라는 상당히 허물어져 있는 것이다.

그동안 한국사회가 보편적 가치를 무시하고 성장 위주의 정책으로 나아간 결과가 경제규모를 제외한 모든 분야에서 살기 어려운 사회를 만들었다. 세월호 참사나 메르스 확산 같은 최근 연이어 발생한 사건들, 공장이나 사회 곳곳에서 일어나는 안전사고 등은 돈을 인간보다 우선시하는 사회 속에서 나타나는 현상이다. 그 과정에서 드러나는 끝없는 부정부패의 고리도 마찬가지이다.

결국 사회 발전의 방향은 가치 지향적 정책의 실천을 위한 소통과 합의에 있다. 그 결실이 이른바 복지이다. 복지국가로 이름 높은 북유럽 사회는 대부분 사람을 중시하고 사람에 투자하고 있다. 스웨덴은 1920년경부터 복지에 대하여 끊임없이 고민하고 실험하고 행동하며 제도를 수정해 왔다. 그 결과 1960년에 들어서 현재와 거의 유사한 복지제도를 실현할 수 있었다. 여기에는 무엇보다 사람을 중심으로 한 인식과 사회적 합의로서 소통이 중요한 역할을 하였다.

사람을 중시하는 사회, 그것은 민본을 기반으로 하는 사회이고 근현대의 민주를 앞세운 사회를 가리킨다. 근래 산업화와 민주화를 마치 선택적인 것처럼 강요하기도 하지만 그건 착시효과를 노리는 것이 아닐까? 다양한 나라의 사례를 본다면 민주화 속의 산업화냐 민주화 없는 산업화냐 하는 선택인 셈이다. 우리나라가 군사정권하에서 민주주의와 산업화를 함께하지 않았다고 해서 이 둘이 대립되는 것은 아니다.

사회학자 김덕영은 강력한 국가란 "국민의 생명과 재산을 지키고 인권을 존중하고 보호하며, 국민의 복지를 증진하고, 갈등을 조정하여 사회통합을 이룸으로써 권위와 정당성을 유지하는 국가"라고 강조한다. 사람을 중시하는 사회가 민주국가이자 가장 강력한 국가라는 뜻이다. 한 문학평론가는 국민총행복지수처럼 국민총소통지수를 가지고 국가를 평가하자고 하였다. 사람을 무시하는 사회에서 소통지수가 높을 수가 없다는 뜻일 것이다.

오늘날 안보보다 더 중요한 것이 안전이라는 주장도 있다. 기존의 국가 중심의 안보 개념을 비판하고 안보를 인권의 관점에서 재해석한 여성학자 앤 티커너J. Ann.Tickner는 포괄적 안보라는 용어를 쓰면서 "국가권력과 부패 자본으로 인한 피해는 일상적·직접적으로 광범위한 살상을 낳는다. 국가보다 사람을 우선하는 안전 개념만이 국가와 사람을 살린다"고 주장하였다. 역시 사람이 중요하다는 점을 강조하고 있다.

7. 호갱이 되지 말고 갑질도 하지 말자

근래 우리 사회의 불평등한 관계를 상징하는 용어로 흔히 '호갱', '갑질'이란 용어를 많이 쓰고 있다. '호갱'은 자기도 모르는 사이에 피해를 보는 일이고, '갑질'이란 갑을관계에서 일방적으로 갑이 횡포를 부리는 불평등한 관계를 빗댄 말이다.

먼저 갑을관계를 이야기하자면 우리 사회에는 크고 작은 갑을관계가 있다. 슈퍼 갑에서 을, 병, 정 …까지 여러 단계가 있다는 점과 갑을도 항상 고정된 것이 아니라 을도 가끔은 자기보다 약한 사람에게 갑질을 하기도 하고, 슈퍼 갑이라고 일컬어지는 자도 때로는 국민 앞에서 땅에 닿게 고개를 숙이는 처지가 된다. 이때는 국민이 슈퍼 갑이기 때문이다. 정약용도 한없이 약한 소민이 때로는 높은 산처럼 슈퍼 갑이 될 수 있다는 점을 이야기하였다.

그런데 민주사회라면 국민이 항상 슈퍼 갑이다. 왜냐하면 주권은 국민에게 있기 때문이다. 그렇다고 국민이 갑질을 한다는 뜻이 아니라 국민의 민주적인 의사표현이 그만큼 중요하다는 뜻이다. 개인적으로는 남에게 갑질도 하지 말고 을처럼 굽히지도 말자는 것이다. 『목민심서』에서 보듯이 다산은 '을'을 매우 잘 보살폈는데 그것은 단순한 측은지심이 아니라 그것이 당시 가장 합리적인 사회운용 시스템이라고 판단했기 때문이다. 그런데 오늘날 우리 사회에서 갑질과 관련하여 가장 큰 문제는 자신이 갑질을 당하는 줄도 모르고 당하고 있다는 점이다. 국가정치, 경제운영에서 정보에서 소외되고 참여하지 못해 당하게 되는 불이익이야말로 가장 대표적으로 호갱이 된 셈이다. 결국 우리 사회도 갑질 하지 않고 호갱에서도 벗어나는 길은 민주라는 보편적 가치를 생활화하고 중요한 정보를 공유하면서 적극적으로 사회참여에 나서는 것뿐이다.

가끔 우리 사회에서 그래도 가장 민주적으로 운영되는 부분이 도로교통이 아닐까 하는 생각을 한다. 물론 난폭운전, 보복운전이 적지 않다. 하지만 도로교통은 열린 공간에서 이루어지기 때문에 정보를 감추기가 어렵다. 중요한 가치는 우선 그 사회에서 중요시하고 나아가 사회 속에서 실천되어야 한다. 바둑판에 돌을 놓을 줄 안다고 해서 바둑을 잘 두는 게 아니다. 돌이 가는 길을 알려면 상당한 공부라는 실천이 필요하다. 마찬가지로 민주주의를 실현하려면 이것이 지닌 가치를 알고 실천이 궁행되어야 한다.

요즘 메르스 사태와 관련하여 재미있는 글이 있었다. 2004년 영국 「메디컬 저널」에 실린 "건강에 미치는 민주주의의 효과"라는 논문에서 170개국의 자유 지표와 건강 지표의 상관관계를 통해 '민주주의가 발전한 나라일수록 건강하다'는 결론을 내렸다(정유진, 「전염병과 민주주의」, 경향, 2001. 6. 13). 아울러 전염병의 경우도 민주주의가 전염병 확산 방지에 더 효과적이라고 한다. 지금 정부의 메르스 대책이 조선시대보다 못하다고 꼬집는 것은 어쩌면 오늘날 민주에 대한 의식이 조선시대의 민본의식보다 얕고 인간에 대한 배려도 더 형편없는 탓은 아닐까?

이 점 인간을 중시한다는 면에서 민본은 조선시대의 민주이고, 민주는 근대사회의 민본이라고 말하고 싶다. 민본이 비록 유교경전에서 수용했다고 하더라도 민본은 통치자들의 일방적인 시혜로서 만들어진 것은 아니다. 통치자와 민과의 상호 관계 속에서 민본이라는 통치이념을 채택할 수밖에 없는 역사적 상황이 있었다고 본다. 물론 그러한 상황을 좀 더 합리적으로 해결하려는 입장을 견지한 통치자였기에 가능했던 점은 인정할 수 있다. 그리고 그런 민본의식이야말로 조선시대가 가진 역량이었고, 특히 민이 민본을 바탕 삼아 그들의 목소리를 냈다는 점은 더욱 중요하다. 오늘날 사회에서 민주가 최고의 가치라면 그와 비교하여 민본은 조선시대를 관통한 최고의 가치였다.

오늘날 민주라는 가치도 근대화과정에서 들어왔지만 이를 제대로 채워 나가는 것은 구성원들의 몫이다. 그렇다면 오늘날 우리 사회의 여러 복잡다단한 문제를 해결할 수 있는 방향은 민본을 채워 나간 경험을 토대로 근현대 민주의 가치를 접목하여 이 사회를 조화롭게 발전시켜 나아가는 것이 아닐까?

제8장

한국의
건강 격차와
사회적 고통

백영경 교수(문화인류학)

1. 건강, 내 한 몸 걱정을 넘어서

행복의 조건으로서 건강을 첫손으로 꼽는 사람들이 많다. 특히 나이 들어 행복한 삶을 누리기 위해서는 건강이 제일 중요하다고 한다. 각종 매체에서도 행복한 노후를 누리기 위해서 건강을 어떻게 관리할 것인지에 대한 지침이 넘쳐 나는 중이다. 그런 조언들은 보통 건강을 위해 내가 무엇을 먹고 어떤 것을 피해야 할지, 무슨 운동을 할지, 또 어떤 병에 무슨 치료와 예방법이 있는지, 어떻게 하면 오래 살수 있는지, 또 건강을 유지할 수 있는지를 알려 준다. 방송가에서도 건강에 대한 프로그램은 시청률을 올리기에 좋다고 하고, 명의를 소개하고 건강법을 알려 주는 책들도 꾸준히 인기를 얻고 있다.

그런데 건강 비결을 알려 주는 책들을 살펴보면 대체적인 특징이 있다. 건강을 내 한 몸의 건강으로 생각하고, 나아가 타고난 유전자나 체질이라는 요소를 제외하면 각자의 노력에 달린 걸로 보는 경향이다. 실제로 몸도 내 몸이요 목숨도 내 목숨이니, 건강이라는 것을 생각할 때 나를 위주로 생각하는 것은 일면 당연한 듯도 하다. 그렇지만 내 한 몸을 걱정할수록 근심만 많아지는 것 역시 부정하기 어렵다. 아무리 조심하고 관리를 잘한다고 해도 생로병사의 굴레에서 벗어날 수 없는 것이 인간의 삶이기도 하고, 또 막상 건강이라는 것이 노력만으로는 극복할 수 없는 면도 크니 말이다.

따라서 이 글에서는 왜 내 한 몸의 건강을 지키기 위해 나 자신만을 생각하는 사고에서 벗어나 우리가 함께 살아가는 세상을 돌아봐야 하는지, 그 이유를 살펴보려고 한다. 어떤 한 사람이 건강한 삶을 살거나 살지 못하게 되는 데는 단지 개인의 노력이나 운명으로 돌릴 수는 없는 사회구조적 요인이 작용함을 살펴보려는 것이다.

2. 건강 불평등과 사회적 고통

화이트헤드(Whitehead, 1990)는 부유하거나 풍요로운 사람들보다 가난하거나 불리한 위치에 있는 사람들이 질병과 장애를 가지고 있고 수명이 짧은 것처럼, 사회 집단 간 건강 결과에서 체계적으로 나타나는 피할 수 없는 차이를 '건강 불평등'으로 정의하였다. 건강 불평등을 만들어 내는 대표적인 사회적 지표로는 직업, 소득수준, 교육수준과 지역을 들 수 있는데, 한국 사회에서도 이와 같은 지표들은 중요한 역할을 하고 있다. 건강 불평등에 대한 문제의식을 건강 연구와 결합시켜 온 연구자들은 건강에 있어서 사회·경제적인 요인과 생물학적인 요인은 연결되어 있으며, 결국 사회·경제적인 격차를 가져오는 정책이 건강에서도 격차를 증대시키기 때문에, 건강을 개인의 책임으로 보기보다는 사회적인 맥락에서 연구해야 한다고 본다.

이렇게 건강문제에서 사회적인 요인을 중시하는 접근법은 현대와 같이 건강이나 불평등의 차이를 개인에게 묻는 신자유주의적 '자기책임론'이 성행하는 사회에서 더 큰 의미를 가진다. 흔히 자본주의 사회에서는 격차가 있는 것이 당연하고, 또한 격차가 생기는 것이 그러한 생활을 선택한 사람의 자기 책임이라면서 사회적 불평등을 정당화한다. 그러나 사회적 격차는 자연적으로 존재하는 것이 아니며 방조할 경우 점점 벌어지기도 하므로 사회에 존재하는 격차를 개인의 책임의 책임으로 돌리는 것은 격차 그 자체를 조장하는 것과 다르지 않다고 할 수 있다. 따라서 사회적 불평등에 대한 사회적 차원과 그 책임을 논하는 것은 불평등을 극복하기 위한 시발점이라고 할 수 있을 것이다.

건강 불평등을 논할 때 의료인류학에서 많이 사용하는 '사회적 고통'social suffering이라는 개념이 유용할 수 있다. 인류학자인 아서 클라인만Arthur Kleinman은 이 사회적 고통이 정치적·경제적·제도적 권력이 인간에게 미치는 영향에서 비롯되는 것으로서, 이들 권력이 사회문제에 대응하는 방식을 통해서 야기될 수도 있다고 주장한 바 있다(Kleinman et al., 1997/2002). 이 개념은 의료, 복지, 법, 윤리, 종교와 같이, 일반적으로 한자리에서 논의되지 않으며 서로 별개의 영역이라고 생각되는 문제들을 함께 바라볼 수 있게 해 준다. 비슷한 문제의식에서 '구조적 폭력'structural violence이라는 용어를 사용하기도 하지만, 구조적 폭력이라는 용어가 구조적 요인을 주로 강조하는 데 비해서, 사회적 고통이라는 개념은 개인적인 차원과 사회적·정치적 차원이 복합적으로 작용하는 건강문제를 바라볼 때 좀 더 유용한 측면이 있다. 즉, 건강문제의 핵심을 좀 더 잘 드러내어 줄 수 있다고 생각된다.

사실 건강이라는 문제는 흔히 개인의 문제로 치부되는 경향이 있지만 조금만 생각해 보면 고용과 노동의 문제, 가족의 문제, 환경문제, 의료체계의 문제 등 삶의 여러 영역들이 관련되어 있다는 사실 자체는 쉽게 납득할 수 있다. 따라서 건강하지 않은 상태란 한 개인의 삶에서 매우 내밀하고 사적인 영역과도 관련되어 있지만, 동시에 사회구조적인 요인과 분리해서는 생각할 수 없다는 점에서 단순히 사회적인 측면이 있다는 사실만 강조하고자 하는 것이라면 사회적 고통이라는 개념 역시 크게 새로울 건 없다고도 할 수 있겠다.

그런데 사회적 고통이라는 개념을 통해 클라인만이 가장 강조하고자 하는 바는 개인적인 걸로만 치부될 때 그 고통이 더 커질 뿐 아니라 해결도 어렵다는 점이다. 클라인만은 사회적 고통이란 한 사회의 공론의 기조나 지배적인 가치가 변화하면서 개인들이 겪고 있는 문제를 표현할 수단을 찾기 어려워질 때 더 심화되는 경향이 있다고 지적하고 있다. 건강과 질병의 문제가 개인적인 차원의 문제로 치부되다 보면 아픈 사람은 사회적 관계에서 소외되고, 명백하게 사회적인 요인이 개입되어 있는 질환에 대해서도 개인적인 불운으로만 치부될 때 아픈 개인의 고통은 배가되기도 한다. 따라서 건강하지 못한 상태나 건강 불평등이 단지 개인의 문제가 아니라 사회적인 고통으로서의 성격을 가지고 있음을 인정하고 드러내는 것이야말로 그 고통을 덜어 내는 단초가 된다.

물론 그렇다고 해서 이들의 고통이 하나의 단일한 사회적 요인을 가지고 있다는 의미는 아니다. 사회적 고통이라는 것 자체가 구조적 차원으로서 개인적 차원의 경험에 깊은 흔적을 남기고 있으며, 사회적 차원으로 환원될 수 없는 개인적인 차원이 있음을 인정하는 개념이기 때문이다. 한 사람의 건강에는 물론 개개인의 체질, 습관, 운의 문제가 작용을 하지만, 건강 불평등을 그런 차원에서만 보게 되면 건강하지 못해서 일어나는 문제들 모두가 개인사의 영역이 되고 만다. 또한 그것으로 인해 겪는 가족과의 문제, 금전적인 어려움 등 역시 단지 불운한 개인사가 될 수밖에 없을 것이다. 따라서 이러한 문제가 개인적인 영역으로 남아 있는 한, 건강하지 못해서 겪는 고통은 다른 사람들에게 '저렇게 되지 않으려면' 내 한 몸의 건강을 잘 돌봐야 한다거나, 어려울 때를 대비해서 보험이라도 하나 더 들어 놓는 것이 좋다는 생각을 강화하도록 한다. 다시 말해 개인의 문제로 경험되는 사회적 고통은 그 고통의 사회적 성격이 은폐됨으로써 고통을 한층 심화시키고 해결을 어렵게 만들게 되는 것이다. 그렇게 볼 때, 사회적 차원이 은폐되고 개인의 몫으로 남겨진 고통은 그것이 공론화되지 못하는 고통이라는 점에서 더욱 심각한 사회적 고통이라고 하기에 충분하다.

사실 현재 건강과 의료를 둘러싼 문제들 중심에는 공공의료의 붕괴가 개인들의 건강을 취약하게 만들고 미래에 대한 불안감을 가중시킬 것이라는 우려가 있다. 그런데 동시에 사회적 연대가 붕괴되어 가는 사회에서는 개인들이 합리적인 선택이라고 생각하는 것 자체가 이미 제약을 받게 되고, 이러한 상황에서 이루어지는 사소한 결정들 모두가 정치적·경제적·제도적 문제들과 관련이 있음에도 불구하고, 개인들은 자신의 선택을 그저 개인적인 선택으로서만 보는 경향이 있다. 예를 들어서 암에 걸릴 가능성에 대비해서 보험을 구매한다든지, 아이의 미래를 위해서 탯줄을 개인은행에 보관한다든지,

자궁경부암 백신을 맞을 것인가 하는 문제는 한국의 중산층이 작금에 고민하는 문제들이지만 바로 이렇게 이루어지는 선택들이 어떻게 의료 공공성 붕괴의 원인이자 결과로 작용하는지에 대해서는 성찰하기가 쉽지 않다.

따라서 이미 많은 훌륭한 논자들이 거시적인 구조의 문제로서 사회적 격차의 문제나 이로 인한 건강격차가 사회적 고통임을 입증해 왔지만, 여기서 조금 더 나아가 개인들이 일상적으로 경험하는 건강에 대한 불안이나 건강을 위한 선택들 역시도 사회적 문제의 결과이며, 동시에 의료의 공공성 훼손을 더욱 심화시키는 기제로 작용하고 있다는 사실, 다시 말해 개인의 불안이나 선택을 둘러싼 맥락 자체도 사회적 고통임을 인식할 필요가 있다.

3. 건강 불평등의 현실

그럼 한국에서 건강 불평등의 수준이 어떠한 지경인지 살펴보자. 우선 서울시를 중심으로 할 때 지적할 수 있는 것은 자치구 간 재정자주도 격차가 커지고 있다는 사실이다. 2003년에는 재정자주도가 가장 낮은 자치구와 높은 자치구 간 격차가 1.06배(2.2%포인트)에 불과했지만 2014년에는 1.27배(15.0%포인트)나 차이가 났다. 2014년 재정자주도가 가장 낮은 강서구는 43.9%였고 가장 높은 종로구는 69.9%였다. 재정자주도는 종로구·중구·강남구·서초구 등이 10여 년째 상위권을 독차지하고 있다. 강서구·노원구·은평구·강북구 등은 하위권에 자리 잡고 있다. 2014년의 경우 재정자주도가 가장 높은 자치구는 종로구(69.9%)였고, 이어 중구(67.9%), 서초구(66.5%), 강남구(65.9%) 등의 순이었다. 가장 낮은 자치구는 강서구(43.9%)였고, 바로 앞쪽에는 노원구(46.8%), 은평구(47.7%), 강북구(49.1%) 등이 있다. 재정여건 탓에 주민 1인당 건강관리를 위해 투입하는 보건예산액은 차이가 많다. 부자 자치구의 경우 상대적으로 많이 쓰는 반면 가난한 자치구들은 적게 쓰는 것이다. 중구는 1인당 6만 1,200원이고, 양천구는 2만 원으로 격차가 세 배가 넘는다. 25개 자치구 평균 보건예산액은 2만 7,400원이다. 종로구 3만 7,200원, 성동구 3만 2,400원, 강북구 3만 1,000원, 강남구 3만 600원, 마포구 3만 300원, 금천구 3만 100원, 서초구 2만 6,800원 등이 비교적 많이 지출하는 지역이었다.

이로 인해 실제 주민들의 건강은 적잖은 영향을 받고 있다. 지역 간 사망률 격차가 2001년에서 2012년 사이에 1.1배에서 1.14배로 더 커졌다. 서초(10만 명당 285.2명 사망)와 강남·송파 등 재정상태가 좋은 자치구들이 사망률이 하위권에 자리 잡고 있는 반면 중랑(10만 명당 402.2명 사망)을 비롯, 금천·강북구 등이 상위권을 차지했다. 특히 자치구 산하 동별 사망률의 격차가 컸다. 사망률이 낮은 42개 동 중 강남·서초 송파 등 강남3구에 속하는 동이 30곳으로 71.4%를 차지했다. 사망률이 높은 40개 동 중 25곳(62.5%)은 강북지역이었다. 동별 사망률의 지역 간 격차도 2005~2009년 2.72배에서 2009~2013년 4.01배로 격차가 커지고 있는 것으로 나타났다. 경제적 이유로 인해 최근 1년 사이 병원을 방문하지 못한 사람들의 비율에서도 지역격차가 커지고 있다. 강북구 6.6%가 가장 높고 영등포구가 1.0%로 가장 낮아 2.82배의 격차를 보였다. 2009년 1.67배에 비해 지역 간 격차가 더 커졌음을 알 수 있다. 우울증 진단경험률은 2009년 2.3%에서 2013년 2.6%로 늘어났으며, 자치구 간 격차는 1.43배에서 1.92배로 증가했다.[1]

이러한 불평등한 격차는 2015년 서울시가 발표한 '2012년 기준 서울시 자치구별 출생 시 기대수명' 통계에서도 다시 확인이 된다. 서초구가 83.14세로 기대수명이 가장 길고, 강남구(82.97세)와 송파구(82.55세)가 뒤를 이었다. 2012년 출생 시 기대수명이란 자치구별로 당시의 사망률이 유지된다고 가정했을 때, 2012년 출생자가 향후 생존할 것으로 기대되는 평균 기간을 의미한다. 이 기대수명은 2011년부터 2013년까지 3년간 자치구별 평균 사망률을 기반으로 계산된 수치이다. 구로구는 2001년 기대수명이 77.55세에서 2012년 81.59세로 증가폭(4.04년)이 가장 컸다. 서울시 전체 기대수명은 81.54세로, 여성(84.22세)이 남성(78.92세)보다 5.3년 더 길다. 여성은 기대수명이 가장 긴 구(84.88세)와 가장 짧은 구(83.32세)의 차이가 1.56년인 반면 남성은 기대수명이 가장 긴 구(81.42세)와 가장 짧은 구(77.47세)의 차이가 3.95년으로 상대적으로 컸다.[2]

한편 한국보건사회연구원이 펴낸 '2014 자살위험도 결정요인 및 지역 간 격차 요인분석' 보고서에 따르면 IMF 구제금융 사태 당시(1997년) 강원도 자살률은 인구 10만 명당 20.6명으로 전국 최고 수준이었다. 이후에도 자살률은 줄어들지 않는다. 1998년 28.4명으로, 2013년에는 38.5명으로 급증했다. 2013년 한 해에만 587명이 스스로 삶을 마감했다. 연령대도 20대에서 70대에 이르기까지 자살률 1~2위를 다툰다. 한국보건사회연구원은 자살률이 높은 이유에 대해 취약한 사회·경제적 구조를 꼽는다. 강원도의 경우 연평균 경제성장률이 2.8%로 전국 평균(4.1%)보다 낮고, 고령화 추세도 빠르다. 홀로 사는 노인도 매년 증가하고 있다. 이들에 대한 사회안전망도 취약하다. 경제성장률과 소득, 실업, 고용, 이혼, 출산, 고령화 등 각종 지표에서 보듯 강원도의 사회·경제적 요인이 자살을 부추기는 기제로 작용하고 있다. 통계에 따르면 농어촌 지역과 비수도권 지역, 직업이 없는 실업자 층의 자살률이 높은 것으로 분석됐다.[3]

또한 암환자의 의료기관별 의료이용을 살펴본 결과, 남녀 모두 소득수준이 높을수록 대형 상급 종합병원에서의 의료이용률이 높았다. 건강검진, 특히 암검진 수검률도 불평등이 존재해 1995년과 2001년 사이에 자궁경부암 검진의 상대불평등지수가 0.72에서 2.45로 증가해 암검진율의 불평등이 심해졌다. 이와 함께 농어촌 지역은 병·의원 미치료율이 서울을 비롯한 6대 도시에 비해 높았다. 농촌 거주자는 질병을 앓고 있음에도 병·의원 미치료율이 25.9%로 도시 지역의 18.7%에 비해 높을 뿐 아니라, 의료기관 이용 시 시간이 더 소요되고, 응급환자 발생 시 어려움을 겪었다. 전국 전문의 10명 중 3명(27.7%)이 서울에서 근무하고, 전체 의료 전문인력의 절반이 넘는 52%가 수도권에 집중되어 있다. 또한 전국 전문의 중 56.6%가 서울을 비롯한 6대 광역도시에 있고, 소도시에 38.6%, 농촌지역에는 고작 4.8%가 분포하고 있다. 농어촌 지역은 도시지역에 비해 의료기관을 이용하는 데 시간이 더 소요될 뿐만 아니라 거주지역 내 의료기관 이용률도 낮았다. 도시에서 의료기관 도착까지 소요시간이 10분 이내가 50%에 육박하고 1시간 이상 소요시간은 18.02%이지만, 농어촌 지역은 10분 이내가 28.07%, 1시간 이상은 21.05%로 나타났다. 특히 부모세대의 사회·경제적 불평등이 청소년기 자녀의 건강에 영향을 미치고 이는 향후 건강격차로 이어지며, 부모 소득이 1% 증가할 때 자녀의 건강이 매우 좋거나 좋을 확률이 1~2% 증가한 것으로 나타났다.[4]

한국보건사회연구원이 2014년 발표한 「치료를 통해 회피할 수 있는 사망률과 의료비 지출의 지역별 분포」 보고서를 통해 지역별 사망률의 격차를 볼 수 있다. 2011년 기준 우리나라 전체의 연령표준화 사망률은 인구 10만 명당 753.9명으로 경제협력개발기구(OECD) 평균 813.2명보다 낮지만, 전국 227개 시·군·구를 분류해 2008~2011년 연령표준화 사망률 추이를 살펴본 결과 지역 간 격차가 해소되지 못하거나 악화된 것으로 밝혀졌다. 연령표준화 사망률은 지역별로 편차가 큰 연령분포를 동일하게 조정해 연령 차이의 영향을 배제해 산출한 사망률 수치이다. 암으로 인한 연령표준화 사망률은 대도시 지역이 2008년 10만 명당 17.97명에서 2011년 16.88명으로 낮아진 반면, 군 지역은 2008년 22.67명에서 2011년 23.00명으로 높아졌다. 2011년 기준으로 보면 군 지역의 연령표준화 암사망률이 대도시보다 약 1.36배 높다. 감염병 사망률은 지역별 격차가 더욱 심해 대도시와 시 지역의 연령표준화 감염병 사망률이 각각 10만 명당 8.48명, 9.59명인 데 견주어 군 지역은 대도시의 2배에 가까운 16.44명이었다. 순환기계 질환 사망률도 대도시와 시 지역이 각각 35.56명, 43.32명인 데 반해 군 지역은 64.96명이었다. 대사증후군, 소화기계 질환 등으로 인한 사망률도 모두 군 지역이 대도시나 시 지역보다 높게 나타났다. 1인당 의료비 지출은 도시지역이 더 높았다. 암 의료비는 대도시에서는 1인당 4만 7,027원이었지만 군 지역에서는 3만 7,744원에 그쳤다. 질병과 사망의 발생위험이 높은 지역에 거주하는 경우에 오히려 의료서비스 이용량이 적은 '의료 제공의 반비례' 현상이 뚜렷하게 나타나고 있는 것이다.[5]

여러 가지를 종합해 볼 때 각종 자원과 인력이 집중되어 있는 서울이 우리나라에서 가장 사망위험이 낮고 건강수준이 높은 지역으로 나타나는 것은 놀랍지 않다. 하지만 서울 내에서도 지역에 따른 건강 불평등이 상당하게 나타난다는 사실에 주목할 필요가 있다. 2000~2004년의 표준화 사망률을 비교한 연구에서 서울시 25개 구별 사망률 격차가 상당하게 나타났는데, 이러한 경향은 여전히 변함이 없다고 판단된다. 사망률이 가장 낮은 구는 서초구·강남구·송파구이며, 가장 높은 구는 동대문구·강북구·금천구이다. 동대문구의 인구 10만 명당 사망률은 2,340명으로 서초구 1,772명의 132% 수준이다. 계층별 건강 불평등 또한 상당하며 근래 격차가 더 커지고 있다. 저소득층일수록, 교육수준이 낮을수록 고혈압 유병률이 높고 비만도가 높으며 우울증 경험률도 높다. 이 격차가 2005년에 비해 2009년에 훨씬 더 커지는 것으로 나타나는데, 2009년에 저소득·저학력 계층의 고혈압 유병률은 고소득·고학력 계층의 3~4배에 달한다.

또 하나 중요하게 지적해야 할 사실은 메르스 사태에서도 나타났듯이 우리나라 의료에서 고가의 상품이 아니어서 수익은 나지 않아도 시민들의 건강 유지를 위해 반드시 필요한 필수의료 제공이 미흡하다는 점이다. 시민의 일상생활과 밀접한 건강문제를 다루는 필수의료 및 재난에 대비하여 반드시 필요한 필수의료를 정의하려면 아마도 상당한 규모의 종합병원 진료내용을 거의 다 포함하여야 할 것이다. 그중 특히 의학적으로 위험이 크고 힘들고 수익이 낮은 분야로 대표적인 것이 응급의료, 분만, 어린이 진료, 감염병 진료, 정신 질환 진료, 재활치료 등이다. 응급의료기관은 24시간 응급실을 운영하는 기관으로 서울 시내에 서울대학교병원을 비롯하여 총 57개소가 있다(2010. 2). 단순 평균하면 1개 기관당 서울시민 17만 5,000명의 응급의료를 담당하는 실정이며 이마저도 분포가 고르지 않다. 즉, 영등포구에는 응급의료기관이 6개소 있으나 마포구에는 전혀 없으며, 성동·성북·강북·도봉·은평·강서·금천·서초구에는 각 1개소가 있을 뿐이다. 인구 40만 명을 넘나드는 구역에 응급의료기관이 전혀 없거나 겨우 1개소만 있다는 것은 시민생활의 안전 측면에서 크게 미흡하다고 해야 마땅하다.

4. 의료민영화와 사회적 고통

이렇게 필수의료를 약화시키고 이미 상당한 건강 불평등과 격차를 더 확대시킬 정책으로 지목되는 것이 의료민영화 정책이다. 의료민영화는 용어를 사용하는 주체나 사용 의도, 강조점에 따라서 의료선진화, 산업화, 사유화, 영리화 등 다양한 방식으로 표현되지만, 결국 핵심적인 내용은 의료서비스 부문의 소유와 운영을 민간으로 이양하는 것을 주된 내용으로 한다. 여기에 더하여 그렇게 이양받은 서비스 운영의 주된 동력을 '영리화' 즉 이윤의 창출에서 찾겠다는 것이 의료민영화의 핵심이며, 민영화는 기본적으로 대기업화, 재벌화를 의미한다. 이는 이제까지 한국 보건의료서비스가 현실적으로 영리를 추구하는 과정에서 적어도 공식적으로는 공공성을 천명해

제2부 공동체에 대한 성찰

왔던 것에 반해, 노골적으로 의료를 상품으로 인정하면서, 구체적으로는 그간 법적으로 금지해 오던 '영리법인의 허용' 및 '해외환자에 대한 유인알선 행위의 허용' 등을 공식적으로 인정하는 것을 뜻한다. 즉, 의료서비스가 1차적으로 국민건강을 위한 것임을 표방하던 데서 탈피하여, 이제 의료가 산업이고 따라서 이를 양성하여 국가의 부를 창출하는 국가 성장동력으로 삼아야 한다는 것을 당위로서 천명하는 것이다. 의료민영화에 따른 또 다른 현실적인 변화는 더 이상 보건의료정책에서 그간의 보건의료 문제의 담당 부처였던 보건복지부의 책임과 권한이 모두 축소된 것이다. 이는 보건의료의 문제를 더 이상 건강이나 복지에 대한 문제가 아니라 산업의 문제로 보면서 일어난 일이다. 이는 많은 보건의료 관련 종사자들의 반발을 초래하였고, 이에 따라 2009년 10월에는 전국에서 79개의 시민, 노동, 농민, 보건의료, 지역단체들이 모여서 '의료민영화 저지 및 건강보험 보장성 강화를 위한 범국민운동본부'를 결성하기도 하였다.

그런데 한국에서 의료민영화라는 것이 이명박 정부의 등장으로 공식화되었지만, 그 역사적 뿌리가 더 깊다는 사실을 기억할 필요가 있다. 한국의 현대 의료체계는 공공적(公共的) 성격을 표방하면서도 한편으로는 공공성 혹은 평등이라는 이념을 좌익 혹은 북한과 연결시키는 이데올로기적인 지형 속에서, 특히 박정희 시대에는 경제개발 논의나 정권의 정당성을 확보하기 위한 선전 논리에 의하여 크게 규제를 받아왔다. 이에 따라 시민사회에서는 관제적 획일성이나 규제를 탈피하고자 하는 욕구가 있어 왔고, 이는 많은 사람들이 1997년 경제위기 이후 시장 논리의 도입을 진보적인 것으로서 받아들이게끔 만드는 기반이 되었다. 국제적으로도 1980년대 이후 선진국과

개발도상국을 막론하고 벌어지고 있는 보건의료 개혁은 소비자 선택과 민간부문의 역할 확대, 시장 요소와 경쟁의 도입을 통한 공공부문의 구조조정, 보건의료 부문 재정운영 방식의 변화 등 신자유주의적인 노선에 입각해 있는 경우가 많았다. 한국에서도 보건의료 부문에 대해 신자유주의적인 정책으로 기조를 선회한 것은 2004년 노무현 정부에 의해서 이루어졌으며, 이는 사회를 선진화시킬 수 있는 방안으로서, 즉 개혁의 일환으로 제시되었다는 점에서 문제의 복잡성을 엿볼 수 있다. 노무현 정부는 2005년부터 국무총리 산하에 '의료산업 선진화위원회'를 설치하고 본격적으로 다양한 의료산업화 정책들을 만들어 냈다. 그 내용의 핵심은 채권을 발행하여 외국자본과 국내의 유동성 자본을 끌어들여 재원을 조달하며, 이들의 투자를 촉진하기 위해서 경제자유구역 내에 외국병원 설치를 허용하고 이들에게 내국인 환자의 진료까지도 허용하며, 의료기관에 수익사업을 허용하고, 그동안 유인·알선 행위를 금지해 왔던 것을 허용하며, 의료 광고를 허용하고 병의원도 인수합병이 용이하도록 법률을 개정하며, 의료관광을 활성화하기 위한 제도 개선책을 마련하는 등, 결국 대규모 자본을 투자하고 이익을 실현하는 데 유리한 방향으로 초점을 맞추고 있었다.

그러나 노무현 정권에서는 이러한 의료민영화 정책이 시민사회의 반발뿐만 아니라 정부 부처 내에서도 이견에 직면하여 강력한 추진에 어려움을 겪었다면, 이제 이명박 및 박근혜 정권에서는 정부가 강력하게 밀어붙이고 있다는 차이가 있다. 이에 따라 많은 시민들은 전 의료기관이 의무적으로 국민건강보험 요양기관으로 지정되게 되어 있는 당연지정제를 폐지하고, 결국 국민건강보험 자체를 민영화하려는 것이 아니냐는 의혹을 품었다. 2008년 6월에는 외국인 환자 유치를 위한 유인·알선 행위의 허용과 의료법인 간 합병을 허용하는 내용의 의료법 개정안이 발표되었으며, 의료법인 허용에 대해서는 정부가 애매한 입장을 취하면서도 제주특별자치도에 대해서는 허용할 수 있고, 이후 다른 지역에서도 요청이 있으면 확대하겠다는 입장을 밝혀서 의료기관의 영리법인화가 장기적인 정책기조임을 숨기지 않았다. 2009년 1월에는 '미래 한국을 이끌 3대 분야 17개 신성장동력 선정'을 하면서 고부가가치 서비스산업 부문 중 '글로벌 헬스케어'를 포함시켰고, 그 사이에 환자에 대한 유인·알선을 허용하는 의료법이 국회를 통과하여 2009년 5월 1일부터 시행되게 되었다. 2009년 5월에는 다시 '신성장동력 종합 추진계획'을 발표했는데, 여기에는 해외환자 유치 차원에서 국가인증제도의 전환과 의료분쟁조정법의 개정, 의료관광비자의 신설 등의 구체적인 내용과 함께, 국내보험사의 해외환자 유치 허용, 외국 정부, 외국계 보험회사와의 환자송출계약 추진 등의 내용 등도 포함하고 있다. 이러한 추세는 결국 2013년 12월 15일에 비영리병원 내에 영리적인 목적을 가진 자회사를 두도록 허용하기에 이르렀다.

이렇게 현재 추진되고 있는 의료민영화 정책은 국민의 건강증진보다는 시장과 영리를 지향하는 이해관계자들의 이익추구에 우선적인 목적을 두고 설계되었으며, 그 정책내용에는 소자본 의료공급자(개원의사), 사회·경제적 소외 지역이나 집단에 대한 이해를 거의 포함하고 있지 않다는 문제가 내포되어 있다. 의료채권을 발행하는 경우에 신용등급이 양호하고 브랜드 인지도가 높은 수도권의 대형병원이나 일부 네트워크 병원들은 혜택을 받을 수 있지만 기존 동네

의원은 대대적인 몰락을 감수할 수밖에 없는 상황이다. 또한 의료의 민영화로 인해 필연적으로 초래될 수밖에 없는 진료비의 상승, 의료 혜택에 대한 불평등 심화, 영리적 의료행위에 의료자원이 집중되어 벌어지는 필수의료 영역의 공백화, 인수합병의 활성화에 따른 고용 불안정 문제, 의료취약 지역의 발생, 영리적 민간의료보험이 환자를 선별적으로 가입시킴으로써 발생하게 되는 보장성 약화의 문제 등 이 예견됨에도 불구하고 이에 대한 대책은 마련되어 있지 않은 상황 이다. 그나마도 의료민영화 정책이 표방하고 있는 목표치는 대부분 과장된 것으로 드러나고 있으며, 제주에 영리병원을 설치하는 문제 역시 해외투자 자체가 난항을 겪고 있는 상황이다.

사실 의료민영화는 환자의 해외유출이나 중소 규모 병원들의 경 영난, 의료비의 지속적 상승 등 보건의료 위기에 대한 대안으로서 제시되곤 하지만, 실제로는 위기에 대한 대안이라기보다는 문제를 악화시키는 원인으로서의 성격이 더 강하다. 특히 한국에서는 영국 이나 네덜란드 등 의료민영화를 개혁으로 추진해 온 다른 나라들에 비해서 애초부터 의료의 공공성이 취약하며, 따라서 공적 영역의 비 대를 의료문제의 근원으로 제시하는 것은 애초부터 잘못됐다는 점 을 상기할 필요가 있는 것이다. 다시 말해 건강보험제도와 영리행 위 규제와 관련된 몇몇 조항을 제외하면 종합병원은 이미 영리법인 으로서의 성격을 강하게 띠고 있으며, 병원에 고용되지 않은 의사들 의 경우에는 자영업자로서의 성격을 강하게 나타낸다. 실제로 의료 인력을 배치하고 공급하는 데 있어서 의료인들에게 가해지는 제약 은 거의 없으며, 이는 각 영역에 만연한 의료 불균형과 격차로 드러 나고 있다.

결국 이러한 정책적 기조는 앞서 살펴본 건강 불평등을 해소하기는커녕 확대를 조장할 수밖에 없을 것이다. 무엇보다 정책의 목적 자체가 지역적 격차를 해소하거나 시민들에게 필수적인 의료를 제공하는 데 있지 않기 때문이다. 따라서 한국 사회에서 시민들이 가난한 동네에 사느냐 부자 동네에 사느냐, 또 개인의 경제적 능력이 어느 정도나 되는지에 따라서 겪어야 하는 건강 편익상의 차이를 사회적 고통으로 간주하고 사회적 해결을 추구할 필요가 있는 것이다.

5. 개인화된 건강 개념이 만들어 내는 악순환과 사회적 고통

물론 각 개인이 건강을 자신의 운이거나 책임이고, 따라서 스스로 돌보지 않으면 안 된다는 사고를 갖게 된 것을 모두 정부 정책의 탓만으로 돌릴 수는 없다. 우리들 자신 역시 이제까지 인간의 역사가 질병을 정복해 온 역사이고, 현재 인간들이 앓고 있는 불치의 질병들을 언젠가는 획기적인 신약이나 새로운 치료법이 개발되어 해결해 줄 수 있을 것이라고 믿는 경향이 있다. 그런데 동시에 국가가 제공하는 공공의료가 이러한 획기적인 신약을 누구나 감당할 수 있는 가격으로 제공하는 것은 가능하지 않다는 것 역시도 알고 있다. 따라서 개인들은 자신의 미래에 있을 수도 있는 위험에 대비하기 위하여 개인적으로 보험에 가입하게 되며, 영리를 목적으로 하는 민간보험의 확대는 국민건강보험 재정의 건전성을 해치는 한편, 정작 1차 의료의 영역보다는 노화방지, 비만치료 등의 부차적인 영역을 중심으로 의료 인력과 자원이 재편되는 역기능을 초래한다.

다시 말해, 나의 건강에 대한 불안과 내가 누릴 수 있는 공적인 의료에 대한 불신은 민간보험을 강화시켜서 의료의 공공성을 더욱 약화시킬 뿐만 아니라, 그러한 불안감에서 하게 되는 건강검진, 제대혈(탯줄)이나 지방줄기세포 보관, 혹은 암 백신 접종 등은 의료영역을 더욱더 왜곡시키는 악순환을 가져온다.

외국에서 환자를 유치하는 것이 무엇이 문제인가라고 생각할 수도 있지만, 한국의 큰 종합병원들이 앞다투어 유치하는 건강검진 환자들은 대부분 재외 한국동포들이다. 이들은 종종 한국 체류기간 동안만 건강보험 자격을 회복하여 건강보험 혜택을 받음으로써 건강보험 재정을 악화시키는 원인이 되기도 하며, 고가의 의료장비와 의료인력이 본래 목적했던 환자가 아닌, 이들 수검자들에게 우선적으로 투입되고 있다.

제대혈 보관의 경우 개인화된 건강 개념은 공공 제대혈 은행을 통해서 사회구성원 전체가 필요할 때 쓸 수 있는 방식보다는, 내 아이나 가족만을 위한 것이 됨으로써 고액의 비용을 지불하게 만든다. 사회 전체로 보면 공공 제대혈 은행의 위축을 가져와서 결국 필요할 때 제대혈을 구할 수 없게 만들고, 이는 다시 사람들로 하여금 나의 미래는 내가 대비하지 않으면 안 된다는 사고를 굳히게 만들며, 결국에 가서는 경제적 격차가 건강격차로 이어지게 만드는 기제로 작용하게 된다.

암 백신의 경우에도 최근 관심을 받고 있는 자궁경부암 백신, 정확하게는 인간유두종바이러스HPV 예방백신의 경우 자궁경부암을 예방해 주는 것으로 알려지면서 미국뿐만 아니라 한국에서도 산부인과학회를 중심으로 건강보험으로 모든 여성들에게 접종할 수 있게 해달라는 로비가 강하게 이루어지고 있다. 이 백신 자체가 비용 대비 얼마나 효과가 있는가 하는 것도 물론 따져 보아야 할 문제이지만, 한국에서의 문제점은 무엇보다 저출산과 낮은 보험수가로 인하여 분만을 기피하고 있는 작금의 산부인과 분야가 자궁경부암 백신의 보급에서 수익의 활로를 찾고 있는 상황처럼 필수의료의 축소와 함께 나타나는 현상이다. 백신 접종 자체는 개인적으로 선택할 수 있는 문제일 수도 있으나, 한 사이클을 접종받는 데 약 80만 원가량의 비용이 드는 자궁경부암 백신을 일부 구매력이 있는 여성들만 맞게 되는 것도, 아니면 사회적 형평성을 위해 건강보험 재정으로 지원을 한다는 것도 모두 나름의 문제를 안고 있다. 그런데 더 큰 문제는 자궁경부암을 예방하기 위해서 더욱 필요하고 백신을 맞는다고 해도 반드시 필요한 검진과정으로서 값싼 표본검사 혹은 스미어 테스트smear test와 같이 이윤 창출에 도움이 되지 않는 필수적인 의료서비스를 제공할 수 있는 병의원 및 보건소는 점점 줄어든다는 사실이다. 자궁경부암 백신 문제에 대한 모든 논의는 효과에 집중되어 있을 뿐, 백신이라는 의학적 처치가 더 이상 공중보건의 관점에서 이루어지는 예방적 조치가 아니라 개인화된 불안을 동력으로 하는 상품이 되어 버렸다는 사실을 지적하는 사람들은 많지 않다. 결국 정부가 돈이 되지 않는 1차의료를 방기하는 동안 동네에 있는 1차의료 기관들의 경우 숫자도 줄어드는 추세에 있지만, 설령 존재한다고 해도 비만관리나 줄기세포 치료, 혹은 키 크는 약 등 고가의 건강보조제들을 판매하는 등에 혈안이 되어 가고 있다. 결국 하나의 문제가 또 다른 문제를 낳는 악순환의 구조가 이미 자리 잡고 있는 것이다. 여기에 한미 자유무역협정(FTA) 이후에 강화되고 있는 의약품 특허의 문제, 의료인력의 해외유출 및 간호인력의 부족 문제 등이 겹치면 건강한 사회를 만들기 위한 노력이 난망해 보이는 것도 사실이다.

그럼에도 글을 맺으면서 강조하고 싶은 것이 있다면, 우선 첫째로는 불평등한 사회가 낳은 건강격차 문제와 함께 개인들이 소구하는 건강증진 행위나 건강에 대한 염려들도 사회적인 맥락에서 바라볼 필요가 있다는 사실이다. 신자유주의는 의료서비스뿐만 아니라 장기 의식을 비롯하여 생명공학 발전에 힘입은 새로운 치료법 등 의료와 관련하여 상품화될 수 있는 영역을 무한대로 확장해 놓았다. 규제를 회피하기 위한 해외원정 줄기세포 치료나 대리모 등의 생식관광에서도 보듯이 의료의 상품화가 전 지구적으로 가속화되고 있는 것이 현실이다. 이러한 상황에서 건강에 대해 가지는 불안의 사회적 맥락이나 건강을 위해서 하는 행위들을 개인적인 고통에 대한 자연스러운 대응으로 보아서는 악순환의 고리를 끊기 어렵다.

그러므로 우리 사회에서 사람들이 태어나서 나이 들고 병들어 죽는 과정을 개인의 욕망에만 맡기지 않고 사회적 고통으로서 포착하는 일은 여러모로 중요하다. 우선은 어떻게 살고 어떻게 죽는 것이 좋은 삶인가라는 개인적인 성찰 차원에서도 중요하다. 나아가 결국 아프고 죽을 수밖에 없는 모든 인간들의 문제를 어떻게 해결할 것인지의 차원에서도, 건강과 의료의 문제는 사회의 긴급한 정치 문제가 되어야 한다. 그러기 위해서는 우리가 겪는 건강 문제가 사회적 고통이라는 것을 인지하고 현실의 변화를 이끌어내려는 노력이 무엇보다 시급하다.

또 한 가지는 일반적인 건강 담론에서는 흔히 죽기 싫고 오래 살고 싶어하는 인간의 이기적인 욕망을 자연스럽고 본능적인 것으로 이야기하곤 하지만, 인간이라는 존재가 그렇게 단순하지만은 않다는 점이다. 인간이면 누구나 자기 한 몸의 안녕과 장수를 바라는 마음이 없는 건 아니겠지만, 인간은 동시에 사람다운 삶과 가치 있는 삶을 꿈꾸는 존재이다. 따라서 건강하게 오래 산다는 것은 더불어 사는 좋은 삶의 '결과'가 되어야지, 그 자체가 목적이 되어서는 공허하다. 또한 마지막까지 최선을 다한다면서 고가의 연명치료 끝에 중환자실에서 삶과 작별하는 것이 과연 인간답고 품위 있는 죽음인지도 생각해 볼 필요가 있다.

제9장

권력과 젠더의 사회문화적 문제, 성희롱의 대처

김엘림 교수(사회법, 젠더법학)

요즘 들어 부쩍 뉴스에 '성희롱' 관련 사건이 많이 보도되고 있다. 최근에도 고위직 정치인들이 공무 중에 또는 골프장에서 성희롱을 하여 고소당한 사건, 여성근로자가 대기업 부서장의 성희롱 사실을 회사에 알렸다가 대기발령 등의 불이익을 당하자 법정 싸움을 벌였다가 승소 후 퇴사하고 법학전문대학원 출신의 변호사가 된 사건, 유명한 대학의 교수가 여학생들을 상습적으로 성희롱하여 학교에서 파면당하고 재판에서 실형을 선고받은 사건, 여성장교가 상급자의 지속적인 성희롱을 견디다 못해 자살한 사건, 스포츠 지도자가 여성 운동선수들을 성희롱한 사건 등이 보도되어 사회적 주목을 받았다.

　그리하여 성희롱이 무엇인지, 성추행이나 성폭력과 어떻게 다른 것인지, 성희롱의 본질과 문제는 무엇이며 왜 자주 발생하고 근절되지 않는 것인지, 법은 성희롱에 어떻게 대처하고 있는지 등에 관한 사회적 관심이 높아지고 있다.

　이 글은 성희롱을 단순히 개인의 성적 일탈로 발생하는 문제가 아니라 권위주의적이고 가부장적인 사회문화에서 권력과 젠더의 문제가 복합되어 발생하는 사회구조적인 병폐로 보는 관점을 가지고 성희롱의 개념과 본질 및 문제, 법적 대처의 현황과 한계, 성희롱을 방지하기 위한 방안에 관하여 논의한다.

1. 성희롱이란 무엇인가

성희롱의 기본요건과 유형

성희롱이란 국제사회에서 통용되고 있는 'sexual harassment'라는 용어의 번역어이다. 성희롱의 개념을 규정한 여러 나라의 법과 판례를 살펴보면, 표현은 다소 다르지만, '(고용, 교육 등의) 업무와 관련하거나 지위를 이용하여', '상대방이 원하지 않는(환영하지 않는) 성적인 언동(성적 성질을 가지는 말이나 신체적·시각적 행동)'을 하여, '상대방에게 인권침해 등의 부당하고 불리한 피해를 주는 행위'라는 세 가지 요소를 공통된 기본요건으로 한다(김엘림, 2015: 4~24).

성희롱의 유형에는 업무와 관련하거나 지위를 이용하여 상대방이 원하지 않는 성적인 언동을 하여 성적 굴욕감이나 혐오감을 느끼게 하고 업무환경을 악화시키는 환경형 성희롱, 성적 언동에 따르면 업무상 이익을 주겠다고 제안하는 조건형 성희롱, 성적 언동을 거부하였다는 이유로 불이익을 주는 보복형 성희롱이 있다

성희롱과 성폭력·성추행의 관계

성폭력이란 성적 언동을 수반한 폭력행위로서 피해자에게 육체적·정신적 손상이나 고통을 주고 인권을 침해하는 행위를 말한다.

강간, 강제추행이 그 대표적 행위이며 형사법으로 처벌되는 행위들이 많아 성폭력은 흔히 성폭력범죄와 같은 의미로 사용되는 경우가 많다. 언론에서 말하는 성폭력이나 성폭행이란 보통 강간을 의미하고, 성추행이란 강제추행을 의미하는 경우가 많다.

그런데 성희롱은 '상대방이 원하지 않는 성적인 언동'을 하여 '상대방에게 인권침해 등의 부당하고 불리한 피해를 주는 행위'라는 것을 기본요건으로 하는 점에서 성폭력과 공통점이 있다. 다만, 성희롱은 '업무와 관련하거나 지위를 이용하여'라는 것을 기본요건으로 하는 특성이 있다. 그러므로 성희롱은 업무 관련성이 있는 성폭력이라고 할 수 있다. 즉, 강간이나 강제추행 등의 성적 언동이 업무와 관련하거나 지위를 이용하여 행하여지면 성희롱이 된다. 또한 성희롱은 형사처벌의 대상이 되는 성폭력범죄뿐 아니라 형사처벌의 대상이 되지 않는 성적 농담과 같은 비교적 경미한 성적 언동을 포함하는 점에서 성폭력범죄보다 범위가 넓다. 그러므로 성희롱을 성폭력, 성폭력범죄보다 경미한 성적 언동으로 여기는 것은 타당하지 않다.

2. 성희롱의 본질과 문제는 무엇인가

성희롱과 권력의 남용문제

성희롱은 주로 사업장이나 학교, 군대, 스포츠계에서와 같이 권위주의적 위계질서가 강한 곳에서 지위가 높고 권한이나 권력을 가진 사람들이 취약한 지위를 가진 사람들을 대상으로 발생하는 경우가 많다. 즉, 사업장에서는 사용자가 근로자 특히 고용이 불안정하고 재계약이나 정규직으로의 전환이 절실한 비정규직을 대상으로, 학교에서는 교사나 교수가 학생을 대상으로, 군대에서는 사단장이나 대장 등의 상사가 부하장교나 사병을 대상으로, 스포츠계에서는 코치 등의 지도자가 훈련을 받는 선수들을 대상으로 성희롱하는 경우가 많다.

그런데 사업장에서 사용자는 근로자의 채용과 근로조건(해고 포함) 여부를 결정하거나 그 결정에 상당한 영향력을 행사할 수 있는 사람이며, 근로자에게 지휘명령을 하여 노동력을 제공받고 그 대가로 임금을 지급해야 하는 의무 외에 근로자가 건강하고 안전하게 그리고 인권을 존중받으며 일할 수 있도록 해야 할 의무를 가진다. 그러므로 사용자가 근로자에게 성희롱을 하는 것은 권력을 남용한 행위이다.

학교에서 교수와 교사는 학생들에 대하여 교육을 통해 인격과 실력을 갖추도록 지도해야 하며 학생지도의 일환으로 시험출제나 성적평가, 장학생 선발이나 상급학교 진학·취업의 추천 권한을 가진다. 그러므로 교사나 교수가 학생을 대상으로 성희롱을 하는 것은 권력을 남용한 행위이다.

군대에서 상사는 사회와 격리된 공간에서 훈련을 받고 생활하는 하급자들을 보호, 지휘·통솔하고 군복무를 잘 할 수 있도록 지도해야 하는 책무를 가진다. 그러므로 상사가 부하장교나 사병을 대상으로 성희롱하는 것은 권력을 남용한 행위이다.

최근 지위가 높거나 부유한 사람들이 상대적으로 취약한 사람들에게 권력을 남용하여 인격을 무시하고 함부로 대하는 소위 '갑질'이 크게 사회문제가 되고 있다. 성희롱은 성적 언동에 의한 '갑질'에 해당한다. 그러므로 성희롱은 '권력형 성폭력'(서울대학교 여성연구소·인권

센터, 2015: 1~3, 27~40, 41~42), '우월적 지위를 이용한 성범죄'(경찰청·
한국여성변호사회·전국성폭력상담소협의회, 2015: 22, 53)에 해당된다. 성희롱
피해자들이 성희롱에 즉각적으로 거부하지 못하고 성희롱이 쉽게
근절되지 못하는 것은 권위와 위계질서를 중시하는 권위주의적 조
직 풍토와 사회문화가 뿌리 깊게 유지되고 있기 때문이다.

성희롱과 젠더의 문제

젠더gender란 남성과 여성 등의 성의 정체성이나 관계에 대한 이
해를 의미한다. 남성과 여성, 성차별, 성희롱, 성폭력, 성매매란 용
어에서 '성'에는 생물학적인, 사회문화적인, 성적인 의미가 복합되어
있다. 생물학적인 의미의 성이란 섹스sex라고 하는데 여성이 남성에
게 없는 임신·출산·수유·생리하는 모성기능을 가지는 것, 남녀의
생김새나 신체적 조건의 차이와 같은 신체적·생리적 특성으로 구분
된다. 사회문화적인 성이란 성별(좁은 의미의 젠더)이라고 하는데 '남성
다움', '여성다움'이란 말에서 표현되는 바와 같이 남성과 여성에 대
한 사회문화적인 평가를 말한다. 가부장적 사회에서는 성별에 따라
기질과 역할·능력·태도에 차이가 있으며 남성은 사회적 활동, 여성
은 가사노동담당자에 적합한 기질과 능력이 있다고 보는 사회적 통
념(전통적 성별 역할분업관 또는 성별 특질론)을 기초로 남성과 여성의 사회
문화적 정체성을 구분하는 경향이 강하다. 성적인 의미의 성이란 성
애sexuality(섹슈얼리티)라고 하는데 성적sexual인 욕망과 이를 표현하
는 행동이나 반응을 포함하여 성적인 측면에서 남성과 여성을 평가
하는 것을 말한다. 가부장적 사회에서는 남성은 성욕이 강한 속성을

가지므로 어떠한 방법으로든 성욕을 해소하지 않으면 개인적·사회적 문제가 발생하고 성희롱, 성폭력, 성매매는 성욕을 해소하기 위한 불가피한 방법이라고 보는 사회적 통념이 강하다. 반면, 여성은 성적으로 순결, 정숙해야 하고 남성보다 적극적이어서는 안 되며 남성의 성적 행위를 이해하고 남성에게 성적 서비스를 잘해야 한다고 보는 사회적 통념(전통적 성윤리기준)을 기초로 남성과 여성의 성적 정체성을 구분하는 경향이 강하다. 그런데 섹스, 성별, 성애는 명확히 구분되는 것이 아니라 상호 연관, 복합되어 남성, 여성에 대한 이해를 형성한다. 이러한 점을 감안하여 UN은 1995년에 채택된 「세계여성행동강령」에서부터 이 세 가지를 통합하여 넓은 의미의 젠더라는 개념을 사용하였고, 그 영향으로 국제사회에서는 남녀(양성)평등은 'gender equality'라는 용어로 통용되고 있다(김엘림, 2013b: 15~16; 배은경, 2011: 23~48).

그런데 가부장적 사회에서 성희롱 행위자의 절대다수는 남성이며 피해자의 절대다수는 여성이다. 이것은 권위주의적 사회와 가부장적 사회에서 지위가 높고 권력을 가진 사람들이 주로 남성이라는 사회구조를 말해 주며 또한 여성의 성애에 대한 전통적 통념에서 여성을 성적 대상화하는 경우가 많다는 것을 의미한다. 그러므로 성희롱은 권위주의적이고 가부장적인 사회문화에서 권력과 젠더의 문제가 복합되어 발생하는 문제라 할 수 있다.

성희롱과 성차별의 관계

젠더의 문제는 크게 젠더에 기반한 차별(성차별)과 폭력의 문제로 구체화된다(김엘림, 2013b: 20~21, 59~90, 277~403). 성차별이란 합리적 이유 없이 남성 또는 여성 등에게 성을 이유로 불이익을 주어 평등권을 침해하는 행위를 말하는데 가부장적 사회에서 성차별의 대상은 주로 여성이다(김엘림, 2013: 4~16, 52~53, 396~416).

그런데 1970년대 말경부터 미국 여성주의자(페미니스트)들은 남성우위의 위계질서가 강한 사업장에서 남성들이 성적인 언동으로 여성들을 괴롭히고 불이익을 주는 현상을 표현하기 위해 'sexual harassment'라는 용어를 고안하고, 이것은 여성에 대한 성차별이자 성폭력이라고 주장하였다. 성희롱을 고용상의 성차별을 금지한 「민권법 제7편」을 위반한 행위라고 주장한 대표적인 여성법학자인 맥키논Catharine A. MacKinnon은 성희롱은 여성이 남성에 비해 사회경제적으로 종속적 지위를 가지는 가부장적 사회에서 여성을 남성의 성적 욕망에 순응하는 존재로 보는 섹슈얼리티에 관한 사회적 통념을 배경으로 성적 대상화하여 여성에게 불이익을 준다는 점에서, 또한 동일한 조건에 있는 사람을 동일하게 대우해야 하는데 성희롱은 남성에 비해 여성에게 성적인 부담을 부과하여 동일한 조건의 남성보다 합리적인 이유 없이 불리한 상황에 처하게 하는 점에서 성차별에 해당된다고 주장하였다(Catharine A.MacKinnon, 1979: 174~184). 미국의 법원과 연방행정기구인 고용기회평등위원회(EEOC)는 이러한 주장을 수용하여 성희롱을 성차별의 일종으로 보고 판결을 내리거나 성희롱에 관한 지침을 만들었다. 그 영향으로 캐나다, 우리나라를 포함한 많은 국가의 차별금지법이나 인권법도 성희롱을 성차별의 일종으로 규정하고 있다.

성희롱과 젠더폭력의 관계

폭력은 주로 권력을 가지거나 신체적 힘이 강한 사람이 취약한 지위에 있거나 신체적 힘이 약한 사람에게 행사되어 신체적·정신적·심리적·재산적 손상과 고통을 준다. 젠더폭력이란 가부장적 사회문화와 남녀불평등한 관계에서 젠더에 기반하여 남성과 여성 사이에 발생하는 폭력을 말하는데 성희롱, 성폭력, 가정폭력, 성매매 등이 그 대표적 유형이다. 그런데 젠더폭력 피해자의 절대다수는 여성이다.

UN은 이러한 사실을 감안하여 1993년 12월에 총회를 개최하고 「여성에 대한 폭력철폐선언」을 만장일치로 채택하였다. 이 선언은 성희롱과 성폭력, 가정폭력, 강제적 성매매를 '여성에 대한 폭력행위'의 대표적 유형에 포함시키고, '여성에 대한 폭력'은 남녀불평등한 관계에서 발생하여 여성의 종속적 지위를 심화시키며 여성의 인권을 침해하므로 「여성에 대한 차별철폐협약」에서 말하는 '여성에 대한 차별'에 해당된다며 각국에 대책을 촉구하였다.

성희롱의 피해자에 대한 문제

이와 같이 권위주의적 사회와 가부장적 사회에서 권력과 젠더의 문제가 결합하여 발생하고 성차별과 젠더폭력의 일종인 성희롱은 피해자에게 인권을 침해하는 피해를 준다. 특히 인간의 존엄과 가치를 보장받고 행복을 추구할 권리, 차별을 받지 않고 평등한 대우를 받을 권리, 원하지 아니하는 성적 언동을 받지 않고 자율적으로 성적 언동을 할 성적 자기결정권, 정당하게 대우받으며 일할 근로자의 노동권, 교육을 받을 학생의 학습권 등을 침해한다.

성희롱의 피해자가 입는 피해는 성희롱의 행위자와 같은 사업장이나 학교, 군대 등에서 일상적으로 대면할 수밖에 없기 때문에 다른 성폭력범죄의 경우보다 가중된다. 즉, 다른 성폭력범죄의 피해자는 가해자를 피할 수 있지만, 성희롱의 피해자는 근로나 학업, 군복무를 스스로 그만두지 않는 한 성희롱의 행위자와 묵인자들을 피하기 어렵다. 그런데 성희롱의 피해자는 주로 하급자들이고 행위자는 상급자인 사업장과 군대에서 피해자들은 무력감이나 굴욕감, 스트레스를 심하게 받게 되고 근로나 군복무에 대한 의욕과 수행능력을 상실하거나 지장을 받게 된다. 학생들은 교육을 담당하며 존경과 신뢰의 대상이 되는 교수와 교사가 성희롱의 행위자가 될 때 심한 충격을 받고 학업에 지장을 받게 된다. 대학교의 경우 교육체계상 학생은 일정한 과목을 이수해야만 졸업을 할 수 있는데 그 과목의 담당교수가 성희롱의 행위자이거나 혐의자인 경우에 피해자 또는 신고자는 어쩔 수 없이 그 수업을 받아야 하므로 피해자가 입는 피해는 더욱 심각하다. 그리하여 다른 사람들 눈에는 경미하게 볼 수 있는 성희롱임에도 피해자가 자살하거나 우울증에 걸리는 사건도 이러한 배경에서 발생한다.

최근 성희롱의 피해의 심각성을 감안하여 고용과 관련하여 발생한 직장 내 성희롱을 업무와 관련하여 발생한 산업재해로 인정하자는 논의와 입법례들이 등장하고 있다. 근로복지공단은 2011년 11월, 여성비정규직이 사장과 관리직으로부터 수시로 언어적 성희롱을 당하여 입은 정신불안, 우울증과 같은 정신적 피해를 업무상 질병으로 최초로 인정하여 산업재해보상보험급여를 지급하였다. 또한 2015년

4월에는 고객의 잦은 성희롱, 욕설과 열악한 근무환경 탓에 우울증을 앓게 된 KTX 여승무원에 대해서도 산업재해를 인정하였다.

그런데 성희롱 피해자는 권위주의적인 위계질서에 순응하고 조직을 보호하려는 사람들에 의해 2차적 피해를 입게 되는 경우가 많다. 즉, 피해자가 성희롱 피해사실을 드러내고 시정을 요구하였다가 업무상 불이익을 당하거나 따돌림을 당하는 경우, 주위로부터 처신을 제대로 못해 성희롱을 유발시켰다거나 별것도 아닌 행위에 과민반응을 보인 것으로 비난받는 경우, 조직에 부적합한 사람으로 평가되어 피해자가 사직하거나 자퇴하는 경우도 종종 발생한다.

성희롱의 행위자와 혐의자에 대한 문제

조직의 위계질서를 중시하는 권위주의적 사회에서 개인의 인권을 중시하는 민주주의 사회로 이행하는 과정에서 괄목할 변화 중의 하나는 종전에는 성희롱, 성폭력 등의 인권침해를 당하더라도 행위자와 조직의 권위에 눌러 문제를 제기하기 어려웠던 근로자, 학생, 군인들이 사용자, 교수와 교사, 상급자들의 성적 언동을 참지 않고 공개적으로 문제 삼는 경우들이 상당히 많아지고 있다는 사실이다. 종전에는 성적인 피해에 대하여 사회뿐 아니라 피해자조차 드러내지 않으려는 경향이 강했지만 이제는 성희롱, 성폭력의 문제를 개인의 성적 일탈에 의한 개인적 문제가 아니라 국가가 적극적으로 개입해 방지, 처리해야 하는 사회적 문제로 인식하는 경향이 강해지고 있으며, 피해자들을 돕기 위해 노동단체, 여성단체 등의 시민단체들이 사건에 개입을 하는 경우가 많아지고 있다

그리하여 피해자와 시민단체 등에 의해 성희롱 행위자 또는 혐의자로 지목되면 조직의 내외에서 심한 도덕적 비난이나 명예 손상을 당하고 가정생활이나 사회생활을 원만히 지속하기 어렵게 된다. 또한 성희롱 행위자는 해고 그 밖의 징계조치를 당하고 고소, 고발, 진정 또는 소송을 당하여 벌칙을 받거나 피해자에 대하여 손해배상도 해야 하는 법적 책임을 부담해야 한다. 대학교수들이 성희롱의 행위자와 혐의자로 지목되어 대학에서 징계를 당하면 교원소청심사위원회에 재심사를 청구하거나 대학을 상대로 징계처분의 취소를 요구하는 소송을 하거나 피해자에 대하여 명예훼손을 하였다며 손해배상을 청구하거나 고소하는 사례들이 많은데, 이로 인해 당사자들은 길고 힘든 법정싸움을 해야 한다. 2010년 10월에 유명 대학의 교수가 여성조교를 성희롱했다는 혐의를 받고 학내 양성평등센터로부터 징계요구 결정을 통보받은 후 억울하다는 내용의 유서를 작성하고 자살하는 사건도 발생하였다.

성희롱의 발생조직과 사회에 대한 문제

사업장, 학교, 군대, 스포츠계에서 성희롱문제가 발생하면 악영향이 당사자나 구성원에 그치지 않고 조직에도 상당히 미친다. 즉, 피해자와 행위자 나아가 조직 구성원들 사이에 갈등이나 분쟁이 발생함으로 인해 조직의 운영은 상당한 지장을 받고 대외적 신뢰도가 크게 저하된다. 또한 성희롱의 조사와 처리에 상당한 시간과 비용, 인력의 소모가 발생하고 조직의 장(사업주, 교장이나 총장, 군사령관이나 국방부장관 등)은 구성원의 불법행위에 대한 손해배상책임과 아울러 성희롱 방지 의무를 위반한 채무불이행에 따른 법적 제재를 감수해야 한다. 교수가 학생이나 조교 등의 직원에 대하여 성희롱을 하면 교육문제와 노동문제, 인권문제가 복합적으로 얽혀 대학은 고등교육기관, 지성의 전당으로서의 기능이나 신뢰도를 상실하게 된다. 실제 성희롱이 발생한 많은 대학에서 학생들이 수업을 거부하고 시민단체와 연대하여 항의집회를 하거나 언론에 알리는 사태가 발생하였고 진정이나 소송 등 법적 분쟁에 당사자뿐 아니라 대학도 휘말려야 했다.

이와 같이 성희롱은 피해자뿐 아니라 행위자와 혐의자, 사업장·학교·군대·스포츠계와 같은 조직에 미치는 악영향이 크다. 그러한 악영향은 당연히 사회의 발전에 저해요인이 된다. 그리하여 많은 국가에서 성희롱을 예방하고 행위자를 제재하여 재발을 방지하며 피해자를 보호하기 위한 조치들을 하고 있다. 미국의 법원은 성희롱을 사회의 정의와 공정성을 해치는 반사회적 행위로 보고 행위자와 그 사용자인 조직에 대하여 실제 손해보다 손해배상액을 훨씬 많이 부과하는 징벌적 손해배상을 내리고 있다.

3. 법은 성희롱에 어떻게 대처하고 있는가

우리나라에서 성희롱은 서울대에 조교로 근무하던 여성이 교수의 성적 언동을 거부하였다는 이유로 해임 등의 불이익을 받았다며 1993년 10월에 손해배상소송을 제기한 것을 계기로 법적 논의의 대상이 되기 시작하였다. 여성주의자(페미니스트)들과 여성단체, 시민단체들은 정부와 국회에 성희롱을 방지하고 피해자를 보호하기 위한 특별법의 제정을 요청하였다.

성희롱에 관하여 최초로 반응을 보인 법은 1995년 12월 말에 제정된 「여성발전기본법」이다. 이 법은 "국가·지방자치단체, 사업주는 성희롱의 예방 등 평등한 근무환경을 조성하기 위하여 필요한 조치를 하여야 한다"라는 조항을 마련함으로써 '성희롱'을 법률용어로 만들었고 성희롱을 방지하기 위한 정책을 수립·실시할 법적 근거를 마련하였다. 그 후 1998년 2월에 대법원이 서울대 교수의 여성조교에 대한 성희롱을 인정하는 판결을 내리자 성희롱에 구체적으로 대처하기 위한 입법이 추진되었다. 그리하여 1999년 2월에 개정된 「남녀고용평등법」은 고용과 관련하여 발생하는 성희롱을 '직장 내 성희롱'이라 명명하고 그 개념과 예방교육, 사업주의 성희롱 방지조치, 행위자에 대한 제재와 피해자에 대한 보호규정을 마련하였다. 또한 고용, 교육, 재화·시설·용역 등의 제공과 이용, 법과 정책의 집행에서 발생하는 성차별과 성희롱을 규제하고 피해자의 권리를 구제하기 위해 1999년 2월에 제정된 「남녀차별금지 및 구제에 관한 법률」은 "성희롱을 성차별로 본다"는 것을 명시하였고 국가기관, 지방자치단체, 각급 학교, 공직유관단체들과 같은 공공기관의 장이 성희롱의 방지를 위해 해야 할 조치들을 규정하였다.

그런데 「남녀차별금지 및 구제에 관한 법률」은 차별에 관한 구제업무를 국가인권위원회로 일원화한다는 참여정부의 정책으로 2005년 6월에 폐지되었고, 「여성발전기본법」은 시행된 지 20년 만인 2015년 7월부터 「양성평등기본법」으로 대체되었다.

그리하여 현재 성희롱 관련법에는 「양성평등기본법」, 「국가인권위원회법」, 「남녀고용평등과 일·가정 양립 지원에 관한 법률」(이하 「남

녀고용평등법」이라 한다), 공무원과 교육공무원의 징계에 관한 규칙 등이
있다.

성희롱의 개념에 관한 규정

「남녀고용평등법」은 일반사업장에서 남녀근로자 간의 차별을 금
지하고 고용평등을 도모하는 것을 주된 목적으로 한다. 이 법은 '직
장 내 성희롱'을 '사업주·상급자 또는 근로자가 직장 내의 지위를 이
용하거나 업무와 관련하여 다른 근로자에게 성적 언동 등으로 성적
굴욕감 또는 혐오감을 느끼게 하거나 성적 언동 또는 그 밖의 요구
등에 따르지 아니하였다는 이유로 고용에서 불이익을 주는 것'(제2조
제2호)으로 정의하고 있다. 이 법의 시행규칙은 성희롱이 될 수 있는
육체적·언어적·시각적·성적 언동의 사례를 예시하고 있다. 그런데
이 법은 직장 내 성희롱의 행위자를 '사업주, 상급자, 근로자'라고 규
정하여 고객이나 거래처 관계자 등 업무와 밀접한 관련이 있는 사람
이 사용자 또는 근로자에게 한 성적 언동도 성희롱에 해당되는지에
관하여 논란을 발생시키고 있다.

한편, 「국가인권위원회법」은 국가인권위원회가 국민으로부터 진
정을 접수하거나 직권조사하는 방법으로 권리구제를 하는 사안을
인권침해행위와 평등권 침해의 차별행위로 구분하고 '성희롱 행위'
를 차별행위의 일종으로 규정하고 있다. 이 법에서 '성희롱'은 '업무,
고용, 그 밖의 관계에서 공공기관(국가기관·지방자치단체 또는 각급 학교,
공직유관단체)의 종사자, 사용자 또는 근로자가 지위를 이용하거나 업
무 등과 관련하여 성적 언동 등으로 성적 굴욕감 또는 혐오감을 느

끼게 하거나 성적 언동 또는 그 밖의 요구 등에 따르지 아니한다는 이유로 고용상의 불이익을 주는 것'이라 정의하고 있다(제2조 제3호 라목). 그런데 이 법은 「남녀고용평등법」과 달리 적용범위가 고용관계에 한정되지 않음에도 불구하고 성희롱의 행위자를 '공공기관의 종사자, 사용자 또는 근로자'로 제한하고 있고, 불이익을 '고용상의 불이익'으로 표현하고 있어 학생이 선배 학생으로부터 성희롱을 당한 경우 또는 학생이 교수로부터 성희롱을 당하여 교육상의 불이익을 받은 경우에 국가인권위원회가 처리할 수 있는 사안이 되는지의 논란을 발생시키고 있다.

2015년 7월부터 시행되는 「양성평등기본법」은 '성희롱'을 '업무, 고용, 그 밖의 관계에서 국가기관·지방자치단체 또는 각급 학교, 공직유관단체(이하 '국가기관 등;이라 한다)의 종사자, 사용자 또는 근로자가 지위를 이용하거나 업무 등과 관련하여 성적 언동 또는 성적 요구 등으로 상대방에게 성적 굴욕감이나 혐오감을 느끼게 하는 행위 또는 상대방이 성적 언동 또는 요구에 대한 불응을 이유로 불이익을 주거나 그에 따르는 것을 조건으로 이익 공여의 의사표시를 하는 행위'로 정의하고 있다(제3조 제2호, 시행령 제2조). 이 법은 조건형 성희롱을 추가하고 「국가인권위원회법」에서 논란이 된 '고용상의 불이익'이란 문구를 '불이익'으로 시정하여 성희롱이 성립될 수 있는 범위를 확대하였다. 그러나 환경형 성희롱에 대하여 성립요건을 엄격히 하고 있는 외국의 법이나 판례와 달리 여전히 '성적 굴욕감 또는 혐오감을 느끼게 하거나'라고만 표현하고 있어 성립요건이 주관적이고 모호하여 피해자가 성적 굴욕감 또는 혐오감을 느꼈다고 주장하면 성희롱이 성립되는 것인지 등의 논란을 발생시키고 있다. 이와 같이 우리나라 현행법은 성희롱의 개념조차 아직 명확하게 규정하지 못하고 있다(김엘림, 2015: 34~43).

성희롱의 예방교육에 관한 규정

「양성평등기본법」은 '국가기관 등'의 장에게 소속된 사람을 대상으로 매년 1회 이상, 1시간 이상의 성희롱 예방교육을 실시하고 신규임용된 사람에 대해서는 임용된 날부터 2개월 이내에 교육을 실시하여야 할 의무를 부과하고 있다. 성희롱 예방교육에는 성희롱 예방에 관한 법령, 성희롱 발생 시 처리절차와 조치기준, 성희롱 피해자에 대한 고충상담과 구제절차, 성희롱을 한 사람에 대한 징계 등 제재조치 등이 포함되어야 한다. 교육은 강의, 시청각교육 또는 인터넷 홈페이지를 이용한 교육 등 다양한 방법으로 실시할 수 있되, 대면(對面)에 의한 교육이 포함되어야 한다(제31조 제1항, 시행령 제20조). 한편, 이 법은 국가와 지방자치단체는 관계 법률에서 정하는 바에 따라 성폭력·가정폭력·성매매 범죄의 예방을 위하여 교육을 실시하여야 하되, 성평등 관점에서 통합하여 실시할 수 있도록 하였다(제30조 제2항).

한편, '국가기관 등'이 아닌 사업장의 사업주는 「남녀고용평등법」에 따라 직장 내 성희롱 예방교육을 1년에 1회 이상 실시하여야 하는데 이 교육은 사업주와 근로자가 함께 수강해야 한다(제13조, 시행령 제3조). 예방교육을 실시하지 않은 사업주는 고용노동부장관으로부터 300만 원 이하의 과태료에 처한다(제39조 제3항).

최근 국방부는 2015. 9. 4. 「국방인사관리훈령」을 개정하여 모든 장교와 부사관은 분기별 1회 이상 반드시 성폭력예방교육을 이수해야 하고 교육을 받지 않은 경우는 지휘관 보직뿐 아니라 진급심사대상에서 제외하도록 하였다.

성희롱의 방지조치에 관한 규정

「양성평등기본법」은 '국가기관 등'의 장에게 성희롱을 방지하기 위하여 성희롱 예방교육과 아울러 성희롱 방지조치에 관한 연간 추진계획의 수립, 성희롱 관련 상담과 고충 처리를 위한 공식 창구의 마련, 성희롱 고충담당자의 지정, 자체 성희롱 예방지침의 마련, 성희롱 사건 발생 시 재발 방지대책의 수립·시행 등의 필요한 조치를 하여야 하고, 그 조치 결과를 매년 2월 말일까지 여성가족부장관에게 제출하여야 할 의무를 부과하고 있다(제31조 제1항, 시행령 제20조 제1항).

그런데 「양성평등기본법」은 여성가족부장관에게 성희롱의 방지를 위하여 다음과 같은 조치를 하도록 규정하고 있다(제31조, 시행령 제20~21조).

첫째, '국가기관 등'의 성희롱 방지조치에 대한 점검을 매년 실시하여야 하고, 점검결과 성희롱 방지조치가 부실하다고 인정되는 기관에 대하여 관리자에 대한 특별교육 등 필요한 조치를 취하여야 하며, 점검결과를 일반일간신문 등에 게재하거나 여성가족부 인터넷 홈페이지에 게시하는 방법으로 공표하여야 한다.

둘째, 국가인권위원회, 법원 등을 통하여 국가기관 등에서 성희롱 사건을 은폐한 사실이나 성희롱에 관한 '국가기관 등'의 고충처리 또는 구제과정 등에서 피해자의 학습권·근로권 등에 대한 추가적인 피해가 발생한 사실이 확인된 경우에는 관련자의 징계 등을 그 관련자가 소속된 '국가기관 등'의 장에게 요청할 수 있다.

셋째, '국가기관 등'의 성희롱 방지조치 점검결과와 성희롱 사건의 은폐 등의 확인된 사실을 중앙행정기관 및 지방자치단체의 자체평가, 공기업·준정부기관의 경영실적 평가, 지방공기업의 경영평가, 초·중·고등학교와 대학교의 학교평가에 반영하도록 해당 기관·단체의 장에게 요구할 수 있다.

넷째, 3년마다 성희롱에 대한 실태조사를 실시하여 그 결과를 발표하고, 이를 성희롱을 방지하기 위한 정책수립의 기초자료로 활용하여야 한다.

성희롱 행위자의 제재에 관한 규정

「양성평등기본법」은 '국가기관 등'의 장에게 자체 성희롱 예방지침에 "성희롱 행위자에 대한 징계 등 제재조치"를 규정할 것을 요구하고 있다(제31조 제1항, 시행령 제20조 제1항).

「남녀고용평등법」은 "사업주, 상급자 또는 근로자는 직장 내 성희롱을 하여서는 아니 된다"라는 조항(제12조)을 두고 사업주가 이를 위반하여 직장 내 성희롱을 한 경우에는 1,000만 원 이하의 과태료에 처한다(제39조 제1항). 또한 사업주에게 직장 내 성희롱 발생이 확인된 경우 지체 없이 행위자에 대하여 징계나 그 밖에 이에 준하는 조치를 하여야 할 의무를 부과하고(제14조 제1항) 이를 위반한 사업주는 500만 원 이하의 과태료에 처한다(제39조 제2항 제1호).

「형법」은 업무, 고용 그 밖의 관계로 인하여 자기의 보호 또는 감독을 받는 사람에 대하여 위계 또는 위력으로써 간음한 사람에 대하여 5년 이하의 징역 또는 1천500만 원 이하의 벌금형을 부과하고 있다(제303조 제1항). 「성폭력범죄의 처벌에 관한 특례법」은 업무, 고용이나 그 밖의 관계로 인하여 자기의 보호 또는 감독을 받는 사람에 대하여 위계 또는 위력으로써 추행한 사람에 대하여 2년 이하의 징역 또는 500만 원이하의 벌금에 처한다(제10조 제1항). 그 외 이 법의 성폭력범죄가 업무와 관련하여 이루어지면 성희롱이 되어 처벌된다.

한편, 최근 공무원과 교육공무원의 성희롱, 성폭력, 성매매 등의 성범죄에 대하여 징계를 강화하는 법규의 개정이 여러 차례 이루어지고 있다. 그 주요한 개정은 다음과 같다.

첫째, 「공무원 징계령 시행규칙」(2014. 9. 2. 개정)과 「교육공무원 징계양정 등에 관한 규칙」(2013. 2. 28. 개정)은 공무원과 교육공무원이 훈장, 포장을 받거나 모범공무원으로 선발된 공적이 있어 징계를 감경받을 수 있더라도 '「성폭력범죄의 처벌 등에 관한 특례법」 제2조에 따른 성폭력범죄 행위', '「아동·청소년의 성보호에 관한 법률」 제2조 제2호에 따른 아동·청소년대상 성범죄 행위', '「성매매알선 등 행위의 처벌에 관한 법률」 제2조 제1항 제1호에 따른 성매매 행위', '「국가인권위원회법」 제2조 제3호 라목에 따른 성희롱 행위'(이하 '성범죄'라 한다)로 징계대상자가 된 경우에는 감경받을 수 없도록 하였다.

둘째, 2015. 3. 27. 「교육공무원법」이 개정되어 성범죄의 피해자가 학생인 경우 졸업과 졸업 후 진로에 미칠 영향 때문에 범죄사실을 제때 신고하지 못하는 경우가 있다는 것을 감안하여 징계시효를 징계사유가 발생한 날부터 3년에서 5년으로 연장하여 교육공무원의 성범죄를 근절하고 징계 처분의 실효성을 확보하고자 하는 특례를

〈표 1〉 **교육공무원의 징계기준**(품위유지의무위반), 2015. 4. 9. 개정

비위의 정도 및 과실 여부 / 비위의 유형	비위의 정도가 심하고 고의가 있는 경우	비위의 정도가 심하고 중과실이거나, 비위의 정도가 약하고 고의가 있는 경우	비위의 정도가 심하고 경과실이거나, 비위의 정도가 약하고 중과실인 경우	비위의 정도가 약하고, 경과실인 경우
미성년자 또는 장애인에 대한 성폭력	파면	파면	파면	파면–해임
성폭력	파면	파면	파면–해임	해임
미성년자 또는 장애인에 대한 성매매	파면	파면	파면–해임	해임
학생에 대한 상습적이고 심각한 신체적 폭력	파면	해임	해임–강등–정직	감봉–견책
성매매	파면	해임	강등–정직	감봉–견책
성희롱	파면–해임	해임–강등	정직–감봉	견책
그 밖의 품위유지의무위반	파면–해임	강등–정직	감봉	견책

〈표 2〉 **공무원의 징계기준**(품위유지의무위반), 2015. 8. 19. 개정

비위의 정도 및 과실 여부 / 비위의 유형	비위의 정도가 심하고 고의가 있는 경우	비위의 정도가 심하고 중과실이거나, 비위의 정도가 약하고 고의가 있는 경우	비위의 정도가 심하고 경과실이거나, 비위의 정도가 약하고 중과실인 경우	비위의 정도가 약하고, 경과실인 경우
성폭력(업무상 위력 등에 의한 성폭력, 미성년자 또는 장애인 대상)	파면	파면–해임	해임–강등	강등–정직
그 밖의 성폭력	파면	파면–해임	강등–정직	감봉–견책
성희롱	파면	파면–해임	강등–감봉	감봉–견책
성매매	파면–해임	해임–강등	정직–감봉	견책
기타	파면–해임	강등–정직	감봉	견책

제2부 공동체에 대한 성찰

마련하였다(제52조).

셋째, 공무원과 교육공무원의 성범죄에 대한 징계의 수위도 상당히 높아졌다. 그런데 2015년 4월에 개정된 「교육공무원 징계양정 등에 관한 규칙」은 미성년자 또는 장애인에 대한 성폭력, 미성년자 또는 장애인에 대한 성매매, 학생에 대한 상습적이고 심각한 신체적 폭력, 성매매, 성희롱, 그 밖의 품위유지위무위반으로 구분하고 이 순서대로 징계의 수위를 규정하였다. 이에 비해 2015년 8월에 개정된 「공무원 징계령 시행규칙」은 '업무, 고용 그 밖의 관계로 인하여 자기의 보호 또는 감독을 받는 사람에 대하여 위계 또는 위력을 행사한 성폭력'을 추가시켜 미성년자 또는 장애인 대상 성폭력과 함께 공무원의 품위유지의무위반 중 가장 높은 징계양형을 정하고 그 밖의 성폭력, 성희롱, 성매매, 기타로 구분하고 이 순서대로 징계의 수위를 규정하였다. 그리하여 교육공무원의 경우에는 성희롱의 징계 수위는 성매매보다 낮은데 공무원의 경우는 그 반대로 책정되어 있고, 공무원의 성희롱이 교육공무원의 성희롱보다 높게 책정되어 있다(표 1, 표 2 참조). 이와 같이 공무원과 교육공무원의 징계에 관한 법규는 품위유지의무위반 중 성범죄에 대한 징계의 구분과 수위를 각기 다르게 규정하고 있고, 성희롱을 성폭력범죄보다 경미한 수준의 성범죄로 규정하는 등의 문제가 있어 재개정이 필요하다.

성희롱 피해자와 신고자에 대한 보호규정

「양성평등기본법」은 '국가기관 등의 장'에게 자체 성희롱 예방지침에 '성희롱과 관련된 피해자에 대한 불이익조치 금지에 관한 사항', '성희롱 관련 상담 및 고충 처리와 관련된 비밀보장에 관한 사항', '성희롱 사건 발생 시 피해자 치료 지원, 가해자에 대한 인사 조치 등을 통한 피해자의 근로권·학습권 등을 보호하기 위한 조치에 관한 사항'을 포함시키도록 하고 있다(시행령 제20조 제5호 라목 내지 바목).

「남녀고용평등법」은 사업주에게 직장 내 성희롱의 피해자와 신고자의 보호를 위하여 다음과 같은 조치를 하도록 규정하고 있다.

첫째, 사업주는 직장 내 성희롱과 관련하여 피해를 입은 근로자 또는 성희롱 피해 발생을 주장하는 근로자에게 해고나 그 밖의 불리한 조치를 하여서는 아니 되며(제14조 제2항), 이를 위반하면 3년 이하의 징역 또는 2천만 원 이하의 벌금에 처한다(제37조 제1항).

둘째, 사업주는 고객 등 업무와 밀접한 관련이 있는 자가 업무수행 과정에서 성적인 언동 등을 통하여 근로자에게 성적 굴욕감 또는 혐오감 등을 느끼게 하여 해당 근로자가 그로 인한 고충 해소를 요청할 경우 근무 장소 변경, 배치전환 등 가능한 조치를 취하도록 노력하여야 한다. 사업주는 근로자가 이러한 피해를 주장하거나 고객 등으로부터의 성적 요구 등에 불응한 것을 이유로 해고나 그 밖의 불이익한 조치를 하여서는 아니 된다(제14조의2). 이를 위반하여 근로자에게 불이익한 조치를 하면 500만 원 이하의 과태료에 처한다(제39조 제2항).

4. 법원과 국가인권위원회는 성희롱 사건을 어떻게 처리하고 있는가

소송과 진정

성희롱 사건이 사업장, 학교, 군대의 내부에서 자율적으로 해결되지 않으면 당사자는 법원에 소송을 제기하거나 국가인권위원회에 진정하여 법적으로 분쟁을 처리할 수 있다. 성희롱에 관한 소송에는 성희롱의 불법행위로 입은 손해에 대한 배상을 청구하거나 명예훼손에 대한 손해배상을 청구하는 등의 민사소송, 성희롱 행위자의 처벌을 청구하는 형사소송, 성희롱 행위자가 사업주 또는 학교의 징계처분에 불복하는 등의 행정소송이 있다. 그런데 대학교수가 성희롱을 하여 대학으로부터 징계를 받게 되면 교육부 소속의 교원소청심사위원회에 대학의 징계취소를 청구할 수 있고 위원회의 결정에 불복하는 경우 행정법원에 취소청구를 할 수 있다.

한편, 소송보다 신속, 간편하고 비용이 들지 않는 방법으로 성희롱 피해자가 권리구제를 받을 수 방법은 국가인권위원회에 진정을 하는 것이다. 국가인권위원회는 성희롱에 관한 진정을 접수받거나 직권조사를 통해 사건을 처리하는데 주로 성희롱 행위자에 대하여 국가인권위원회에서 실시하는 특별인권교육을 받을 것을 권고하며, 때로는 손해배상금을 지급할 것을 권고하는 경우가 있다. 또한 성희롱 행위자의 소속기관의 장(사업주 또는 대학총장 등)에 대하여 성희롱 예방교육의 실시, 재발방지대책의 수립, 제2차적 인권침해방지, 성희롱의 고충처리제도의 마련, 성희롱 행위자의 징계 등을 권고하는

경우가 많다. 국가인권위원회의 결정에 불복하는 당사자는 행정소송을 제기할 수 있다

이하 사업장, 학교, 군대에서 발생한 성희롱 사건이 법원과 국가인권위원회에서 처리된 사례를 소개한다.

직장 내 성희롱의 사례

사례 1 사용자의 여성근로자에 대한 성희롱 사건

[사안] S전기 주식회사의 영업부에서 일하는 여성근로자는 국가인권위원회에 성희롱 피해를 받은 것을 이유로 팀장과 회사를 피진정인으로 하여 성희롱 진정을 하였다. 진정의 요지는 팀장이 사업장 등에서 지속적으로 머리와 어깨, 옆구리 등을 만지는 등의 행동을 하고 유럽으로 동행출장 중인 2005. 6. 1에 자신의 엉덩이를 손바닥으로 치면서 귀에다 대고 "상무님을 잘 모셔라"라고 말하는 등의 성희롱을 하였다는 것이다. 또한 회사 인사부장에게 알리고 팀장과 같이 일하지 않게 해달라고 요청하였음에도 팀장과 계속 같은 부서에 일하게 하여 이를 항의하였더니 7개월간 대기발령시키고 조직적·집단적으로 따돌리는 등의 불법행위를 저질렀다는 것이다.

이에 대해 회사는 유럽출장에 동행한 다른 근로자를 조사해 보니 팀장의 성희롱 사실이 없었고 여성근로자의 요청을 수용하기 위해서는 부서 간 업무조율이 필요했고 당시 사업 전반에 대한 구조조정 중이라 불가피하게 대기발령시켰다고 주장하였다.

[국가인권위원회의 결정(2008. 9. 5. 결정)] 국가인권위원회는 팀장의 언동은 합리적 여성이라면 성적 굴욕감과 혐오감을 느끼고 모욕

적인 근로환경 조성으로 근로의욕이 저하되었을 것이므로 성희롱에 해당된다고 하였다. 그러나 팀장이 퇴사하여 미국에 거주하므로 권고를 하더라도 실효성을 가지기 어렵다는 이유로 팀장에 대한 개별 권고는 하지 않았다. 반면, 회사의 대표이사에게는 여성근로자가 팀장의 성적 언동으로 인해 정신적·신체적 피해를 입었고 인사부에 알렸음에도 유럽 출장에 동행한 남성근로자 한 명의 말만 듣고 성희롱이 없었다고 단정하여 피해자에 대한 신속하고도 적절한 조치를 하지 않은 것은 회사가 직원들에게 성희롱 없는 안전한 고용환경을 제공해야 할 보호의무를 다하지 못하였고 대기발령 등으로 여성근로자의 피해를 가중시켰다고 지적했다. 그리고 직장 내 성희롱이 발생하지 않도록 직원대상 교육 및 예방을 철저히할 것과 성희롱 사건 발생 시 철저한 조사와 피해자 보호조치 등이 신속하고 효과적으로 이루어지도록 재발방지대책을 수립하여 시행할 것을 권고하였다.

[서울행정법원의 판결(2009. 8. 27. 선고)**]** 회사는 국가인권위원회의 결정을 취소하라는 행정소송을 제기하였다. 서울행정법원은 국가인권위원회의 결정이 정당하다며 회사의 청구를 기각하였다.

[수원지방법원 성남지원의 판결(2010. 4. 15. 선고)**]** 여성근로자는 팀장과 회사를 피고로 하여 손해배상을 청구하는 민사소송을 제기하였다. 법원은 그 청구를 수용하고 팀장은 200만 원, 회사는 3,200만 원의 손해배상액을 여성근로자에게 지급하라고 명하였다. 이 판결은 피용자의 성희롱에 대하여 회사(사용자)의 책임을 인정한 판례 중에서 가장 많은 액수의 손해배상액을 부과한 점과 회사에 대하여 불법행위 책임과 채무불이행 책임을 모두 인정한 점 등에서 매우 주목할 만한 판결이라 할 수 있다. 판결의 요지는 다음과 같다.

첫째, 팀장은 유럽 출장지에서 사회통념상 일상적으로 허용되는 농담이나 호의적인 언동의 수준을 넘어 원고로 하여금 성적 굴욕감이나 혐오감을 느끼게 하는 정도의 성적 언동을 하였고 이로 인하여 원고가 인격권을 침해당하고 정신적 고통을 받았을 것임은 경험칙상 명백하므로 200만 원의 위자료를 배상해야 한다.

둘째, 피용자(팀장)가 그 사무집행에 관하여 제3자(원고)에게 불법행위를 하면 사용자는 그 방지를 위해 상당한 주의의무를 한 경우 외에는 피용자와 공동으로 손해를 배상하여야 한다(「민법」 제756조). 그런데 사용자는 "피용자가 직장 내 근무시간은 물론 사용자의 지배·관리권이 미치는 출장지 등에서 부당한 성적 언동을 당함으로 인하여 성적 굴욕감이나 혐오감을 느끼는 일이 없도록 직장 내 분위기를 점검하고 관리자들로 하여금 주의하도록 할 의무가 있다 할 것이고, 「남녀고용평등법」의 관련 규정 역시 이러한 취지를 포함한다 할 것이므로 사용자인 회사는 적절한 예방교육이나 철저한 관리를 통하여 피용자가 다른 피용자를 성희롱하는 행위를 방지해야 할 의무가 있다." 그럼에도 이 사건 회사는 팀장의 성희롱을 사전에 예방하지 못한 책임이 있다. 그러므로 이 사건 회사는 원고가 입은 정신적 손해에 대하여 팀장과 공동으로 각자 200만 원의 위자료를 원고에게 지급할 의무가 있다.

셋째, 회사는 원고의 신고로 직장 내 성희롱 행위의 발생사실을 알았거나 알 수 있는 상황에서 「남녀고용평등법」의 취지에 부합하는 신속하고도 적절한 개선책을 실시하지 아니한 채 이를 방치하고, 나아가 오히려 원고에 대하여 불이익한 조치를 하였으며 이로 인하여 원고가 정신적 고통을 입게 되었음은 경험칙상 명백하므로 원고에게 3,000만 원의 위자료를 배상하여야 한다.

사례 2 여성사장의 남성과장에 대한 성희롱 사건

성희롱의 피해자는 주로 여성이지만 남성이 피해자인 사건도 발생한다. 국가인권위원회(2008. 9. 22. 결정)는 "기혼인 여성 고용주가 사람들 앞에서 입사한 지 얼마 안 된 미혼 남성 직원의 팔짱을 끼거나 사랑한다고 하는 등의 언동을 한 것은 보통의 남성이라면 충분히 성적 굴욕감 또는 혐오감을 느끼게 하는 언동이다. 또한 시도 때도 없이 전화를 하거나 문자 또는 음성 메시지를 보내 자신의 이성으로서의 감정을 노골적으로 표현하면서 이를 심리적으로 압박한 점 역시 합리적 인간이라면 성적 모욕감을 넘어 정신적 고통과 굴욕을 느끼기에 충분하다"라고 하며 여사장에게 국가인권위원회가 주최하는 특별 인권교육을 받을 것과 피해자에 대하여 손해배상금 300만 원을 지급할 것을 권고하였다.

교수의 성희롱 사례

우리나라에서 성희롱에 관한 최초의 판례(1994년 4월 선고)와 최근의 판례(2015년 9월 선고)는 모두 S대 교수가 여성조교와 여학생들을 성희롱한 사건을 사안으로 한다.

사례 3 교수의 여성조교에 대한 성희롱 사건

[사안] S대 화학과 실험실에서 계약직으로 근무했던 여성조교(원고)는 실험기기의 관리책임자인 S교수와 총장, 대한민국을 공동 피고

로 하여 성희롱에 대한 손해배상을 청구하는 소송을 제기하였다. 원고는 S교수가 실험기기의 조작방법을 지도하는 과정에서 가슴을 자신의 등에 가까이 대고 포옹하는 듯한 자세를 한 채로 자신의 앞에 있는 컴퓨터 키보드를 치거나 복도나 교수연구실에서 수시로 어깨, 머리, 손을 만지는 등의 신체접촉을 하고 위아래로 훑어보며 몸매를 감상하는 듯한 태도를 종종 취하여 불쾌감을 주었는데 단 둘이서 관악산과 남한산성 등으로 산책하자는 제안을 하길래 싫다고 거부를 하였더니 그때부터 계속 비우호적인 태도를 보이다가 결국 계약기간 만료 전에 보복적으로 자신을 해임시킨 것은 성희롱에 해당한다고 주장하였다. 또한 총장은 국립대 교수의 사용자인 대한민국을 대리하여 교수의 사무를 감독하는 대리감독자의 지위에 있으므로 S교수가 그 사무집행에 관하여 자신에게 가한 손해에 대하여 이를 배상할 책임이 있다고 주장하였다. 그리고 대한민국은 교수의 사용자로서 교수의 불법행위에 대하여 공동으로 책임을 져야 할 뿐 아니라 자신과 고용계약을 체결한 사용자로서 피용자의 노동수행과 관련하여 인격적 존엄을 침해하고 그 노무제공에 중대한 지장을 초래하는 사유가 발생하는 것을 방지하고 일하기 쉬운 직장환경이 되도록 배려하고 남녀 간의 성차별이 일어나지 않도록 하여야 할 고용계약상의 의무가 있음에도 이를 이행하지 아니하였으므로 그 채무불이행으로 인하여 원고가 입은 손해의 배상을 청구한다고 주장하였다.

반면 S교수는 자신의 행동은 교육과정에서 불가피하게 발생한 것이거나 순수한 친밀감의 표시였으며, 재임용추천을 하지 않은 것은 원고의 불성실하고 원만치 않은 업무처리 때문이라고 주장하며 2003년 9월에 여성 조교를 명예훼손으로 고소하였다. 학생회와 여성단체들은 공동대책위원회를 결성하고 사건을 크게 이슈화시켰고 인권변호사들이 원고의 소송을 지원했다.

[1심 판결(1994. 4. 18. 선고)] 서울민사지법은 S교수의 성적 언동은 원고에게 성적 굴욕감이나 혐오감을 느끼게 하는 행위로서 피해자의 인격권을 침해하고 정신적 고통 등의 손해를 발생시키고 고용상의 성차별을 한 위법한 행위라고 판시하고 교수에게 3천만 원의 손해배상지급을 명령하였다. 그러나 총장은 고도의 자율성을 가지는 교수의 연구활동이나 사생활에 대하여 구체적으로 지시나 감독을 할 수 없고 대한민국은 원고와의 고용계약에서 인간의 존엄성이 보장되는 등의 바람직한 근로환경을 조성할 채무가 있어 채무불이행으로 원고에게 손해를 끼쳤다고 볼 수 없으므로 손해배상을 할 책임이 없다고 판결하였다.

[2심 판결(1995. 7. 25. 선고)] 서울고등법원은 S교수의 성적 언동에 대한 증거가 불충분하고 대부분 업무수행상 우연히 또는 의도적으로 빚어진 수차례의 가벼운 신체접촉행위이거나, 다소 짓궂지만 노골적으로 성적인 것은 아닌 농담 또는 호의적이고 권유적인 언동에 불과하였고, 설사 S교수에게 성적 접근의 의도가 있었다 하더라도 그 행위의 악성은 경미한 것이어서 그것이 원고의 근무환경을 변경하여 성적인 모멸감을 가져오고 굴욕적인 근무환경을 조성한 것이라고 볼 수는 없다고 하였다. 또한 S교수가 원고의 재임용추천을 하지 않은 것은 교수나 대학원생들이 모두 원고의 불성실한 근무태도를 불만스럽게 생각하였기 때문이었을 뿐 그것이 보복으로 인한 것이었다고는 볼 수 없다고 하였다. 그리하여 S교수의 언동은 손해배상을 할 만한 '성적 괴롭힘'에 해당하지 않는다며 원고패소판결을 내렸다.

[3심 판결(1998. 2. 10. 선고)] 대법원은 "피고 교수의 언동은 분명히 성적인 동기와 의도를 가진 것으로 보이고, 그러한 성적인 언동은 집요하고 계속적인 까닭에 사회통념상 일상생활에서 허용되는 단순한 농담 또는 호의적이고 권유적인 언동으로 볼 수 없고, 오히려 피해자로 하여금 성적 굴욕감이나 혐오감을 느끼게 하는 것으로서 피해자의 인격권을 침해한 것이며, 이러한 침해행위는 선량한 풍속 또는 사회질서에 위반하는 위법한 행위이다"라고 하며 고등법원에 다시 재판하라고 원심을 파기환송하였다. 그러나 총장과 대한민국의 사용자책임은 인정하지 않았다.

[4심 판결(1999. 6. 25. 선고)] 서울고등법원은 대법원의 판단을 따르면서도 원고 측의 잘못과 증거불충분도 인정하여 교수에게 500만 원의 손해배상지급을 명하였다. 이 판결도 총장과 대한민국의 사용자책임은 인정하지 않았다.

[5심 판결(1999. 11. 18. 선고)] 4심 판결에 대해 원고와 S교수 모두 불복하여 1999. 7. 29에 대법원에 재상고하자 대법원은 양측에 기각판결을 내려 결국 S교수는 여성조교에게 500만 원을 배상하라는 판결은 확정되었다. 그리하여 이 소송사건은 6년 만에 일단락되었다.

사례 4 교수의 여학생들에 대한 성희롱 사건

[사안] S대 학생들은 수리과학부의 유명한 K교수가 오랜 기간에 걸쳐 9명의 여학생들을 상습적으로 강제추행 등의 성희롱을 하였다고 고소·고발하였다. S대는 2015. 4. 1에 열린 징계위원회를 거쳐 "K교수가 교원으로서의 품위유지의무를 현저히 위반했다"라며 파면하였다.

[1심 판결(2015. 5. 14. 선고)] 서울북부지방법은 "피고인은 오랜 기간 여학생들을 강제추행하는, 상식적으로 이해하기 어려운 불명예스러운 범죄를 저질러, 학문적 소양을 키우는 장이자 미래지향적이고 전인격적인 인재육성의 장이 되어야 할 상아탑에서, 피고가 몸담고 있는 학교나 동료 교수들의 명예를 실추시킴은 논외로 하더라도, 1,000명에 이르는 재학생들이 피고인의 엄벌을 구하는 지경까지 이르게 하였다는 점에서 개탄을 금할 수 없다. 비록 피고인의 지위, 명예와 환경에 비추어 일반인으로는 이해할 수 없는 범행을 저질렀다는 측면에서는 피고인의 성적 취향이나 성에 대한 인식이 피고인 스스로 통제를 벗어난 비정상적인 단계에 접어들었다는 방증으로 볼 수 있고, 심신장애 상태의 범행은 아니더라도 어쩌면 피고인에 대한 치료가 필요한 것으로 보여지며, 차마 피고인의 범행들을 실감하지 못한 듯, 피고의 많은 동료, 선·후배들이 피고의 선처를 구하는 등 동정이 가는 측면이 있다. 그러나 그와 같은 사정만으로 피고인이 저지른 범행들에 대한 책임을 가벼이 물을 수 없다"고 판시하였다. 그리고 피고인에 대하여 상습강제추행죄를 인정하고 징역 2년 6월, 160시간의 성폭력치료프로그램, 3년간 정보통신망을 이용한 신상공개를 명하였다. 그러나 공소사실 중 2명의 여학생들에 대한 강제추행은 「형법」 제305조(상습범)의 규정이 2010. 4. 15. 신설되기 이전에 발생하였다며 공소를 기각하였다.

[2심 판결(2015. 9. 24. 선고)] 1심 판결에 대해 검찰과 K 전 교수는 모두 항소하였다. 서울북부지법 형사항소1부는 "1심에서 강 전 교수에게 선고된 형이 너무 가볍거나 무겁다고 볼 수 없다"며 쌍방의 항소를 기각하고 징역 2년 6개월, 160시간의 성폭력치료프로그램, 3

년간 정보통신망을 이용한 신상공개를 선고한 1심 판결을 유지했다. 그런데 1심에서 기각된 일부 피해자들에 대한 상습강제추행 혐의는 「형법」상 '상습성' 관련 조항이 신설되기 전의 범행이기 때문에 소급 적용할 수 없다고 판시했다. 이에 2015. 10. 1, 검찰과 K 전 교수는 모두 대법원에 상고장을 제출하였다.

군대 내 성희롱 사례

사례 5 소령의 여성 대위에 대한 성희롱 사건

[사안] 강원도 화천 육군 제15사단에 근무하던 오대위(여성)는 상급자인 N소령으로 부터 10개월간 언어폭력, 성추행은 물론 성적으로 참을 수 없는 모욕과 부적절한 성관계 요구를 받았다는 유서를 남기고 2013. 10경, 자신의 승용차 안에서 번개탄을 피워 놓고 자살했다. N소령은 강력하게 성희롱 사실이 없었다고 주장하며 피해자 측을 명예훼손으로 고소했다. 군인권센터, 민주주의변호사회, 여성단체 등은 연대하여 '군대내 인권 보장을 위한 공동행동'이란 조직을 결성하고 이 사건을 크게 이슈화시키고 군인권법 제정 등의 군대 내 성희롱, 성폭력 사건의 대책을 촉구했다.

[군사법원의 판결(2014. 3. 22. 선고)] 육군 제2군단 보통군사법원은 지속적인 강제추행과 가혹행위로 부하 여군 대위를 자살에 이르게 한 N소령에게 징역 2년, 집행유예 4년을 선고했다. 재판부는 "N소령이 여군 오모 대위에게 직권을 남용해 가혹 행위를 하고 욕설과 성적 언행으로 모욕하며 어깨를 주무르는 등 강제 추행했고, 이로 인해 오 대위가 극단적 선택을 하게 된 사실이 인정된다"고 했다. 그

러면서도 재판부는 "추행 정도가 가볍고 초범인 점을 감안해 집행유예를 선고한다"라고 판결하여 가해자를 석방했다. 이 판결은 범행에 비해 가벼운 처벌을 내렸다는 비판을 받았다. 그 후 고등군사법원은 2년의 실형을 선고하였다.

[대법원의 판결(2015. 7. 16. 선고)**]** 대법원은 N소령의 상고를 기각하였다. 또한 「성폭력범죄의 처벌 등에 관한 특례법」에 따라 성범죄를 저지른 N소령의 신상정보를 관계기관에 등록하라고 지시했다.

사례 6 사단장의 여군 하사에 대한 성희롱 사건

[사안] 2014. 10. 10, 육군 제17사단장(소장)이 부하 여군을 강제추행한 혐의로 긴급체포되는 사상 초유의 일이 발생하였다. 피해 여군 B하사는 2014년 6월에 근무하던 제17사단 소속 다른 부대에서 상관인 모 상사로부터 강제추행을 당한 뒤 피해자 보호 차원에서 사단장 직속 부서로 자리를 옮겨 병영 상담관의 집중 관리를 받고 있었는데 사단장은 여러 차례 B하사를 불러 피해 상담을 자처하면서 강제추행을 저지른 혐의이다. 육군은 긴급체포한 후 12시간 만에 구속영장을 신청했다. 사단장은 다른 부하 여군에게도 강제추행을 했다는 사실과 2010년에 부하인 여성 중위를 특별관리한다는 명목으로 사생활을 과도하게 통제하고 강제추행과 가혹행위를 하여 자살하게 만드는 데 영향을 미친 육군중령을 군사법원 재판장으로 임명하여 성범죄자를 심판하도록 하였다는 사실이 드러나 국정감사와 여론의 질타를 받았다. 그런데 1심 판결이 나오기 11일 전, 피해 여군은 사단장의 처벌을 원하지 않는다는 합의서를 법원에 제출하여 그 진의 여부가 논란이 되었다.

[군사법원 1심의 판결(2014. 12. 24. 선고)**]** 육군본부 보통군사법원은 "고급 지휘관이 직위를 이용해 부하 여군을 추행하고, 피해자가 또 다른 성추행 범죄의 피해자였으며, 성범죄 척결을 위해 노력해야 할 피고인이 오히려 범행을 저질렀다"고 지적하였다. 그러나 피해자가 처벌을 원치 않고 있는 점 등을 종합적으로 고려했다며 징역 6월을 선고하였다. 범죄에 비해 형량이 낮다고 판결을 비판한 신문사설과 여론이 있음에도 불구하고 사단장은 여군에게 오해를 살 행동을 한 점을 깊이 반성하나 처벌이 과도하다고 항소하였다

[군사법원 2심의 판결(2015. 3. 31. 선고)**]** 국방부 고등군사법원도 사단장에게 징역 6개월의 실형을 선고하고 성범죄자 신상정보 등록을 하도록 고지했다.

5. 성희롱을 방지하려면 어떻게 해야 할까

앞에서 논의한 바와 같이 성희롱은 단순히 개인의 성적 일탈로 발생하는 문제가 아니라 권위주의적이고 가부장적인 사회문화에서 권력과 젠더의 문제가 복합되어 발생하는 사회구조적인 병폐이다. 그러므로 성희롱을 방지하려면 권위주의적이고 가부장적인 사회문화를 민주적이고 양성평등한 사회문화로 바꾸어 나가야 한다. 이를 위해 성희롱 예방교육, 양성평등교육, 인권교육을 효과적으로 실시하여 성희롱의 본질과 문제에 대한 인식을 확산시켜 나가고 양성평등과 인권을 중시하는 사회문화를 정착해 나가야 할 것이다. 아울러 정부와 국회, 사법부, 국가인권위원회, 시민단체, 학술기관, 사업장,

학교, 군대 등이 협력하여 성희롱에 관한 현행의 법과 권리구제제도, 판례의 문제점을 시정하여 성희롱에 효과적으로 대처하기 위한 제도적 기반과 매뉴얼을 마련하는 것도 필요하다.

최근 성희롱을 예방하고 대처하려는 인식과 활동이 부쩍 활발해지고 있다. 국가인권위원회는 2013. 11, 교육부장관과 여성가족부장관에게 '대학 성희롱·성폭력 예방 및 권리구제 강화'를 권고하는 결정문을 채택하였고, 2014. 10. 14, '육군 제17사단장 여군 성추행 사건 관련 국가인권위원회 위원장 성명—군내 성희롱·성추행 재발방지 대책 촉구 및 군 사법체계 재검토 시급'이라는 성명서를 발표하였다. 정부는 2015. 3. 27, 제3차 사회관계장관회의를 열어 11개 관계부처 합동으로 '우월적 지위를 이용한 성폭력근절대책'을 심의·확정하였다. 또한 최근 '성희롱의 법적 규제와 예방체계'(한국여성정책연구원·한국젠더법학회 공동주최, 2014. 12), '우월적 지위를 이용한 성범죄 근절 정책'(경찰청·한국여성변호사회·전국성폭력상담소협의회 공동주최, 2015. 3), "대학캠퍼스의 권력형 성희롱·성폭력, 무엇이 문제인가"(서울대학교 여성연구소·인권센터 공동주최, 2015. 6), '학교 성희롱 실태 및 대책방안'(국가인권위원회 주최, 2015. 10)을 주제로 한 다양한 세미나가 개최되어 성희롱에 관한 사회적 관심을 모으고 다양한 대책을 제시하고 있다. 그리고 사업장, 학교, 군대 등 성희롱 발생 가능성이 높은 곳에서 자발적으로 자체 성희롱 방지조치들을 마련하고 있는 경우가 늘어나고 있다. 이러한 노력들은 성희롱을 방지하고 우리 사회를 평등하고 상생의 발전을 하며 평화로운 사회로 진보시키는 마중물이 될 것이다.

제10장

멜로드라마의 장르적·사회적 확장

장일 교수(영화학)

1. 멜로드라마란 무엇인가

멜로드라마의 사전적 정의

멜로드라마는 그리스어 '멜로스'melos(노래)와 '드라마'drama(극)가 합쳐진 말로서 시대와 사회의 변화에 따라 다양한 의미로 사용되어 왔다. 음악이나 소설 등 예술 분야에서는 대략 18세기 후반부터 멜로드라마가 하나의 장르로서 성립되기 시작했다. 멜로드라마라는 용어의 여러 의미들 가운데 일부 사례를 들어보자면, 18세기 독일에서는 오페라의 음악 반주가 붙는 대사 부분을 멜로드라마라고 칭했고, 프랑스에서는 등장인물들이 침묵할 때 그들의 감정을 음악으로 표현하는 연극 전반을 일컬었다.

역사적·사회적 상황에 따른 세세한 사용법의 차이에도 불구하고, 멜로드라마라는 용어는 한 가지 중요한 특징을 지니고 있는데, 그것은 바로 감정의 과잉이라고 할 수 있다. 우리가 지금 현재 어떤 예술 분야에서건 쉽게 만날 수 있는 멜로드라마에는 거의 항상 전형적인 인물이 등장한다. 선과 악의 이항대립이라는 레비−스트로스Lévi-

Strauss의 이야기 공식에 가장 충실한 장르가 바로 멜로드라마라고도 할 수 있는데, 멜로드라마에서는 선한 무리, 즉 영웅과 악한 무리, 즉 악당의 확연한 대결 양상이 전개되는 것이 일반적이고, 그들 사이에서 일어나는 갈등과 경쟁은 독자, 혹은 관객으로 하여금 극도의 흥미와 몰입감을 느낄 수 있도록 하기 위해서 언제나 과장된 방식으로 표현되곤 한다. 결과적으로, 논리적인 전개보다는 우연적이고 우발적인 상황 연출이 멜로드라마의 특징 중 하나로 자리를 잡기 시작했다. '도덕적', '감상적', '낙관적'이라는 수식어들을 동반한 극적인 해피엔딩이 멜로드라마 하면 가장 먼저 떠오르는 이유도 바로 이 때문이다. 따라서 주로 남녀 간의 애정관계에 치중하고 있는, 감정적으로 과장된 통속 연극이나, 영화, 텔레비전 드라마를 멜로드라마의 전형으로 간주하게 되는 경향 또한 자연스러운 것으로 볼 수 있다.

멜로드라마와 친밀성, 그리고 가정의 재현

앞서 언급한 멜로드라마의 감정적 과잉을 다소 다른 방식으로 접근해 볼 수도 있다. 과장된 감정을 표현하기 위해서는 당연히 전형적인 인물들이 필요하고, 전형적인 인물들 간의 관계를 보다 극적으로 묘사하기 위해서는 당연히 그들 사이에서 발생하는 원초적인 감정을 다룰 필요가 생기는데, 바로 그 원초적인 감정이라는 것은 다름 아닌 '친밀성'intimacy이다. 그런데 여기서 중요한 점은 친밀성이라는 감정은 가장 기본적인 사회 단위라고 할 수 있는 가족과 가정을 배경으로 할 때 적나라하게 부각될 수 있다는 사실이다. 그러한 이유에서, 영화나 텔레비전 드라마에서 가족, 또는 가족의 공동생활 공간인 가정이 자주 등장하는 것은 당연하다고 할 수 있고, 이렇게 가족과 가정이라는 공간을 중심으로 이야기를 구성하는 영화나 텔레비전 드라마를 멜로드라마의 대표적인 사례로 간주할 수 있는 것이다. 특히 상대적으로 짧은 시간 내에 인간의 감정을 효과적으로 전달해야 하는 영화 분야에서의 멜로드라마, 즉 '멜로영화'는 멜로드라마 전체를 대표하는 용어로 널리 알려져 있을 만큼 우리에게 친숙하다.

친밀성 개념을 기초로 하고 있는 멜로드라마의 특성은 가정이라는 한정된 공간과 가족이라는 집약된 인간관계에 주목한다는 점에 있다. 제한된 공간과 인간관계를 배경으로 한다는 것은 거대한 서사구조보다는 미시적인 사건이나 인간의 내밀한 감정작용을 우선시한다는 의미이기도 하다. 멜로드라마가 감정의 과잉을 특징으로 하는 이유도 여기에서 비롯된다. 예를 들어, 만약 전쟁을 소재로 하고 있는 전쟁영화라고 할지라도 액션영화 장르의 공식에 충실하면서 실제 전투장면을 묘사하는 데 집중하기보다는 인물들의 감정, 이를테면 참전 군인과 그의 애인 혹은 가족이 겪어야 하는 슬픔과 고통에 주목한다면, 이는 곧 멜로드라마의 장르적 관습에 기대고 있는 것으로 평가할 수 있다.

이와 더불어, 멜로드라마의 주된 목적이 역사적 진실성 여부를 가린다거나 정치적/사회적 논리의 옳고 그름을 따지는 것에 있지 않고, 독자나 관객, 그리고 시청자로 하여금 등장인물들의 감정에 공감하고, 그들의 상황에 동일시하며, 결국 감정적 차원에서의 정화과정, 즉 카타르시스를 느끼도록 하는 데 있다는 점 또한 중요하다. 특히 영화 분야에서의 멜로드라마, '멜로영화'가 더욱 그러하다.

다시금 강조하자면, 멜로영화는 가정이라는 공간 및 가족을 중심으로 한 인간관계에 주된 관심을 둔다. 결론적으로, 사랑과 우정, 배신과 갈등 등의 온갖 복잡한 감정들을 정교하고 풍부하게 그려 낸다는 점에서 멜로영화는 '과잉의 미학'aesthetics of excess을 그 특징으로 한다.

2. 확장된 의미의 멜로드라마

영화 장르의 형성과 멜로드라마

「국가의 탄생」과 멜로드라마

데이비드 그리피스는 상업적인 측면에서 주목받던 영화를 예술의 경지로 끌어올린 인물이다. 장편영화의 아버지, 혹은 장르 영화의 아버지라는 평가를 받기도 하는 그리피스 감독은 숏(shot)을 기본 단위로 한 영화 언어의 문법을 확립함으로써, 시간 및 공간의 연속성을 확보하면서 연극과 다른 방식으로 이야기를 전개했다. 1915년 그리피스가 선보인 「국가의 탄생」*The Birth of a Nation*은 당시까지의 영화 역사상 가장 기념비적인 작품으로 평가받는다. 이 작품은 미국의 남북전쟁과 링컨 암살사건, 인종문제에 이르는 광범위한 주제의식을 다루고 있는 대서사시였으며 역사의 재현 그 자체였다. 이 영화는 인종차별적인 내용으로 많은 논란에 휩싸이기도 했지만 대중적으로 큰 인기를 끌었으며, 이 영화에서 사용된 교차편집과 같은 영상기법은 영화 역사상 큰 의미를 지닌다. 서구 영화학계에서는 「국

그림 1
「국가의 탄생」 The Birth of a Nation(1915)

가의 탄생」을 최초의 스펙터클 영화, 오락으로서의 기능을 다한 최초의 영화, 선전도구로 활용될 수 있는 가능성을 열어 준 영화, 현대적인 의미의 블록버스터 효시 등 여러 가지 의미를 지니는 영화로 평가하고 있다.

그런데 여기서 우리가 주목해야 할 부분은 바로 「국가의 탄생」의 내용적 전개과정이다. 선과 악의 극적이고도 우연한 대립과 갈등 양상이라는 거시적 차원을 차치하고서라도, 이 영화는 백인 주인공 남녀, 벤과 엘지의 사랑 이야기를 주된 축으로 삼고 있다. 그들 사이에 싹튼 사랑을 시기하고 질투하는 인물들인 거스와 린치는 결국 배신과 증오로 점철된 인물을 대표하고, 벤과 엘지는 순수한 사랑과 낭만적 감정을 대표한다. 미국의 남과 북이 노예문제를 둘러싸고 첨예하게 대립되던 상황을 배경으로 하고 있기에, 일종의 사회 드라마,

역사 드라마라는 장르로 세간의 평가를 받는 이 영화는 사실, 따지고 보면 인간의 가장 원초적인 감정 표현에 충실했던 멜로드라마의 전형으로 간주될 수도 있는 것이다.

1920년대 코미디영화와 멜로드라마

영화의 발전은 예술적이고 미학적인 측면뿐만 아니라 오락적이고 상업적인 측면에서의 발전도 동시에 의미한다. 영화의 오락성과 상업성에 기반을 둔 코미디도 1920년대에 중요한 장르로 자리매김했는데, 맥 세넷과 버스터 키튼, 헤럴드 로이드는 찰리 채플린이 등장하기 전까지 1920년대 미국의 코미디 장르를 대표하는 인물들이었다. 그들은 코미디영화의 원형과도 같은, 슬랩스틱slapstick이라고 불리는 우스꽝스러운 과장 연기를 창조해 냈다. 이전까지의 코미디가

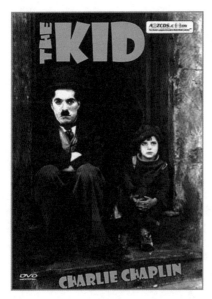

그림 2
「키드」The Kid(1921)

무대 위에서 언어를 중심으로 한 개그에 초점을 맞추고 있었던 것에 비해, 1920년대 코미디영화는 보는 즐거움에 중점을 두었던 것이다. 슬랩스틱은 당시의 영화가 가지고 있던 무성영화라는 기술적 한계를 코미디 배우들의 독창적 창작성으로 극복해 낸 것이었다.

그렇다면 1920년대 슬랩스틱 코미디 장르는 멜로드라마와 어떠한 연관이 있을까? 찰리 채플린의 대표작 중 하나인 「키드」The Kid(1921)의 내용을 잠시 살펴보자. 영화의 줄거리는 대략 이러하다. 아이를 안은 에드나가 자선병원을 나온다. 부유한 화가에게 버림받은 그녀는 지금 자살을 시도한다. 에드나는 아이를 잘 보살펴 달라는 메모를 남겨 둔 다음 아이를 고급 리무진 안에 몰래 넣어 두고는 떠나지만, 곧 도둑이 리무진을 훔친다. 그 와중에 아이는 버려지는데, 떠돌이 찰리가 아이를 발견하고 키우기 시작한다. 5년 후, 에드나는 성공한 오페라 스타가 된다. 그녀는 5년 전에 버린 아이를 찾으려 애쓰는 한편 불우한 어린이들에게 자선을 베풀며 살아간다. 한편 찰리는 아이와 함께 경찰에 쫓기며 고달프게 살아가고 있다.

이 간단한 줄거리에서 우리가 쉽게 알아챌 수 있는 사실은 이 영화가 어머니의 자식에 대한 사랑을 주제로 삼고 있다는 점이다. 물론 당시의 슬랩스틱 코미디 장르에서 전면에 부각되는 것은 채플린으로 대표되는 희극인들의 몸동작에 기반을 둔 웃음과 재미이다. 그러나 웃음과 재미라는 감정은 인간의 다른 감정들, 희로애락의 감정과 떼려야 뗄 수 없는 법이다. 인간의 원초적인 감정을 과장된 방식으로 밀어붙인다는 점에서 멜로드라마의 또 다른 전형을 보여 주는 것이 바로 코미디 장르라는 것도 의심할 여지가 없을 것이다.

1930년대 뮤지컬영화와 멜로드라마

영화에서 사운드의 도입은 영화가 단순히 회화성이 강한 예술의 지위에서 벗어나, 훨씬 실생활에 가까운 세밀한 의사 전달이나 의미 전달을 할 수 있는 매체가 되게 했다는 의의를 갖는다. 또한 사운드의 도입은 그때까지 영상과 자막을 교대로 보아야 했던 무성영화의 불편함이 사라지면서 높은 문맹률을 기록하고 있던 당시 일반 대중들에게 영화가 보다 친밀하게 다가갈 수 있는 계기를 만들기도 했다. 음향의 도입으로 뮤지컬영화가 1920년대 후반부터 1930년대를 거치면서 서서히 전성기를 맞이하였다. 이와 동시에 컬러 필름이 등장하면서 이 신기술을 활용한 영화들 역시 속속 등장한다. 빅터 플레밍 감독의 1939년 작 「오즈의 마법사」*The Wizard of Oz*는 초기 영화 역사에서 사운드와 컬러를 가장 효과적으로 사용한 작품으로 평가받는다. 「오즈의 마법사」에서 흑백과 컬러 영상은 현실과 꿈의 세

그림 3 「**오즈의 마법사**」*The Wizard of Oz*(1939)

제2부 공동체에 내한 성찰

계를 구분하는 경계로 사용된다.

역사적인 차원에서 멜로드라마라는 개념은 종종 음악과 관련을 맺어 왔다. 그 이유는 무엇보다도 음악이 우리의 감정을 가장 극적인 방식으로 드러낼 수 있는 수단이었기 때문일 것이다. 1930년대 뮤지컬 장르가 영화의 주된 장르로 자리매김을 하면서, 이전의 무성영화가 할 수 없었던 감정의 직접적인 전달이 가능해졌다. 「오즈의 마법사」 또한 어린 소녀가 느낄 수 있을 법한 사랑과 우정, 용서 등의 감정을 음악의 힘을 통해서 효과적으로 전달한 뮤지컬 멜로드라마라고 칭하기에 부족함이 없다.

독일 표현주의와 멜로드라마

독일은 1910년대 후반부터 1920년대 중반에 이르기까지 회화적이며 시각적으로 강렬한 무성영화들을 만들어 냈다. 1918년 제1차 세계대전이 끝난 후 미국이 세계 영화산업에 대한 지배력을 강화하는 동안, 독일은 세련된 주제와 기술의 발전을 통해서 영화예술을 새롭게 이끌었다. 전쟁에서의 패배로 인해 국가의 위신이 손상되고 물가폭등과 실업, 식량부족 등 독일의 경제는 무력화되었는데, 이러한 시대적 배경은 영화 예술인들에게 소위 표현주의 영화라고 불리는 새로운 영화가 탄생할 수 있는 계기를 마련해 주었다. 독일 표현주의는 오늘날 미국 할리우드 영화의 주류를 형성하고 있는 SF 영화와 공포영화에 많은 영향을 주었다. 현대의 영화들에서 때때로 발견할 수 있는 사악하고 환상적인 주제, 미술 작품을 보는 듯한 회화적 조명, 분장과 의상, 특수효과에 의한 촬영 등은 1920년대에서 1930년대까지의 독일과 미국에서 볼 수 있었던 영화 그대로의 모습이라

그림 4
「니벨룽겐의 노래」*Die Nibelungen : Siegfried & Die Kriemhilds Rache*(1924)

고도 말할 수 있다.

　1920~1930년대 미국과 영국에서 주로 코미디와 뮤지컬 영화가 양산되면서, 등장인물의 몸동작이나 음악을 강조하는 방식으로 인간의 감정을 과장되게 표현하는 시도가 이루어지고 있었다면, 같은 시기 독일에서는 흑백의 대립, 명암의 대립이라는 표현양식을 바탕으로 선과 악의 이분법적 대립구도라는 이야기 구성을 취하는 영화들이 무수히 만들어지고 있었다. 앞서 그리피스의 사례에서도 살펴보았듯, 선한 감정은 항상 악한 감정을 배경으로 할 때 더욱 선한 감정으로 우뚝 서게 된다. 여러 가지 기술적인 요소들의 힘으로 인해 격한 감정의 대립을 가장 효과적으로 전달할 수 있는 매체로서 영화가 손꼽히게 되었는데, 영화 분야에서 바로 그러한 과장된 감정을 표현하는 대표적인 수단이 바로 몸동작과 사운드, 그리고 시각적인

표현이라고 할 수 있다. 사랑 이야기의 원형 중 하나인 「니벨룽겐의 노래」가 독일 표현주의의 대표 감독 프리츠 랑에 의해 영화화된 것은 결코 우연이 아닐 것이다.

인간관계와 인간 감정의 확장

가족관계의 사회화

가정이라는 공간과 가족을 바탕으로 한 인간관계는 사회적으로 무한히 확장될 수 있다. 특히 그리스의 오이디푸스 신화가 원용되어 아들의 입장에서 보는 아버지와 어머니의 관계가 영화적 소재로 종종 사용되곤 한다. 오이디푸스 콤플렉스Oedipus complex로 알려진 아들의 아버지에 대한 복합적인 감정은 친밀성이라는 개념에 기초를 둔 인간 감정의 복잡하고도 미묘한 표현에 다름 아니다. 우리가 영화나 텔레비전 드라마에서 목격할 수 있는 오이디푸스 콤플렉스 속에서 아버지는 아들에게 사회질서를 권하거나 강제하고, 금기와 처벌의 원칙을 바탕으로 아들의 일거수일투족을 통제하려는 인물로 그려진다. 반대로, 아들의 입장에서 어머니는 사랑과 욕망의 영원한 대상으로 받아들여지는데, 이때 아버지는 아들과 경쟁하고 대립하는 존재로 표상되기도 한다. 아들은 아버지의 권위와 갈등하며 어머니를 욕망하지만, 결국 때가 되면서 사회화의 과정을 거치며 어머니에 대한 유아적 사랑을 포기하고 아버지의 원칙에 따르게 된다는 것이 오이디푸스 콤플렉스에 기초를 둔 영화적, 드라마적 이야기 구성의 전형이다.

오이디푸스 콤플렉스로 표현된 가정 내 아버지와 어머니, 그리고 아들 간의 관계, 즉 가장 기본적인 인간관계를 사회적인 차원으로 확장하게 되면, 아버지를 거부하는 아들은 사회적 질서에 반하는 반 (反)영웅 캐릭터로 자리를 잡게 되고, 아버지의 권위에 순종하며 기존 질서를 따르는 아들은 성공하는 주인공으로 자리매김한다. 순종적인 주인공은 위기에 처한 사회적 질서를 구하기 위해 투쟁하며 결국 갖가지 위기를 극복함으로써 기존에 아버지가 지니고 있던 권위를 이어받아 영웅으로 우뚝 선다. 반면 아버지에 반항하는 아들은 주어진 규범체제에 적응하지 못하고 방황하는 남성의 이미지로 나타난다. 이렇게 반항적인 청년은 사회질서로부터 억압을 받으며 동시에 그에 위협적인 존재로 표현된다. 그리고 결국, 운명적으로 아버지의 질서와는 다른 새로운 질서를 건설하는 또 다른 의미의 영웅이 되거나, 기존의 질서에 대한 반기를 들었던 것에 대해 처벌을 받게 되는 비극적인 캐릭터가 된다.

로드무비-이탈과 여행

물론 영화나 텔레비전 드라마에서는 아버지로 대표되는 절대적 존재, 사회적 질서의 대표자가 부재하는 상황 역시 종종 등장한다. 아버지의 존재라는 것은 사회적 규칙의 강제, 제한 및 금지를 의미하므로 아버지의 부재라는 상황은 그러한 사회적 규범체계의 (일시적) 부재상황을 뜻한다. 이런 위기 상황은 아들을 비롯한 사회 구성원들에게 일탈의 욕구를 자극하며 그들을 위기로 몰고 간다. 그러나 아버지의 부재 상황은 역으로, 그동안 아버지의 권위에 의해 한없이 작게 움츠러들어 있던 아들이 여태껏 경험하지 못했던 자유를 만끽하고 새로운 모험을 감행할 수 있는 기회가 되기도 한다.

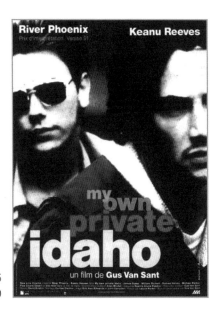

그림 5
「아이다호」*My Own Private Idaho*(1991)

　예를 들어, 집을 떠나는 것으로 시작되어 말 그대로 '길 위에서' 갖
가지 새로운 경험들을 겪게 되는 주인공들을 다루는 '로드무비'road
movie라는 장르를 주목해 볼 필요가 있겠다. 로드무비에서 집, 가
정, 그리고 가족은 권위와 질서의 상징이다. 반면에, 여행 혹은 방랑
은 기존의 억압적인 환경에서 벗어나 새로운 삶의 과정과 전망을 스
스로 탐색하고 모험하는 도전으로 정의될 수 있다. 로드무비의 주인
공들이 주로 가족이 아닌 친구와 동행하게 되는 것은 일종의 새로운
관계 형성과정을 의미하기도 한다. 가족관계를 바탕으로 형성되는
것이 인간의 기본적인 감정이긴 하지만, 그러한 감정의 구체적 단면
들은 사회적으로 다른 인간관계를 통해 확장될 수 있기 때문이다.
친구라는 것은 태어나기 전부터 이미 주어진 관계 속에서 탄생하는
것이 아니라, 한 인물의 주체적인 선택을 바탕으로 만들어지기 때문

이라고도 표현할 수 있다. 바로 이 지점에서 멜로드라마는 가족 외의 인간관계 속에서 싹트는 인간의 감정들, 즉 사랑과 우정, 배신과 갈등, 애증 등에 주목하게 된다.

구스 반 산트 감독의 로드무비 「아이다호」*My Own Private Idaho* (1991)는 마이크와 스콧이라는 이름의 두 청년의 성장기를 다루고 있다. 이들은 가정으로부터 뛰쳐나와 거리를 방랑하며 부랑자로 살아가는데, 이들의 삶은 아버지가 권위의 상징으로 남아 있는 가정을 떠나 현재 부재하는 어머니를 찾기 위한 여행의 과정 자체이다. 두 주인공 중 마이크는 계속해서 무언가를 찾아가려는 인물, 즉 일종의 반(反)영웅으로 남게 되고, 스콧은 가정으로 돌아가 아버지가 원하는 결혼을 하게 되고 결국 아버지의 모든 것, 재산과 권위를 포함한 모든 것을 물려받음으로써 기존의 질서에 다시금 편입된다. 이렇듯 로드무비는 인간관계의 사회적인 확장과정을 보여 주며 바로 그 확장된 인간관계가 어떻게 가족 및 가정과 밀접한 관계를 맺고 있을 수밖에 없는지를 제시해 주는 대표적인 영화적 장르라고 평가할 수 있다.

성장과 질서의 재건, 그리고 사랑

다양한 영화 장르 속에서 아버지의 부재는 새로운 질서, 혹은 예전의 질서가 한층 강화된 상황을 모색하는 계기로 작용하기도 한다. 일례로 토니 스콧 감독의 전쟁 멜로영화 「탑건」Top Gun(1986)을 살펴보자. 주인공 매버릭 대위는 베트남전 당시 전설적인 전투기 조종사였던 아버지의 뒤를 이어 자신도 역시 전투기 조종사가 된다. 아버지가 세워 놓은 명망 덕분에 매버릭은 입대한 지 얼마 되지 않아 전

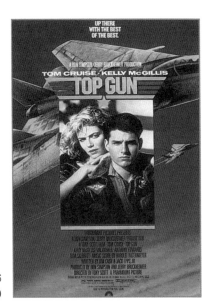

그림 6
「탑건」*Top Gun*(1986)

투기 조종사로서 자신의 능력을 발휘할 수 있는 기회를 얻게 되는 행운아였지만, 사고로 동료를 잃은 뒤 자책과 번민, 그리고 고통에 빠진 삶을 살게 된다.

실의에 빠진 채 하루하루를 살아가던 매버릭은 여성 교관 찰리의 정신적 지도와 사랑을 받으며 자신의 내면적 갈등을 넘어서기 위해 노력한다. 결국 매버릭은 위기에 빠진 동료를 구하고, 나아가 나라를 구하고, 동료들과 사회로부터 다시금 인정을 받으면서 영웅의 자리로 복귀하는 데 성공한다. 바로 이 지점에서 매버릭의 성공은 애초에 찰리로부터 비롯된다고 할 수 있는데, 찰리는 바로 아들의 성공을 위해서 헌신하는 어머니와 같은 역할을 수행하고 있다는 점이 중요하다. 물론 온갖 위기와 시련에도 불구하고 매버릭이 다시금 성공할 수 있었던 이유 중 하나는 아버지가 남긴 유산 때문이었긴 하

그림 7
「백 투 더 퓨처」*Back to the Future*(1985)

지만 말이다. 요컨대 「탑건」은 한때 방황하던 청년이 어머니의 애정 어린 지원과 아버지의 유산에 힘입어 한층 성숙해 가는 과정을 그린 일종의 성장영화, 한 인물이 자신 주변의 인물들과의 개인적인 인간 관계를 통해 성장하면서 결국 사회적으로도 영웅으로 자리매김하게 되는 일종의 '사회적으로 확장된' 멜로드라마라고 할 수 있다.

한편 아버지의 부재 상황은 어머니와 아들이 사랑에 빠지게 되는 낭만적인 내러티브, 그러니까 보다 친숙한 형태의 멜로드라마적 이 야기 구성으로 변형되기도 한다. 예를 들어, 1980년대 이후 공상과 학영화의 대중화에 큰 기여를 했던 로버트 저메키스 감독의 「백 투 더 퓨처」*Back To the Future*(1985)는 시간여행이라는 허구적 상황 설 정을 통해 아들과 어머니 간의 사랑(모자지간의 사랑이 아닌 연인관계에 있 어서의 사랑)을 암시적으로 보여 준다. 영화 속 주인공은 우연히 타임

머신을 타고 과거로 가게 되고, 바로 그 과거에서 당시 여고생이었던 어머니를 만나게 된다. 얼핏 보면 이러한 이야기 구성은 자칫 터부시 될 수 있는 근친상간이라는 소재를 다룬다는 비판을 받을 수도 있겠지만, 「백 투 더 퓨처」에서는 그러한 민감한 소재를 오락적으로 승화시켜 누구나 쉽고 안전하게(?) 즐길 수 있도록 만들어 준다. 오이디푸스 콤플렉스의 현대적 오락화라고도 표현할 수 있을 법한 이 영화의 이야기 구성은 인간관계와 인간 감정이 얼마나 무한히 확장될 수 있는지를 보여 주는 대표적인 사례라고 평가할 수 있다.

3. 전쟁영화와 멜로드라마

「카사블랑카」의 사례

영화의 탄생 이후 1940년대에 이르기까지 전 세계는 두 번의 세계대전을 거치면서 사람들에게 극한상황에서 발생할 수 있는 인간 감정의 다양한 단면들을 경험하게 만들었다. 그러한 이유에서 전쟁이라는 비참한 상황 속에서도 아름답게 싹트는 사랑이야기는 아직까지도 가장 주목할 만한 멜로드라마적인 이야기로 각광을 받고 있는데, 우리에게도 너무나 친숙한 「애수」*Waterloo Bridge*(1940)나 「카사블랑카」*Casablaca*(1942)가 그 대표적 사례이다.

먼저 「애수」의 내용은 이러하다. 워털루 다리를 산책하던 젊은 대위 로이는 때마침 울린 공습경보로 지나가던 사람들과 함께 지하 대피소로 피신한다. 그때 그는 우연히 한 처녀를 도와주고 함께 대피

그림 8
「애수」*Waterloo Bridge*(1940)

한다. 혼잡한 대피소 안에서 그들 두 사람은 자연스럽게 가까워진
다. 그녀는 올림픽 극장에서 공연 중인 발레단의 무희였다. 어느덧
싹트기 시작한 그들의 사랑은 다음날 로이의 청혼으로까지 이어지
지만, 참전을 앞둔 그였기에 둘은 결혼식도 올리지 못한 채 헤어지
고 만다. 그녀는 오매불망 로이를 기다리지만, 어느 날 전사자 명단
에 들어 있는 로이의 이름을 발견하고 절망에 빠진다. 극도의 상실
감에 거리의 여자로 전락하고 만 그녀는 온전하게 살아서 귀국하는
로이를 발견하고, 결국 지난날에 대한 후회와 안타까움, 사랑을 지
키지 못한 죄책감으로 워털루 다리에서 자살하고 만다.

한편, 「카사블랑카」는 다음과 같은 이야기가 전개된다. 중동에 위
치한 요지, 카사블랑카는 전란을 피해서 미국으로 가려는 사람들의
기항지이다. 이곳에서 술집을 경영하는 미국인 릭은 어느 날 밤, 반

그림 9
「카사블랑카」*Casablanca*(1942)

(反)나치의 리더인 라즐로와 그의 아내 일리자를 만나게 되는데, 일리자를 본 릭은 깜짝 놀란다. 일리자는 바로 릭이 알지 못하는 이유로 그를 떠났던 그의 옛 연인이었던 것이다. 미국으로 탈출하려는 일리자와 그녀의 남편, 그들을 바라보는 릭은 일리자를 붙잡아 두고 픈 생각에 잠시 고민하지만, 결국 그들의 탈출을 돕기로 한다. 이윽고 이별의 시간이 다가오고 릭은 온갖 착잡한 마음을 뒤로한 채 일리자를 말없이 응시한다. 그리고 릭은 일리자와 그녀의 남편을 태우고 날아가 버리는 비행기를 한동안 멍하니 바라본 후, 뒤돌아 길을 걷는다.

이렇게 글로 제시된 영화의 이야기를 읽다 보면, 아마도 직접 영화를 관람할 때보다 더, 이 두 영화들이 멜로드라마에 가깝다는 사실을 확인할 수 있을 것이다. 전쟁이라는 시대적 배경이 시각적으로 적극적으로 표현된 영화적 화면구성에 가려 멜로드라마라는 이야기의 흐름 자체를 잊게 될 가능성이 있기 때문이다. 하지만 실제 전투 장면에 집중하며 화려한 액션을 펼쳐 가는 것을 주된 목적으로 삼는 전쟁 액션영화와는 달리, 대부분의 전쟁영화는 멜로드라마와 결합된 전쟁영화, 즉 전쟁 멜로영화의 성격을 띠고 있다. 평온하고 잠잠한 일상생활에서는 쉽게 느낄 수 없었던 여러 가지 복합적인 인간의 내면 심리와 감정들이 전쟁이라는 비극적인 상황 속에서 표면으로 부상하기 때문이다. 굳이 위의 두 영화들에서처럼 남녀 간의 사랑 이야기를 다루지 않더라도, 인간의 극적이고도 과장된 감정의 세계를 표현한다면, 그것은 충분히 멜로드라마의 성격을 지닌 것으로 평가할 수 있을 것이다. 따라서 어떤 의미에서는 우리에게 가장 친숙한 멜로드라마는 전쟁 멜로영화라고도 볼 수 있다.

「진주만」과 「미이라」의 사례

어떤 장르의 영화이건 간에 흔히 우리가 한 편의 영화에 대해서 평가할 때, 그 영화의 내용적인 측면과 형식적인 측면을 구분하여 둘 중 어느 하나가 잘 되었는지 그렇지 않은지를 기준으로 삼는 경우가 있다. 줄거리, 즉 스토리나 플롯, 내러티브의 완성도가 높아서 그 해당 영화를 높게 평가한다거나, 반대로 카메라 촬영 기법이라든지 편집, 기술적 완성도, 혹은 다른 형식적 스타일이 주목할 만하기 때문에 그 영화를 좋게 생각하는 식으로 말이다. 예를 들어, 얼핏 보았을 때 비슷한 유형의 영화라고 평가 수 있는 「진주만」*Pearl Harbor*(2001)과 「미이라」*The Mummy*(1999)가 사실은 내용과 형식 중

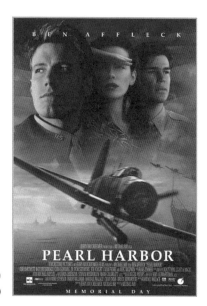

그림 10
「진주만」*Pearl Harbor*(2001)

어느 한 부분에 특히 더 많은 시간을 할애하고 있다는 사실을 상기
한다면, 특정한 한 편의 영화를 분석하는 데 형식과 내용을 구분하
는 것의 중요성은 더욱 부각된다. 「진주만」이 화려한 스펙터클 뒤에
감추어진 이야기적인 측면, 그러니까 사랑과 우정, 배신과 갈등 등
에 집중하고 있는 반면, 「미이라」는 단지 컴퓨터 그래픽에 의해 창조
된 피조물 그 자체를 보여 주는 데에만 관심을 기울이고 있다는 점
에서 말이다.

먼저 「미이라」는 1932년에 제작된 동명의 영화를 리메이크한 작
품으로, 컴퓨터 그래픽을 통해 탄생한 미이라의 모습이 인상적이
다. 이 영화의 특수효과는 조지 루카스가 설립한 ILMIndustrial Light
Magic이 담당했는데, 「미이라」와 그 속편인 「미이라 2」*The Mummy
Returns*(2001)를 거치면서 영화 속 주인공들은 약 10년이라는 세월의

흐름을 겪는다. 하지만 사랑과 결혼, 아들의 출생과 성장 등 세부적인 내용은 압축적으로 표현되고, 단지 컴퓨터 그래픽이 전하는 화려한 볼거리에만 집중한다는 것이 이 영화의 특징이라고 할 수 있다. 전쟁 멜로영화, 혹은 액션 멜로영화라고 부르기에는 멜로드라마적인 내용이 너무도 미약하게 담겨 있고, 그러한 이유에서 내용적 전개보다는 시각적인 볼거리에 초점을 맞추고 있는 현대 영화의 사례로 「미이라」를 꼽는 것도 무리가 아니다.

하지만 반면에, 「진주만」은 정반대의 길을 걷고 있다. 일련의 비평가들로부터 지나치게 전쟁을 미화하고, 감상주의와 영웅주의로 일관하고 있다는 비판을 받기도 하는 「진주만」에서의 진주만 폭격 장면은 스펙터클한 시각적 볼거리를 제공하지만, 20분이 조금 넘는 폭격 장면을 제외한 영화의 전체적인 이야기는 다소 유치하고도 진부한 편이다. 그런데 여기서 사용되고 있는 '미화', '감상주의', '영웅주의', '유치한', '진부한', '과장된' 등의 용어는 어떤 장르의 특징인가? 「진주만」은 폭격 장면을 제외한 두 시간 이상의 러닝타임을 두 남자와 한 여자의 내면적인 감정 전달에 할애하고 있다. 두 남자 캐릭터 사이의 우정, 남녀 간의 사랑, 배신, 갈등, 애증 등 인간 감정의 감상적인, 그리고 진부하지만 영화적으로 과장되었기에 결코 지루하지만은 않은 영웅적인 이야기 구성은 바로 우리가 여태까지 살펴보았던 멜로드라마적인 이야기 구성의 전형이다. 이러한 사례들을 접하면서, 우리는 멜로드라마가 모든 영화 장르들 속에, 나아가 모든 시각 매체와 이야기 매체 속에 자연스레 녹아들어 가 우리에게 실로 막대한 영향력을 행사하고 있음을 다시금 상기해 볼 필요가 있겠다.

제3부

우리를
위한
상상

제11장

100세 시대, 재구성이 필요한 베이비부머의 가족관계*

성미애 교수(가족학)

*이 글은 한국방송통신대학교 통합인문학연구소에서 발행하는 「통합인문학연구」 제6권 제2호(pp.35~60)에 발표한 논문을 일부 수정·보완한 것임.

1. 한국의 베이비부머

베이비부머는 일반적으로 합계출산율이 3.0 이상인 연령대가 일정기간 연속적으로 유지된 인구 코호트를 말한다. 미국에서는 제2차 세계대전 후인 1945~1960년에 출생한 사람들을, 일본에서는 1948년 전후로 출생한 사람들을 베이비부머라고 칭한다. 우리나라에서는 통상적으로 1955년에서부터 1963년까지 출생한 코호트를 베이비부머로 본다. 2010년 통계자료를 보면, 우리나라의 베이비부머는 695만 명으로, 전체 인구의 14.5%를 차지하고 있는 것으로 밝혀졌다(통계청, 2010).

한국의 베이비부머는 1950년대 한국전쟁 이후 피해 복구가 제대로 되지 않는 상황에서 절대 빈곤을 경험하면서 유년기를 보냈다. 그리고 경제개발 5개년 계획이 시작되면서 산업화에 대한 국가적 드라이브가 강한 시기, 정치적으로는 독재체제에서 청년기를 보냈다. 그야말로 이들은 일 지향적 삶을 살면서 우리나라 경제개발과 함께 성장한 세대이다.

그러나 이러한 직업에 대한 강한 충성심에도 불구하고 중년기 때는 아시아 외환위기(1997)와 글로벌 경제위기(2007)를 경험하면서 경제적으로 힘든 시기를 온몸으로 경험한 세대이다. 특히 평생직장 개념을 가지고 조직에 충성했던 이들에게는 받아들이기 어려웠을 명예퇴직, 조기퇴직 등의 간접 경험은 여전히 트라우마로 남아 있을 것이다. 그리고 이러한 상황에서 아무런 준비 없이 100세 사회를 살아야 하는 제1세대가 바로 오늘날 한국의 베이비부머이다.

한국의 베이비부머는 기업의 정년퇴직 연령인 만 55세가 되는 2010년부터 본격적으로 은퇴를 시작하였다. 2030년이 되면 이들 대부분이 은퇴를 하면서 노년기에 진입하게 된다. 따라서 이 시기에는 노인인구가 총인구의 24.3%를 차지하게 되며, 전체 인구의 1/4이 노인층이 되는 등(통계청, 2010), 베이비부머들은 우리 사회의 틀을 전반적으로 바꿀 것으로 예측된다.

그러나 우리나라 처음으로 '100세 장수'를 실현하게 하는 베이비부머이지만, 이들이 갖는 노년기 삶에 대한 전망은 그리 밝지 않다. 베이비부머를 대상으로 노후준비 특성을 분석한 연구(이승신, 2013; 이용재, 2013)에 따르면, 베이비부머는 공적연금 가입률이 59%, 개인연금 가입률이 11.5%, 퇴직연금 가입률이 1.5%로 노후준비를 제대로 못하고 있는 것으로 나타났다. 특히 이들 연구결과에 따르면, 남성에 비해 여성 베이비부머가 노후준비를 못하고 있는 것으로 나타나서 여성 베이비부머의 노후 생활이 경제적으로 안정되지 않을 것임을 예측할 수 있다.

이러한 상황은 베이비부머가 놓인 샌드위치 세대라는 특성 때문에 야기된 측면이 크다. 통계청(2010)에 따르면, 베이비부머는 '자녀의 대학 교육비를 당연히 지원해야 한다'고 생각하는 비중이 절대 다수인 99.1%로 나타났다. '자녀의 결혼준비를 부모가 해 주어야 한다' 고 생각하는 비율도 90.0%로 높았다. 반면, 베이비부머의 부모 중 약 70%는 여전히 자녀세대인 베이비부머로부터 생활비 도움을 필요로 하며, 이러한 필요를 실제 베이비부머가 담당하고 있는 것으로 나타났다. 베이비부머는 부모를 부양하는 마지막 세대이고, 자녀로부터 부양을 받지 못하는 첫 번째 세대일거라는 항간의 얘기는 그냥 나온 말이 아님을 알 수 있다.

이처럼 한국의 베이비부머는 부모세대와 자녀세대 부양에 대한 부담감, 특히 자녀에 대한 과도한 책임의식 속에서 정작 중요한 자신의 장기화된 노후에 대해서는 준비를 못하고 있는 상황임을 알 수 있다. 즉, 한국의 베이비부머는 자녀를 독립시키고 부부 중심의 노후를 준비해야 하는 시점에서도 부모에 대한 책임감과 자녀에 대한 책임감으로 두 세대에게 경제적 지원을 하고 있다. 이런 상황 속에서 노년기 부부의 중요한 발달과정 중 하나인 부부 중심의 삶으로 전환하지 못하고 있음을 알 수 있다.

그러나 이들이 실제 전망하는 노년기 삶은 부부 중심의 삶이다. 한국 베이비부머의 가족생활과 노후생활 전망을 살펴본 연구(정경희, 2012)에 따르면, 베이비부머는 노후의 삶을 영위할 때 중요한 관계로, 배우자(78.4%), 자녀(10.4%), 친구(7.2%), 형제자매(3.7%)를 꼽고 있는 등 절대 다수가 '배우자와의 관계가 노후에 중요하다'고 인식하는 것으로 나타났다. 또한 베이비부머의 절대 다수(93.2%)가 '노후에는 부부끼리 혹은 혼자 살고 싶다'고 응답할 정도로 100세 시대 노년기 삶은 부부 중심의 삶으로 인식하고 전망하고 있다.

이러한 맥락에서 본다면, 노년기가 장기화되는 100세 사회에서는 노후를 위한 경제적 준비 못지않게 가족에 대한 인식부터 전환되어야 할 것이다. 특히 가족관계는 하루아침에 설정될 수 있는 것이 아니라 관계를 시작한 시점부터 쌓아 온 여러 가지 감정이나 경험의 결과물로 형성되는 것이다. 따라서 이전 시기에 관계를 잘 설정하지 않은 상태에서 노년기에 부부 중심의 관계, 그리고 성인자녀와 분화된 관계를 이루기는 쉽지 않다.

이러한 문제의식과 100세 사회의 맥락에서 부부관계, 부모-자녀 관계를 생각해 보고자 한다.

2. 100세 시대와 베이비부머의 가족

100세 시대

유엔은 2009년 「세계인구고령화」World Population Aging라는 보고서를 발표(매일경제, 2011. 8. 16)하면서 '호모 헌드레드'Homo Hundred라는 용어를 사용하였다. 이 용어는 현 인류 조상을 호모 사피엔스Homo Sapiens(생각하는 인간)로 부르는 것에 비유하여 100세 장수가 보편화하는 시대의 인간을 지칭하는 말이다.

2014년 보건복지부 자료에 따르면, 한국의 100세 이상 고령자는 1,359명에 달하는 것으로 나타났다. 현재 우리나라의 최빈 사망연령대가 84세, 85세로 나타나고 있는데, 이 최빈 사망연령이 90대가 되면 100세 사회라고 한다(김용하, 2011). 이러한 통계치에서 예측해 보면, 우리 사회도 2020년부터 2025년 사이에 100세 사회에 진입할 것으로 보인다(이수영, 2011).

　이처럼 100세 사회는 장수가 보편화되는 시대이며, 이에 따라 사회 전반적인 시스템도 장수사회에 맞게 바꾸어져야 한다. 먼저 100세 시대를 인간발달의 관점에서 보면, 100세 시대는 노년기가 장기화되는 시대이다. 즉 한 인간의 삶에서 노년기가 차지하는 비중이 높아지는 것을 의미한다. 따라서 개인의 입장에서 보면, 노년기의 삶에서 갖는 생활만족도나 삶의 질이 전체의 삶을 조망할 때도 큰 비중을 차지하게 됨을 알 수 있다.

　또한 100세 시대를 가족관계의 맥락에서 보면, 가족 간 상호작용 기간이 장기화된다는 것을 의미한다. 즉, 부부관계에서 본다면 부부 간 상호작용을 하는 기간이 장기화된다는 것을 의미하며, 부모-자녀관계에서 보면 부모가 노년기가 되었을 때 성인자녀와 상호작용

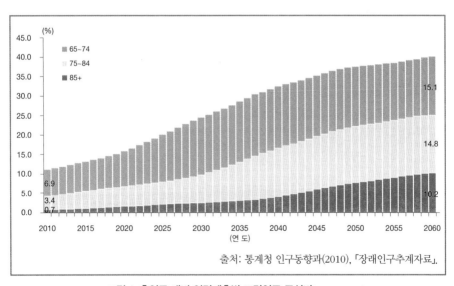

출처: 통계청 인구동향과(2010), 「장래인구추계자료」.

그림 1 총인구 대비 연령계층별 고령인구 구성비(2010~2060)

하는 기간이 길어진다는 것을 의미한다. 인간의 본질적인 욕구가 장수하는 것이며, 이렇게 100세의 삶으로 수명이 연장되면서 가장 친밀한 관계인 가족과 상호작용하는 기간이 길어진다는 것은 어떻게 보면 인간에게 내린 축복이라고 할 수 있다.

그러나 100세 시대는 다른 시기가 아닌 노년기, 그중에서도 중고령, 최고령 노인기가 길어진다는 것이 특징이다. [그림 1]에 제시되어 있듯이 100세 사회에는 노인층이 연소 노인(노인 전기: 65~74세), 중고령 노인(노인 중기: 75~84세), 최고령 노인(노인 후기: 85세 이상)으로 다양해지면서 중고령, 최고령 노인의 비중이 높아지는 것이 특징이다.

중고령 노인이 되는 75세를 기점으로 일상생활이 자유롭지 않고, 돌봄에 대한 욕구가 높아진다는 사실에서 볼 때(조희금 외, 2014), 100세 시대는 축복의 시대이면서도 '노인돌봄'이라는 그림자의 음영이 짙은 시대라고 할 수 있다. 특히 국가 차원의 복지수준이 미진한 우리 사회에서는 사회적 노인돌봄 문제가 결국 가족 내 노부모돌봄 문제로 치환되면서 가족 간 관계의 갈등으로 이어질 수 있다.

따라서 우리 사회의 어느 세대보다 준비 없이 100세의 노년기를 살아야 하는 베이비부머는 바로 지금 100세라는 장기적인 맥락에서 부부관계와 부모-성인자녀관계를 재설계하고, 관계의 의미를 재구성해야 할 것이다.

부부관계의 재구성

부모 역할에 치이는 한국의 부부관계

부부관계는 가족 내 중추적인 관계로, 가족이라는 체계가 안정되기 위해서는 부부관계가 균형을 잡고 있어야 한다. 그야말로 부부관계는 가족 내 중추적인 핵심 관계가 되어야 한다. 그러나 전통 한국 가족의 경우 결혼의 목표가 부부의 행복이나 개인의 자아실현이 아니라 가문의 대를 잇는 자녀의 출산에 있었다. 이런 연유로 가문의 대를 이을 수 있는 부자관계, 특히 가부장인 아버지와 가계 계승자가 되는 장남관계가 중시되었고, 부부관계는 부차적인 관계로 인식되었다.

이러한 전통적 가족관계 양상이 청산되지 않은 상황에서 부부관계를 중심으로 하는 근대적 핵가족 이념이 우리나라에도 들어오기 시작하였다. 그 결과 사회변화에 따라 가족형태는 부부가 중심이 되는 핵가족이 늘어났다. 그러나 가치관은 여전히 부부 중심이 아니라 자녀 중심이다.

사실 가족의 중요한 기능 중 하나가 미성년 자녀의 사회화이기 때문에 가족 내에서 부부가 자녀양육이나 교육에 주력하는 것은 이상한 일이 아니다. 그러나 가족의 주된 하위체계는 부부이기 때문에 부부를 중심으로 균형을 잡고 자녀가 독립할 수 있도록 지원하는 양상이 되어야 한다. 하지만 지금 한국 가족에서는 자녀에 대한 과중한 책임감 속에서 부모 역할을 과도하게 내면화하면서 문제를 일으키는 측면이 크다.

즉, 한국 부부가 부부 간 상호작용보다 부모 역할을 과도하게 내면화하면서 가족 내 부부관계는 부차적인 관계로 밀리게 된다. 또한 부부관계 역시 관계의 기초가 되는 친밀성에 기반한 것이 아니라 도구적인 역할 관계로 자리 잡게 된다. 그리고 이런 양상은 사회적으로도 문제를 야기하고 있다. 대표적인 것이 과도하게 경쟁적인 자녀교육과 사교육비 문제이다. 정부는 교육에 있어서도 제도적 가족주의를 지향하면서, 차세대의 고등교육이나 인적자원에 대한 투자를 공교육을 통해서 해결하는 것이 아니라 가족에게 떠넘기는 식으로 정책을 입안하고 시행하고 있다(장경섭·진미정·성미애·이재림, 2015).

가족 역시 신자유주의 이념하에서 자녀교육을 이 험한 세상에서 살아남을 수 있는 경쟁력과 생존의 수단으로 바라보면서 경쟁적으로 몰입하고 있다. 즉, 자녀의 명문대 입학이나 자녀가 구사하는 영어 능력은 가족의 성공과 직결되는 요인으로 인식되면서 과도하게 부모 역할을 내면화하고 있다. 그에 따라 부부관계는 존재 의미를 상실하고 도구적인 역할 관계로 남게 되었다. 특히 IMF 경제위기 이후부터 '부자 아빠', '부자 되세요' 등의 말이 우리 사회에 회자되었던 데에서 알 수 있듯이 사회적 안전망이 없는 상황에서 가족의 경제력, 성공, 성취 등은 중요한 삶의 목표가 되었다. 그리고 이러한 성공으로 가는 사다리 중 하나인 자녀교육은 전 가족원이 올인해야 하는 사업이 된 것이다(장경섭·진미정·성미애·이재림, 2013). 이러한 상황에

〈표 1〉 성인자녀에 대한 부모의 책임에 대한 태도 및 성별 차이 분석

(N=4,754)

문항	전체	남성	여성	t
부모는 자녀의 대학교육비를 책임져야 한다	3.5	3.5	3.5	−0.97
부모는 자녀의 결혼준비 비용을 책임져야 한다	3.2	3.2	3.2	0.60
부모는 필요하다면 자녀가 결혼한 후에도 돌보아 줄 책임이 있다	3.0	3.0	3.0	1.69

주: 1) 15세 이상 응답자. 남성: 2,368명, 여성: 2,386명
    2) 점수범위: 1점(전혀 그렇지 않다)~5점(매우 그렇다)
출처: 여성가족부(2010), 「제2차 가족실태조사」.

서 한국의 부부관계는 성공적인 자녀교육을 위해서만 존재 의미를 갖는 도구적인 역할 관계로 전환하게 된다.

그리고 부모가 자녀의 삶에 대해 갖는 책임의식은 과도하게 높아 부모가 가지고 있는 성인자녀에 대한 책임 수준을 살펴본 실태조사 결과(여성가족부, 2010)를 보면, 〈표 1〉에 제시되어 있듯이 우리나라의 부모는 "자녀의 대학교육비, 결혼준비 비용, 여기서 더 나아가 자녀가 결혼한 후에도 필요하다면 부모가 책임져야 한다"고 생각하는 것으로 나타났다. 그리고 이러한 과도한 부모 역할 책임의식에서는 성별 차이가 없는 것으로 나타났다.

이처럼 과도하게 부모 역할을 내면화하게 되면 가족생활주기에서 볼 때, 부모가 자신의 노년기를 준비할 자원이 고갈되는 결과를 가져온다. 즉, 부모가 자신의 노후자금을 자녀의 교육비나 취업지원비 또는 결혼비용으로 소모하게 되면서 노후의 자기돌봄을 하기 힘들게 된다. 실제 제2차 가족실태조사 자료를 토대로 베이비부머의 부부갈등에 영향을 미치는 요인을 고찰한 연구(Sung & Byun, 2013)에 따르면, 과도하게 부모 역할을 내면화한 한국 베이비부머에게는 미혼 자녀의 존재 자체가 부부갈등을 야기하는 것으로 나타났다. 따라서 100세 시대를 살아야 하는 베이비부머들은 부부관계의 중요성을 인식하면서 자녀에 대한 과도한 책임에서 벗어나야 한다. 무엇보다 과도한 부모 역할 책임에서 빚어지는 도구적인 역할 관계에서 탈피해야 할 것이다.

민주성과 평등성에 근거한 친밀감의 회복

부부관계는 결혼 이전까지 전혀 상이한 사회문화적 배경에서 자란 두 사람이 서로 적응하면서 형성해 가는 관계이다. 현재의 부부는 전생의 원수가 만나서 이룬 관계라는 말도 있듯이 그만큼 상이한 가치관과 태도, 생활양식 속에서 자라 온 두 사람이 쉽게 조화를 이루면서 적응해 사는 것은 쉽지 않다.

따라서 가족학에서는 다른 어떤 관계보다 부부관계의 질이나 결혼만족도, 결혼의 질 등을 종속변수로 해서 관련되는 변수들을 고찰하는 연구가 많다. 실증적인 연구에 따르면, 친밀한 부부관계는 노년기 삶의 질을 높이는 것으로 나타났다. 구체적으로 살펴보면, 노년기 삶의 질에 영향을 미치는 요인을 살펴본 연구(배나래·박충선, 2009)에 따르면, 배우자의 애정과 친밀함이 삶의 질을 높이는 것으로 나타났다. 노년기 부부의 결혼적응을 살펴본 연구에 따르면(김태현·전길양, 1997), 노년기 부부는 자녀와 접촉빈도가 많고, 노부부가 함께 사회활동에 참여하며, 배우자의 지지가 많을 때 결혼적응이 높은 것으로 나타났다. 노인 우울증에 영향을 미치는 요인을 살펴본 연구(이민수 외, 1999)에 따르면, 배우자 사망, 경제적 문제, 신체적 질환이 노인의 우울증에 영향을 미치는 요인으로 나타났으며, 그중 배우자 사망이 노인의 우울증에 가장 큰 영향을 미치는 것으로 나타났다.

이처럼 노년기에는 친밀한 부부관계가 삶의 질 전반에 긍정적으로 영향을 미침을 알 수 있다. 따라서 부부갈등을 줄이면서 부부관계의 친밀성을 향상시킬 수 있는 방안을 살펴보아야 할 것이다. 제2차 가족실태조사 자료를 토대로 베이비부머의 부부갈등에 영향을 미치는 요인을 고찰한 연구(Sung & Byun, 2013)에 따르면, 베이비부머 부부의 경우 부부간 의사소통만족도가 높으며, 일-가족 균형이 잘 이루어질수록 부부갈등은 줄어드는 것으로 나타났다. 이러한 결과를 본다면, 베이비부머 부부가 친밀한 관계를 형성하기 위해서는 소통이 먼저 전제가 되어야 하며, 일에 몰입된 생활에서 벗어나 일−가족 균형이 이루어지는 삶으로 재구성해야 함을 알 수 있다.

특히 부부관계에서의 친밀감은 노년기 부부돌봄을 전망하는 베이비부머에게는 중요한 관계 속성이 된다. 헬드(Held, 2006)는 돌봄을 기계로 대체될 수 없는 '돌봄관계'로 정의하며, 느낌, 욕구, 욕망, 돌봄을 받는 사람의 사고, 돌봄을 받는 사람의 관점에서 상황을 이해하는 것이 돌봄에서 가장 중요한 요소라고 하였다. 박홍주(2009)는 '돌봄노동'의 특징을 첫째, 친밀성과 사랑을 전제로 하는 노동, 둘째, 감정노동, 셋째, 경제적 가치 측정이 어려운 노동이라는 세 가지 측

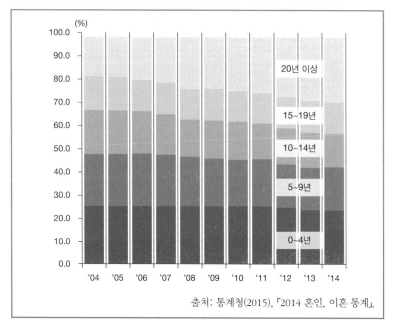

출처: 통계청(2015), 「2014 혼인, 이혼 통계」.

그림 2 혼인지속기간별 이혼 구성비

면에서 정리하였다.

따라서 일 지향적인 삶을 살면서 가정을 등한시해 온 베이비부머 남성이 노년기에 부부돌봄을 계획하고 있다면 부부관계의 친밀감 회복이 우선 전제가 되어야 한다. 그리고 이러한 관계의 회복을 위해서는 자녀가 아니라 배우자를 중심에 두고서 생활하는 것이 필요하다. 즉, 자녀세대에 대한 지나친 책임감이나 부모 역할 중심으로 정체성을 갖기보다 친밀감이 전제된 부부관계로 재구성하는 것이 필요하다.

이러한 부부관계의 친밀감을 회복하기 위해서는 이념적으로는 무엇보다 가부장적 가족의식이 바뀌어야 하며, 구체적인 가족생활에서는 전통적인 성역할 분담이 사라져야 한다. 즉, 민주성과 평등성에 근거해서 베이비부머의 부부관계가 재구성되어야 할 것이다. 실제 최근 혼인지속기간별 이혼율을 살펴보면(그림 2 참조), 결혼한 지 20년 이상 된 황혼이혼의 비율이 28.7%로 가장 높은 비율을 차지하고 있다(통계청, 2015). 이혼사유는 '남편의 억압', '외도', '폭력' 등 남편의 가부장성이 결혼 지속의 걸림돌이 된다는 연구들(김소진, 2009)이 발표되고 있다. 따라서 가부장적 구도에서 탈피한 노년기 부부관계의 민주성과 평등성은 그 어떤 요인보다 관계의 질적 전환을 위해서 중요함을 알 수 있다.

부모-자녀관계의 재구성

호혜성을 침해하는 상호작용의 말로

베이비부머 세대가 우리 사회의 근대화과정에서 경제적으로는 적어도 혜택을 받았다면, 베이비부머의 자녀세대는 우리 사회의 경제적 위기를 사회활동에 진입하는 청년기부터 체험한 세대라고 할 수 있다.

베이비부머의 자녀세대는 에코세대라고 불린다. 이들을 에코세대라고 명명하는 이유는 전쟁 후 베이비부머의 출산 붐이 마치 메아리처럼 되돌아와 형성됐다는 의미를 나타내기 위해서이다. 이 에코세대는 주로 1979년에서부터 1992년까지 출생한 사람으로, 학력은 부모세대보다 높아 45.5%가 대졸학력을 가지고 있으며, 절대 다수인 82.4%는 미혼이며, 15.4%만이 자가를 소유하고 있고, 24.6%만이 사회활동에 참여하고 있다(통계청, 2012).

베이비부머의 자녀세대는 우리 사회의 소위 '88만 원 세대'로, 취업, 결혼, 주거 문제에서 3중고를 경험하는 세대이다. 이러한 연유로 에코세대가 베이비부머인 부모세대에게 요구하는 부모의 책임수준은 높은 것으로 나타났다. 즉, 이들의 거의 반수인 46.5%가 '자녀가 취직하기 전까지 부모가 경제적으로 돌봐 주어야 한다'고 인식하는 것으로 나타났다(KB경영연구소, 2012).

그러나 이들이 생각하는 부모세대를 부양하는 문제에 대한 인식은 바뀌고 있다. 〈표 2〉에 제시되어 있듯이 부모가 자녀에 대해 가져야 하는 책임에 대한 인식은 높은 데 비해, 부모부양에 대한 태도는 '부모 스스로 부양'하거나 '가족과 정부, 사회가 함께 부양해야 한다'고 인식하는 것으로 나타났다. 전통사회에서는 부모는 미성년 자녀를 양육하고 교육하며, 성인이 된 자녀는 노부모를 돌보면서 장기적인 맥락에서는 상호작용에서 호혜성을 갖추었다. 그러나 현재 한국의 부모-자녀관계를 보면, 부모의 자녀 양육 및 교육에 대한 지원은 과도하게 이루어지는 데 비해 성인자녀의 노부모 돌봄 의식은 희

<표 2> 성인자녀에 대한 부모의 책임에 대한 태도 및 성별 차이 분석

(단위: %)

연도	1998	2002	2006	2008	2010	2012
부모 스스로	8.1	9.6	7.8	11.9	12.7	13.9
가족	89.9	70.7	63.4	40.7	36.0	33.2
장남/맏며느리	22.4	21.4	19.5	17.3	13.8	7.0[3]
아들/며느리	7.0	19.7	8.1	6.7	7.7	3.9[3]
딸/사위	0.5	1.4	0.9	0.9	1.8	0.8[3]
모든 자녀	14.5	27.6	49.2	58.6	62.4	74.5[3]
능력 있는 자식	45.5	30.0	22.2	16.4	14.3	13.9[3]
가족과 정부·사회	_[1]	18.2	26.4	43.6	47.4	48.7
정부·사회	2.0[2]	1.3	2.3	3.8	3.9	4.2
기타	0.0	0.2	0.1	0.0	0.0	0.0

주: 1) 1998년 조사에는 해당 문항 없음.
2) 1998년 조사에는 '사회 및 기타' 문항에 대한 응답임.
3) 2012년 조사에서는 부모의 노후생계를 '가족', '가족과 정부·사회'가 돌보아야
한다고 응답한 사람을 대상으로 함.

출처: 통계청(2012), 「사회조사」.

박해지는 등 관계의 불균형이 야기되고 있다.

이 같은 관계의 불균형은 궁극적으로 관계의 질을 담보할 수 있
는 호혜성이 이루어지지 않는다는 것을 보여 준다. 그리고 이러한
상황은 궁극적으로 관계의 질을 떨어뜨릴 것이다. 원래 관계에서 호
혜성이 지켜지지 않으면, 관계의 질이 떨어지면서 관계가 해체된다
(Johnson, 1977). 그러나 부모-자녀관계 등 가족관계에서는 해체가 쉽
지 않다. 이 경우에는 관계의 질이 저하되는데, 이는 곧 가족문제로
불거질 수 있다.

밀착된 유대에서 벗어나 관계의 본질에 충실한 느슨한 유대로

한국 가족관계의 역기능적인 특성 중 하나는 세대 간 동맹이다. 가족체계이론에 따르면, 가족체계는 다양한 하위체계로 구성되는데, 그중 부부세대와 자녀세대는 [그림 3]의 오른쪽에 제시되어 있는 것처럼 같은 세대 내에서 동맹이 이루어지며, 다른 세대와는 어느 정도 경계가 분명하게 형성되는 것이 바람직하다고 본다.

그러나 한국 가족은 부부관계가 허약하기 때문에 같은 세대 내에서 동맹이 이루어지는 것이 아니라 다른 세대와 동맹을 맺는 역기능적인 특성을 보인다. 대표적인 예가 [그림 3]의 왼쪽에 제시되어 있는 형태의 가족간 상호작용이다. 즉, 부부관계가 친밀성이 아니라 역할 중심으로 상호작용이 이루어지다보니 주로 아버지를 배제하고서 어머니와 자녀 간에 강한 동맹관계를 형성하는 경우가 많다.

이러한 세대 간 동맹은 독립적으로 성인으로 설 수 있는 자아분화 능력에도 부정적인 영향을 미친다. 자아분화는 정신 내적으로는 사

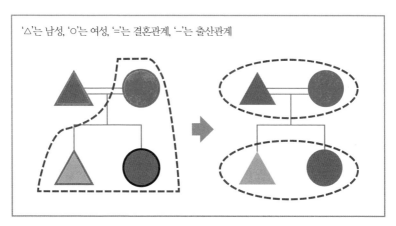

그림 3 세대 간 동맹에서 세대 내 동맹으로

고와 감정을 분리할 수 있는 능력이며, 대인관계 측면에서 보면 자신과 타인 사이의 분화를 의미한다. 대인관계에서 지나치게 밀착된 관계는 상대방에 대한 감정적 반응 정도를 높이며, 상대방을 불편하게 만들면서 궁극적으로 상호 거부를 초래하게 된다(Bowen, 1978).

실제 성인남녀를 대상으로 원가족 분화경험과 불안 및 행복감을 살펴본 연구(이재림·김영희, 2011)에 따르면, 원가족과 자아분화가 잘 안 된 기혼남녀는 불안을 느끼고, 그렇지 않고 잘 분화된 경우에는 행복감을 느끼며, 이러한 경험을 통해 부부일치도, 부부만족도, 부부결합도, 애정표현도가 달라진다는 것이다. 특히 남성, 여성 모두 원가족에서 어머니와 정서적 단절을 경험한 경우 가장 불안한 것으로 나타났으며, 아버지와 정서적으로 분화가 잘 된 경우에는 행복감을 많이 느끼는 것으로 나타났다. 또한 부모와의 정서적 분화와 기혼자녀의 결혼적응과의 관련성을 살펴본 연구(조소희·정혜정, 2008)에 따르면, 부모와의 정서적 분화는 기혼자녀의 결혼적응에 긍정적으로 관련되는 것으로 나타났다.

한편, 한국사회도 변화되면서 노부모－성인자녀관계에서 보이는 의존성은 관계의 질을 떨어뜨리는 요인으로 보고되고 있다. 노모와 자녀의 지원교환 유형을 살펴본 연구(신화용·조병은, 2004)에 따르면, 노모가 자녀로부터 지원을 받는 수혜형일 때 노모－성인자녀 간 관계의 질이 나쁜 것으로 나타났다. 노부모 부양을 살펴본 연구들(장희경·김혜영, 2013; 조병은, 2006; 한경혜·윤성은, 2002)에 따르면, 노부모 부양은 성인자녀에게 부담과 스트레스로 작용하는 것으로 나타났다. 기혼자녀가 노부모와의 관계에서 갖는 불만족을 살펴본 연구(박인아, 2012)에 따르면, 노부모의 의존성과 비지지적 행동은 기혼자녀가 생각하는 노부모와의 관계 불만족을 높이는 것으로 나타났다. 아들가족에서의 노부모 돌봄 현상을 심층적으로 살펴본 연구(김혜경·남궁명희, 2009)에서도 돌봄의 경험에서는 노동의 차원보다는 관계적 속성이 강하게 드러나서, 전통적인 부양 기대를 받고 있는 장남가족에서 돌봄의 관계적 속성은 오히려 돌봄의 질을 떨어뜨리는 원인이 되고 있는 것으로 나타났다. 여성가족부에서 실시한 '제2차 가족실태조사'(2010) 결과에 따르면, 노인돌봄이 가족에게 준 변화에 대한 질문에서 39.6%가 경제적 어려움을 겪고 있고, 22.3%는 정신적 스트레스를 받고 있다고 응답하였다.

이처럼 노부모를 돌보는 상황은 실제적으로 가족구성원들과의 갈등을 증가시키는 요인이 되고 있다(고보선·허준수, 2006). 그리고 더 심각한 경우에는 노인학대로 이어질 가능성이 높다. 실제 연구에 따르면 노인돌봄을 둘러싼 가족갈등은 노인부양 가구에서 노인학대를 일으키는 중요한 요인 중 하나로 지적되고 있다(장희경·김혜영, 2013; 김태현·한은주, 2000; 송인욱, 2009).

이런 이유에서 부양을 중심으로 노부모-성인자녀관계가 이루어지는 한국과, 친밀감을 중심으로 노부모-성인자녀관계가 이루어지는 미국을 비교한 연구(최정혜, 2009)에 따르면, 효의 규범이 강한 한국에 비해 미국의 노부모-성인자녀관계의 질이 더 높은 것으로 나타났다. 한국의 가족 및 친족 간의 접촉빈도와 사회적 지원양상을 국가별로 비교한 연구(정재기, 2007)에 따르면, 한국의 대면적 친족 접촉빈도가 조사대상국 중 최하위권에 있었으며, 정서적 지원보다는 도구적 지원의 대상으로 작동하는 성격이 더 강한 것으로 나타났다. 이에 비해 노부모와 성인자녀의 긍정적 관계는 노부모의 건강에 유익한 것으로 나타났다(송지은·Marks, 2006). 따라서 한국의 노부모-성인자녀관계도 부양 중심으로 과도하게 밀착된 관계에서 벗어나 친밀감을 토대로 하는 느슨한 관계를 형성해야 할 것이다.

현재 우리나라의 노인돌봄 정책에서 가장 중요한 부분을 차지하는 제도는 2008년 7월부터 시행되고 있는 장기요양보험제도이다. 장기요양보험제도는 가족의 노인장기요양 부담을 완화하는 것을 목적으로 시행되는 정책으로, 노인 및 부양자의 소득, 재산 수준에 관계 없이 요양등급 판정을 받으면 요양급여를 받을 수 있는 보편주의적 복지제도이다. 실제 장기요양서비스를 이용하기 전과 후를 비교 분석한 연구들(김동배·박서영·김상범, 2010; 신경아, 2010)에 따르면, 장기요양서비스를 이용하면서 가족 돌봄자의 잉여시간이 확보되고, 이러한 잉여시간은 여가활동에 참여할 수 있는 기회를 높이면서 삶의 만족도를 높이는 것으로 나타났다. 또한 노인돌보미 바우처 서비스를 이용한 경우에도 가족원들의 생활이 긍정적으로 변화한 것으로 나타났다(정소연·김은정, 2009).

이처럼 부모-자녀관계도 장기적인 호혜성 맥락에서 재구성되어야 하며, 과도한 밀착보다는 느슨한 유대를 통해 관계의 질을 높이는 것이 필요하다. 이를 위해서는 돌봄의 탈가족화도 함께 진행되어야 할 것이다.

3. 뉴 노멀이 되는 100세 시대

100세 장수가 드문 사회에서는 100세라는 고령화에 따른 대책이 필요하지만, 100세 시대, 즉 100세의 삶이 보편화되는 시점에서는 고령화에 따른 대책이 필요한 것이 아니라 장기화된 생애 전 주기를 포괄하는 새로운 기준(new normal)이란 관점에서 인간의 삶을 재해석한 대책이 요구된다. 새로운 기준을 뜻하는 뉴 노멀은 장기 저성장 국면을 설명하는 새로운 경제 질서를 일컫는 용어로(다음 백과사전, 2015. 6. 9), 요즘처럼 삶의 기준이 변화되는 시점에서는 보편적인 개념으로 사용되고 있다.

뉴 노멀이 된 100세 관점에서 본다면 베이비부머는 부모-자녀관계에 초점을 두면서 과도하게 부모의 책임을 다하려고 애쓰기보다는 부부 중심의 관계를 설정하는 것이 필요하다. 즉, 부모-자녀관계는 장기적인 맥락에서 상호 호혜성을 침해하지 않는 관계를 유지하면서 관계의 질을 향상시킬 필요가 있다. 그리고 이러한 부모-자녀관계는 밀착된 유대 속에서 자아분화가 이루어지지 않는 미분화된 관계가 아니라 자녀의 존재 자체를 인정해 주면서 느슨한 유대로 분화될 필요가 있다.

한편, 베이비부머에게 부부관계는 장기화된 노년기에 부부돌봄을 해야 하는 관계로 점차 더 중요한 가족관계가 될 것이다. 따라서 우리나라 부부관계의 문제점으로 지적되고 있는 역할 중심의 관계가 아니라 친밀감이 전제된 관계로의 회복이 필요하다. 그리고 이러한 친밀감이 전제되기 위해서는 무엇보다 가부장적 가족제도나 가치, 그리고 전통적인 성역할 분담 의식이 철폐되어야 한다. 즉, 부부관계는 지극히 민주성과 평등성에 입각해서 재구성되어야 한다.

또한 베이비부머가 노년이 되는 시점에는 노인돌봄의 탈가족화가 보편화될 것이다. 그러므로 부부돌봄이나 자기돌봄이 뉴 노멀이 될 것이며, 이러한 돌봄이 힘든 경우에는 재가돌봄이나 지역사회 내 양질의 보급형 실버타운을 확대하는 등 국가가 개입해야 한다. 서울 및 경기도에 거주하는 중년을 대상으로 100세 시대 가족생활에 대한 전망을 살펴본 연구(조희금 외, 2014)에 따르면, 일반적으로 중년 남녀는 75세를 기점으로 부부돌봄이나 자기돌봄이 어렵다고 생각하며, 그 이후에는 국가의 서비스를 요구하는 것으로 나타났다.

그리고 이제는 돌봄에 대한 생각도 바뀌어야 한다. 돌봄의 공공윤리를 주장한 키테이(Kittay, 1999; 김희강·강문선, 2010에서 재인용)에 따르면, 모든 인간은 삶을 살아가는 데 있어 피할 수 없는 불가피한 의존을 겪는데, 이처럼 인간이 의존한다는 사실에서 돌봄의 윤리가 생성된다고 주장한다. 즉, 인간은 누구나 태어난 후 영유아 시기나 죽음을 맞이하기 전의 노년 시기, 또는 질병이나 장애가 있을 때, 다른 사람의 돌봄 없이는 생존하거나 살아갈 수 없는 절대적인 의존을 경험한다. 그리고 이러한 절대적인 의존이 보이는 취약성으로부터 인간을 돌보아야 하는 윤리적 의무가 형성된다는 것이다.

이처럼 키테이는 인간사에서 의존은 예외적이거나 특수한 것이 아니라 모든 인간의 삶에 보편적으로 나타난다는 것을 강조한다. 그리고 사회 역시 돌봄을 받고 돌봄을 주는 돌봄관계 없이는 존재할 수 없기 때문에 이를 보살펴야 하는 공공윤리와 책임이 수반되어야 한다고 설명한다. 따라서 정부는 노인돌봄을 가족 내 돌봄으로 정리하고 강요하면서 가족 내 노부모-성인자녀관계의 질을 떨어뜨리는 것이 아니라, 돌봄의 공공성에 입각해서 노인돌봄 노동을 탈가족화할 수 있는 정책을 발굴하고 시행해야 한다.

한편, 100세 시대를 사는 베이비부머에게 중요한 것은 평생교육에 참여하는 것이다. 라슬릿(Laslett, 1991)은 100세 시대를 맞이하여 50세 이후(50~75)의 연령 시기를 인류가 최초로 누려 보는 인생의 절정기로 보고, 제3의 인생기(the third age)로 명명하였다. 이 시기는 진정한 개인적 성취가 이루어지고 삶의 질을 확보할 수 있는 중요한 시기로, 장기화된 노년기를 준비하는 일부 사람들만 선택할 수 있는 평생교육이 아니라 전 국민이 선택하는 평생교육이 확대 실시되어야 하는 시기이다.

또한 한국 노인의 경우 공적 이전소득이 차지하는 비중이 낮고, 사적 이전소득이 높으며, 근로소득의 비중이 높은 것이 특징이다(정경희, 2012). 그러나 앞서도 언급하였듯이 사적 이전소득의 경우 부모-자녀관계에 갈등을 가져올 소지가 큰 만큼, 장기화된 노년기에 맞추어서 노인에게도 노동의 기회를 제공하는 것이 필요하다. 한국 베이비부머의 가족생활과 노후생활 전망을 살펴본 연구(정경희, 2012)에 따르면, 응답자의 28.7%는 '노후 생활비를 본인과 배우자의 연금 등 사회보험으로 충당할 것으로 전망'하고 있고, 노후의 어려움으로는 과반수가 '건강 및 기능 약화'(54.7%)를 꼽았으며, 그다음 '경제적 어려움'(31.8%)을 언급하였다. 또한 이들은 성공적인 노후를 위해 중요한 것으로 '건강'(45.1%)과 '경제적 안정과 여유'(40.6%)를 강조하였다. 따라서 베이비부머가 노년기에도 건강하게 근로할 수 있는 건강검진 시스템을 제공할 수 있는 환경을 마련하는 것이 필요하다. 그리고 궁극적으로 우리 사회도 100세 사회에 맞는 고령친화적인 사회로 재구성되어야 할 것이다.

제12장

평생학습사회를 위한 위한 시민학습운동

이해주 교수(사회교육)

1. 평생교육의 출발

예로부터 평생교육의 선구자들은 지역사회를 중심으로 소외계층을 위한 교육기회의 확대, 자아실현, 공동체 구현 등을 위해 노력해 왔다. 예컨대 덴마크의 그룬트비히Gruntvig와 그의 제자인 콜드Kold는 농촌지역사회에 들어가 '마을공동체의 집'과 '시민대학'Volkshochschule을 설립하여 지역민들이 함께 학습하면서 지역사회의 문제를 스스로 발견하고 해결책을 찾아가도록 하였으며, 캐나다의 코디Coady도 안티고니시 운동Antigonish movement을 통해 빈민지역인 안티고니시 지역을 성인교육과 신용협동조합을 통해 발전시켰다. 브라질의 프레이리Freire 또한 레시페 지역을 중심으로 문해교육을 실시하여 농민들의 의식개발과 지역사회 발전을 꾀했던 대표적인 사회교육 운동가였다. 우리나라의 경우에는 가나안학교를 설립하였던 김용기 목사를 손꼽을 수 있을 것이다. 그는 일제강점기시대부터 이상촌 운동을 벌여 왔던 사회교육자로 농민들의 교육기회 확대와 지역공동체를 구현하기 위해 교육운동을 실천해 왔던 사람이다(오혁진, 2006).

비록 이들이 헌신했던 지역이나 시기, 대상 등에서 조금씩 차이가 있기는 했지만 모두 학교교육의 기회에서 소외되었던 사람들에게 배움의 기회를 부여함으로써 스스로 자립할 수 있도록 도왔다는 점, 그리고 그들의 삶의 터전인 지역사회를 중심으로 교육활동을 펼쳐 왔다는 점에 공통점이 있다(오혁진, 2006). 즉, 그들은 학습자들이 자신들의 구체적인 삶의 현장에서 문제를 스스로 인식하도록 하였으며, 공동체의 구현을 통해 지역사회의 문제점을 해결하면서 지역사회 구성원들이 정신적·경제적으로 성장할 수 있도록 했다는 점이다. 이러한 사례들을 통해 평생교육의 원형은 지역사회를 바탕으로 소외된 사람들에게 교육기회를 부여함으로써 자기성장의 기회를 부여했고 나아가 지역공동체적 가치를 추구함으로써 모두가 더불어 살 수 있는 정의로운 사회를 추구했다는 점을 알 수 있다. 이렇듯 평생교육의 초기 이념은 사회운동적 성격을 띠면서 지역사회를 토대로, 기존의 교육제도 밖에서, 더 많은 대중에게 새로운 지식을 전파하여 좀 더 나은 사회를 만들기 위한 시민운동으로 출발하였다. 또한 공교육제도의 문제를 해결하기 위한 대안적 교육으로 주창되기도 하였다. 일리치(Illich, 1971)는 학교가 조직화·국가화되어 가면서 교육 내용과 방법이 고정화되고, 능률적인 가르침보다는 교육 그 자체에 얽매이게 됨을 비판하면서 학습망learning web을 대안으로 제시한 바 있다. 그의 학습망 개념은 오늘날 평생학습사회의 학습 네트워크 개념과 유사한 것으로 학습공동체와도 연결된다. 이러한 비형식교육nonformal education의 전통은 그 후 국제적인 차원에서 UNESCO의 평생교육정책에 반영되어 각국의 문해교육, 성인기초교육, 지역사회개발, 시민교육 등을 통해 개인의 전인적인 성장과 공동체의 구현을 위한 평생교육으로 이어지게 되었다.

하지만 20세기 후반 세계화의 물결과 함께 인적자원의 개념이 평생교육에 들어오면서 평생교육은 국가의 경쟁력 확보를 위한 중요한 인적자본을 향상시키는 기제로 인식되게 되었다. 이에 따라 국가적인 차원에서 평생교육을 제도화하기 시작하였으며 그 결과 과거에는 지역사회나 시민단체를 중심으로 이루어졌던 비형식적·자발적 민중들의 학습이 또 다른 형태의 공교육제도로 변화하면서 점차 형식적인 체계를 갖추게 되었다. 전국에 100개 이상의 평생학습도시가 만들어졌고, 각종 평생학습관이 들어서면서 외형적인 측면에서는 평생교육이 엄청나게 발전하게 되었다. 그러나 내면적인 측면에서 과연 그것이 진정으로 개인이나 사회의 발전에 기여하고 있는지 그리고 지역사회의 발전이나 통합에 기여하고 있는지 비판적으로 성찰해 볼 필요가 있다. 또한 평생교육의 기회가 모두에게 주어지고 있는지? 그 결과 교육을 통해 모두가 즐겁고, 행복한 삶을 살고 있는 것인지 생각해 볼 필요가 있다.

복지사회는 정의, 자유, 평등의 이념하에서 개인과 집단 간의 조화를 이루는 사회일 뿐 아니라 물질적·정신적 삶의 질이 함께 조화롭게 되는 사회를 말한다. 삶의 질을 높이기 위해서는 삶의 기회가 골고루 나누어져야 한다. 이때 교육은 직업의 확보, 경제적 안정, 원만한 사회생활 및 수준 높은 문화생활을 누리기 위한 기본적인 요소이다. 그러므로 교육은 복지의 형성에 중요한 수단이면서 동시에 복지의 목적이기도 하다. 따라서 복지사회의 궁극목표인 개인의 자아완성은 동시에 교육의 궁극적 목적이기도 하므로 역사적으로 교육은 사회복지의 일부로 여겨져 왔다(김신일, 1980). 그런데 문제는 교육기회가 모든 이에게 주어지지 않고, 또한 교육과정상 불공평한 요인들이 작동하게 되고 교육의 결과가 불공평하게 주어진다는 데 있다. 오늘날의 학교제도는 교육기회의 제한으로 경제적으로 여유 있는 사람들에게 더 많은 기회를 부여하고 있으며 결과적으로는 소수 지배층의 이익에 봉사하는 기제로 변모하고 있다는 비판이 일고 있다. 그 속에서 사회연대의식보다는 경쟁의식을 강조하고, 경제성장 위주의 사고를 주입함으로써 학교는 인간을 물질에 대한 노예로 만들고 자발성과 창조보다는 복종과 동조를 가르치게 된다. 또한 학습을 통한 발견의 기쁨보다는 암기식 교육을 강요함으로써 학습의욕을 저하시키는 등의 문제를 안고 있다는 것이다. 이러한 현상들을 제기하면서 라이머(Reimer, 1971)는 학교는 인간의 가능성을 실현시키기 보다는 사회의 불평등을 초래하는 원인이 되고 있으므로 평등한 사회를 만들기 위해서는 오히려 탈학교 사회가 바람직하다고 주장하였다.

학교교육의 한계점에 대한 비판에서 사회교육은 출발하였다. 학교 밖 마을에서 교육이 이루어질 수 있고, 비제도권 교육을 통해서라도 교육기회에서 소외된 이들에게 학습할 수 있는 기회를 줌으로써 그들도 자아실현을 할 수 있도록 돕자는 교육운동에서 평생교육은 시작되었다. 글을 모르는 사람들에게는 글을 가르치고, 빈곤한 계급에 삶의 기회를 확대시켜 줌으로써 자유를 보장해 준다. 그리고 정치적·경제적 자원의 보다 평등한 분배를 통하여 외부환경의 압박, 계급적 불평등, 경제적 불안정으로부터 시민들이 자유로울 수 있도록 돕는다. 이러한 의미에서 평생교육은 자유와 민주주의라는 이념과도 상통한다. 평생교육의 기회는 삶의 또 다른 기회를 갖게 함으로써 결과적으로 삶의 질을 향상시키는 데 기여한다. 따라서 모든 사람들에게 교육기회를 보장해 주는 것은 복지사회의 필수적인 조건이라고 할 수 있다. 하지만 이러한 철학하에서 시작된 평생교육도 최근에는 점차 형식화되어 가고 있으며 교육기회의 불평등 현상이 여러 논문에서 지적되고 있다. 그리하여 최근에는 평생교육이 과연 모두를 위한 평생교육인가, 또는 평생교육이 지나치게 강조된 나머지 오히려 사람들에게 자유를 주는 학습이 아니라 또 다른 학습의 굴레를 만들어 억압하는 것은 아닌가 하는 의문이 든다. 이러한 문제인식하에 과연 우리가 추구하는 복지사회, 평생학습사회가 되기 위해서는 어떤 사회적 조건이 필요하며 그것을 위해 시민들은 어떤 노력들을 해 나가야 할지 함께 생각해 보고자 한다. 이를 위해 외국과 한국의 시민학습 사례를 살펴봄으로써 시사점을 찾아보려 한다.

2. 평생학습사회와 시민학습운동

평생학습과 평생학습사회

평생학습이란 삶의 특정 시기에만 학습이 이루어지는 것이 아니라 삶 전반을 통하여 학습이 이루어지는 것을 의미한다. 랭그랑(Lengrand, 1970)은 교육 전 과정의 생활화, 개인의 전 생애를 통한 계속적 교육, 모든 교육 형태의 통합적 연계 조직화, 생의 전 기간을 포괄하는 수직적 통합과 개인 및 사회생활의 모든 국면을 포함한 수평적 통합이라는 요소를 평생교육의 핵심으로 규정하였다. 여기서 한 단계 더 나아가 평생학습사회란 평생학습을 누구나 할 수 있도록 사회적으로 보장해 주는 사회를 의미한다. 허친스(Hutchins, 1969)는 '학습사회란 모든 사람이 학습하고 발전할 기회를 파트타임 학습을 통하여 가질 수 있고, 사회는 그것을 촉진시킬 수 있도록 조직된 사회'라고 하였다. 그는 학습사회는 성년기 모든 단계의 사람들이 자신의 발전을 위해 학습할 수 있고, 그들의 배움과 성취를 가능케 하는 것이 그 사회의 목적이라고 주장하였다. 그가 말하는 학습사회는 성취사회이고 공동체사회이며 그야말로 문명화와 인간화를 지향하는 사회이다. 즉, 학습사회는 개인이 학습을 통해 자신이 이루고 싶어 하는 것을 실현할 수 있도록 하고, 소외계층에 대한 교육기회를 확대함으로써 사회의 연대감 내지 공동체의 발전을 꾀하도록 하며, 결과적으로 보다 정의로운 복지사회를 지향하는 사회이다.

랜슨(Ranson, 1994)은 학습사회란 그대로 존재하는 사회라기보다는 최소한 다음과 같은 전제조건이 충족될 때 비로소 실현될 수 있는 사회라고 지적하였다. 즉, 학습사회가 가능하려면, 첫째, 학습하려는 개인이 있어야 하며, 둘째로는 그 개인들이 언제라도 원한다면 학습할 수 있는 사회적 조건이 마련되어 있어야 한다. 셋째로는 사회 전체적으로 정의, 참여적 민주주의, 공정한 행동에 대한 추구가 정치적으로 이루어져야 한다는 것이다. 이는 다시 말해 자율적으로 학습하려는 국민이 있어야 하며 그들의 학습을 보장해 줄 수 있는 환경, 그리고 평등한 교육기회의 보장을 통해 정의로운 사회를 만들고자 하는 사회적 가치에 대한 합의가 존재할 때 비로소 평생학습사회가 가능해진다고 설명하였다. 미국의 하이랜더Highlander 운동을 전개했던 호튼(Horton, 1990)은 '학습사회는 사람들로 하여금 배

우게 하여 개인적으로 성장하고 발전하게 함으로써 사회가 변화하
도록 하는 것이며 그것은 유토피아의 세계처럼 비현실적인 것은 아
니다'라고 주장하면서 실제로 미국의 한 산촌에서 학습마을운동을
전개한 바 있다. 글을 모르던 사람들이 글을 알게 되고 그것으로 투
표권을 행사하게 됨으로써 마을사람들이 진정한 시민으로 성장하게
하였다. 중요한 것은 누군가 평생학습사회에 대한 비전을 갖고 그것
을 실천하는 것이 중요하다. 평생학습사회는 시민들의 학습운동을
통해 시작되는 것이며 시민들의 적극적 참여를 통해 실현 가능하다.
정부는 여기에 필요한 최소한의 조건들을 제도화시켜 주면 된다.

시민학습운동

현대사회에서는 지역성과 공동성 간의 불일치 내지는 괴리현상이
나타나고 있으며, 그로 인해 개인 위주의 사고형성, 가족해체, 지역
해체 등의 문제를 불러왔다. 또한 교육은 공동체를 위한 기제로 작
동하기보다는 개인적 이해나 국가경제적 향상을 위한 도구로 변화
하는 경향이 지배적이게 되었다. 그 결과 빈부의 격차, 상대적 빈곤,
끝없는 경쟁으로 인한 불안과 스트레스, 그리고 환경문제나 생태위
기와 같은 파멸적인 재앙을 잉태하게 되는 위험사회로 진입하게 되
었다(울리히 벡, 1996). 우리 사회에도 이러한 징후들이 나타나고 있다.
그렇다면 이러한 위기의 사회를 구해 낼 수 있는 방법은 무엇일까?
그 방법의 하나로 필자는 평생학습을 제시하고 싶다. 학습은 '변
화'를 의미한다. 사람들은 학습을 통해 자신의 삶의 방식을 성찰하
게 된다. 또한 문제 상황에 봉착하게 되면 그 문제를 해결하기 위해

관점의 변화를 도모하게 되며, 그 과정에서 성장이 이루어지게 된다. 이른바 전환학습이 이루어질 수 있는 계기가 바로 학습이며 성찰이다(Mezirow, 1997). 그러나 현재의 평생교육은 점차 국가에 의해 경쟁력 향상을 위한 도구로 사용되고 있다는 점은 생각해 볼 문제이다. 진정한 학습이 이루어지기 위해서는 자기성찰과 반성이 기초가 되어야 하며, 개인적 이윤을 추구하기보다는 모두가 함께 성장할 수 있는 시민학습이 되어야 한다. 그러므로 평생교육 실천의 현장이었던 마을로 다시 돌아가 지역공동체를 부활하는 교육이 이루어져야 한다.

인간은 원래 '관계' 속에서 삶의 의미를 발견하게 되고, 공동체 속에서 안정감을 갖게 되는 존재이다. 현대인들의 고독은 결국 공동체의 붕괴로 인한 상실감 때문이라고 해석된다. 그러므로 현대인의 인간소외를 극복할 수 있는 방법은 지역공동체의 부활이라는 견해들이 점차 설득력을 갖게 되었고, 이질적인 배경과 이해관계로 얽혀 있는 도시사회가 부과하는 익명성, 비인격성, 탈주체성을 극복하려는 의식이 싹트게 되었다. 최근 도시에서도 함께 살아가는 울타리의 원리와 방식에 관심을 갖게 되었고, 그 결과 도시공동체의 복원을 모색하는 움직임이 일고 있다. 성미산마을이 그 예라 할 수 있다. 공동으로 육아를 하고, 함께 김장을 하며, 세시 절기에 따라 마을축제를 즐기며 살아간다. 학교 수업을 마친 후에도 아이들은 학교에서 논다. 방과후 교실에서 어른들이 요가를 하거나 회의를 하면 그 옆에서 빈둥거리며 귀동냥을 하기도 한다. 그래서인지 급격한 저출산, 고령화 현상으로 온 나라에 위기감이 고조되고 있지만, 이 마을 주민에게는 아이 셋 낳는 것이 예사로운 일이라 한다(조한혜정, 2007). 우리가 만들고 싶어 하는 미래의 삶터는 바로 이런 마을이 아닌가 싶다. 아이들이 제대로 자랄 수 있고, 어른들이 즐겁게 일터에 나가 일할 수 있으며 노인들이 아이들을 보살피거나, 보살핌을 받을 수 있는 안전하고 평화로운 마을 말이다. 그 속에서 자신이 원하는 것을 배우고, 함께 소통하면서 서로가 발전할 수 있는 공동체를 복원하는 일이 앞으로 평생교육이 해야 할 역할이 아닌가 한다. 이러한 역할을 제대로 수행하기 위해서는 학습자가 기본이 되고, 지역사회 공동체가 부활할 수 있도록 전체적인 평생학습의 틀을 다시 짜야 한다. 평생학습 패러다임의 전환이 필요하다. 즉, 현재의 평생교육이 국가주도의 중앙 중심, 공급자 중심의 평생교육이라면 앞으로의 평생교육은 지역 중심, 학습자 중심의 평생학습이 되도록 해야 할 것이다. 또한 경제적 효율성을 강조한 개인 중심, 인적자원개발 중심의 교육에서 점차 공동체의 구성원으로서 책임과 의무를 강조하는 시민교육으로 전환되어야 한다. 평생교육의 이념도 국가경쟁력 향상에서 과거 전통적인 교육의 이념으로 돌아가 타인과 더불어 잘 살 수 있는 시민을 육성하는 데 두어야 할 것이다. 따라서 교육적 기회를 상대적으로 갖지 못하는 장애인, 노인, 이주민들이 실질적인 교육기회를 누릴 수 있도록 지원해 줌으로써 그들이 새로운 삶의 기회를 가질 수 있도록 배려해 주어야 한다. 이는 한마디로 현재의 평생교육이 향후 지역을 중심으로 한, 주민에 의한, 학습공동체 운동으로 전환될 것을 요구한다.

학습공동체에서는 학습자들이 학습을 통해 서로 소통하고, 진정한 '만남'이 이루어질 수 있다. 그리고 지속적인 만남이 이루어지기 위해서는 서로를 배려하면서 돌보아 주어야 하며 지자체에서는 학

평생학습사회를 위한 평생교육의 제도화	학습자에 의한 지역학습공동체의 실천
• 국가 중심 (정부 중심)	• 지역 중심 (풀뿌리 시민 중심)
• 공급자 중심(교육자)	• 수요자 중심(학습자)
• 경쟁 위주, 개인적 삶	• 협력 위주, 공동체 삶
• HRD 교육 중심	• 시민교육 중심
• 주류문화 중심 단일사회	• 비주류를 포괄하는 다문화사회

그림 1 미래 평생교육 패러다임의 전환

습적 만남이 가능하도록 공간을 만들어 주고 그들이 원하는 것을 지원해 주어야 한다. 예컨대 학습 리더를 위한 교육과 안내, 예산지원 등이 있으면 좋을 것이다. 학습공동체 운동은 아래로부터 이루어져야 하며, 작은 '마을만들기'에서부터 출발할 수 있을 것이다. 과거의 학교교육이 국가의 이념이나 주류사회의 문화에 편입시키기 위한 사회화과정이었다면 앞으로의 평생학습은 지역의 상황과 문화를 토대로 모든 사람들을 아우를 수 있는 상호 관계를 위한 학습이어야 하며 반사회화counter-socialization의 과정도 포함해야 한다. 미래를 위한 평생교육 패러다임의 변화를 요약해 본다면 [그림 1]과 같이 나타낼 수 있을 것이다.

3. 시민학습운동 사례

초기 평생교육활동들은 지역을 중심으로, 소외된 이들을 위한 민중교육 운동적 성격을 지니고 이루어져 왔다. 당시의 사회교육은 학습자의 주체성과 그들의 실제 삶과 경험을 중시하며 민주주의의 원리와 공동체, 인간의 전 인격적 성장을 목적으로 하였다. 이러한 전통은 외국의 사례에서도 발견될 수 있다. 그중 대표적이며 모델이 될 수 있는 사례를 소개한다.

스웨덴의 학습동아리 운동

'학습동아리'study circle는 스웨덴의 대표적인 학습공동체로서 1902년 오스카 올슨Oscar Olsson에 의해 창시되었다. 그는 사회교육의 모토를 국민을 위한, 국민에 의한 교육으로 정하고, 성인교육이 성공·발전하기 위해서는 그 조직이 학습자 자신들에 의해 조직되고 지지되어야 하며 그들의 적극적인 참여가 있어야 한다고 믿고, 실천기구로 스터디 서클을 조직하였다(Blid, 1989). 스터디 서클이란 '동아리 동료들의 공동참여를 통해 미리 정해진 주제를 체계적으로 학습하는 모임'으로 전문가가 아닌 일반 대중들이 함께 모여 공통의 관심사에 대해 학습하고 이를 실천하는 운동이다. 이는 지역주민들의 학습 품앗이를 통해 자기개발과 지역사회개발을 촉진하는 학습공동체 운동이며, 특히 시민들로 하여금 그들의 국가나 지역사회의 삶을 깊이 이해하고 참여하도록 하는 시민교육의 장이다. 스웨덴에서 스터디 서클은 민주주의를 형성하는 데 중요한 역할을 수행해 왔다. 민주주의가 실현되기 위해서는 시민들이 사회의 잘못된 것에 대해 문제를 제기하고 재분석하고자 하는 용기를 필요로 한다. 이러한 종류의 용기와 진정성은 바로 작은 학습공동체를 통해 형성될 수 있다(스웨덴 ABF 자료, www.abf.se).

스웨덴의 스터디 서클에서는 대화와 실천을 중시하며 구성원 간의 동지애와 공동체 의식을 중요시한다. 그리고 구성원들이 스스로 자신들의 학습적 요구를 수렴하여 자신들이 선택한 주제를 체계적으로 학습하는 것을 원칙으로 한다. 학습동아리는 교사가 아닌 리더가 이끌며, 리더들은 협회 등에서 교육을 받는다. 스웨덴의 성인교육협회adult schools association에서는 민중대학folk high school과 연계하여 1년에 600여 개의 강좌를 학습동아리 리더들을 위해 개설하고 있다. 리더를 위한 강좌내용으로는 대화법, 집단심리, 인문학, 성인교육방법 등이 있으며, 장애자들을 위한 특별훈련도 제공하고 있다. 학습동아리에서 강조하는 것은 성원들의 능동적인 참여와 자기주도적 학습이며, 이를 위해 동아리 활동은 주로 소집단 토의를 통해 대면적 접촉과 대화가 이루어질 수 있도록 돕고 있다.

학습동아리의 접근방식으로는 ① 테마 중심 접근방식thematic circle approach, ② 코스 중심 접근방식course circle approach, ③ 토론 중심 접근방식debate circle approach, ④ 연구 중심 접근방식research circle approach(Blid, 1989)이 있다. 따라서 학습자의 상황이나 요구에 따라 운영방법을 선택할 수 있다. 스터디 서클은 3명 이상이면 가능하다. 전국에 있는 7개의 스터디 협회에서는 학습자들이 원하는 것을 기초로 학습자료나 교육을 제공하고 있다. 또한 성인교육위원회National Council for Adult Education에서는 일정한 평가를 거쳐 학습동아리에 대한 재정적 지원을 하고 있다. 현재 스웨덴 성인의 60% 이상이 스터디 서클에 가입되어 있으며 약 28만 개의 동아리가 운영되고 있다고 한다. 스웨덴에서는 성인들을 위한 자기주도학습의 방법으로 학습동아리가 적극적으로 운영되고 있으며 이를 통해 공동체 의식, 사

회적인 문제에 대한 비판과 참여의식 등을 배양함으로써 건강한 시
민사회를 구축하고 있다.

캐나다의 안티고니시 운동

안티고니시Antigonish 운동은 캐나다의 빈민지역인 안티고니시 지
역을 중심으로 일어난 지역공동체 학습운동이다. 신부였던 탐킨슨
J. Tommkins과 코디M. Coady는 당시 산업화와 급격한 경제발전 이면
에 발생한 사회문제와 빈곤을 해결하기 위해 종교적 신념에서 출발
하여 성인교육을 실시하였다. 이들은 지역사회의 문제를 해결하기
위해서는 교육에 의한 점진적 사회개혁을 해야 한다고 믿었으며 사
회정의, 돌봄, 협력, 인간의 존엄성을 중시하는 신념을 전파할 필요
가 있다고 판단하여 노동자와 농민, 어부들을 위한 기초시민교육을
실시하였다. 또한 이들은 지역주민들이 민주적인 기구에 의해 경제
적 발전을 할 수 있도록 직업교육을 실시하였으며 그 후 상호협동조
합co-op과 신용조합credit union도 조직하였다. 주민들은 조합을 만
들어 함께 협동생산을 하고 공동판매, 공동구입을 통해 경제적 발전
을 꾀하게 되었다. 이들은 물질적 차원에서뿐만 아니라 정신적 차원
에서도 조합원의 협력과 연대감을 중시하였고 저녁시간에는 조합원
들의 거실에 함께 모여 공부를 하였다.

안티고니시 운동은 ① 개인적 요구 중시, ② 사회개혁은 교육에
기초한다는 믿음, ③ 개인은 경제적 필요에 의해 교육을 받고자 하
므로 경제발전을 위한 교육 중시, ④ 성인교육에 적절한 교육방법으
로 집단학습을 이용, ⑤ 사회개혁은 사회·경제적 제도에서의 변화

에 기초한다는 생각, ⑥ 모든 이의 자기성취가 곧 안티고니시 운동의 궁극적 목적이라는 6대 원칙에 따라 이루어진다. 주요 학습내용은 개인의 삶이나 조합운영에 필요한 지식이 중심이 되며 지역사회 발전을 위해서 늘 함께 학습하면서 주민들의 적극적 참여를 유도한다. 안티고니시 운동은 성인학습을 통해 개인적 발전과 함께 사회적 변혁을 꾀한 캐나다의 대표적인 성인교육운동으로 소개되고 있다(이해주, 2008).

일본의 평생학습마을 만들기 운동

일본에서는 1960년대까지는 지역문제 해결을 주로 정부에 요구하였다. 하지만 1970년대 이후 지역주민 스스로가 지역문제 해결의 주체가 되려는 운동이 일어났다. 특히 1980년대 이후에는 주민자치에 의한 지역연대 형성에 사회교육이 중요한 역할을 하게 되었다(한영혜, 2004). 구체적으로 이를 실현하기 시작한 것이 평생학습마을 만들기이다.

평생학습마을 만들기 운동의 배경에는 일본의 산업사회가 가져온 부작용에 대한 반성이 있었다. 즉, 경제적으로는 성장을 이루었지만 그 과정에서 가정과 지역사회의 공동체 파괴, 학교붕괴 현상, 청년실업의 증가, 청소년비행의 증가, 고령화사회 문제, 연금증대 등 다양한 문제군들이 동시에 터져 나왔다. 그러면서 과거 일본의 고도성장을 가져오게 한 정계, 재계, 관료의 삼두마차식 경영이 어렵게 되자 지식사회형의 평생학습사회 구축, 시민참여와 협동, 파트너십의 사회구축, 지방분권적 사회운영을 부추기는 정책이 등장하게 되

분류	평생학습을 위한 마을만들기	평생학습에 의한 마을만들기
기본사고	평생학습이 목적	평생학습이 수단
주목적	평생학습을 실천할 수 있는 좋은 학습기반 정비	사람들의 평생학습 실천으로 마을 활성화
담당 부국	교육위원회 사회교육 관계자	시·도청의 마을만들기 담당자
중점사항	평생학습 추진체제 정비	종합적인 행정이나 지역의 활성화

출처: 김득영(2006), 『일본 평생학습도시 프론티어』 참조.

었다. 여기서 만들어지게 된 것이 문부과학성의 '평생학습 모델 시·정·촌 사업' 이다. 그 후 '평생학습 고향 만들기', '평생학습촌' 등의 유사한 정책들이 다른 부처에서도 만들어지게 되었다(김득영, 2006). 평생학습마을 만들기는 평생학습을 통해 지역을 활성화시키기 위한 목적으로 시작된 것으로 초기에는 평생학습을 위한 마을만들기에 초점을 두다가 후반기에는 평생학습에 의한 마을만들기로 전환되었다. 전반기는 평생학습이 가능할 수 있는 학습환경(하드웨어)을 조성하는 데 중점을 두었다면 후기에는 평생학습을 매개로 하는 소프트웨어의 발전을 통해 지역발전을 꾀하고자 하였다.

일본 평생학습마을 만들기의 핵심은 '사람 만들기'로 요약할 수 있다. 올바른 가치관과 도덕성을 갖춘 시민을 육성하고 이들이 주체가 되는 '마을 만들기'를 통해 '살기 좋은 사회'를 만든다는 신념을 가지고 출발하였다. 여기에는 시민들의 참여와 협동, 네트워크가 반드시 요구된다. 일본은 현재까지도 평생학습마을 만들기를 통해 학습문화를 확산하고 사회적 통합과 발전을 꾀하기 위해 노력하고 있다.

최근 일본의 많은 공민관에서도 이와 유사한 마을만들기 운동을 실천하고 있다. 예컨대 이이다시 지역에서는 무토스 대학을 만들어 지역갱생을 위한 자체적인 학습운동을 실시하고 있다. 특히 젊은 층이 다시 지역사회로 돌아오도록 공동육아나 육아교류 집회를 열어 지역에서 자주보육이 가능하도록 하는 방안을 마련하고 있다. 이들 공민관의 주요 정책은 모든 이들의 생애학습이 가능하도록 하는 것이며, 청소년의 건전한 육성, 노령화 사회에 대한 대응책, 주민자치를 통한 연대감 증대 등에 초점을 두고 있다.

우리나라 은평구 마을공동체 조성 사례[1]

2012년부터 서울시는 마을공동체 활성화를 주요 정책방향으로 정하고 지원 조례와 체계를 갖추면서 본격적인 사업을 시행하였다. 그중 은평구는 마을공동체 활동이 매우 활발한 지역이며, 지역 활동가나 평생교육사들의 활동이 적극적으로 이루어지고 있다. 은평구의 마을공동체는 '사람 살 만한 마을공동체를 만들자'라는 방향성을 가지고 동네 단위인 주민 커뮤니티를 확대하고 분야별 마을 생태계를 구축하였다. 2004년부터 지역 풀뿌리 시민사회 기관 및 단체들의 네트워크 활동이 활발하게 추진되면서 자발적 주민참여활동이 다양하게 일어났다. 2004년 초, '어린이날 하루만이라도 은평구 어린이들을 위한 축제를 만들어 보자'라는 의견이 모아졌고 (사)열린사회 은평시민회, 갈곡리를 사랑하는 주민모임, 대조동 자치센터 어린이 도서실, 은평동화읽는어른모임, 작은 소리학교, 생태보전시민모임, 공동육아협동조합 소리 나는 어린이집, 은평두레생협 등이 함께 '은평 어린이 잔치 한마당'을 열었다. 이 행사는 크게 성황을 이루며 이후 지속적인 활동의 기틀이 되었고, 그해 가을 '은평

알뜰벼룩시장'을 공동으로 추진하며 여러 단체나 기관들이 하나로 모였다. 이 모임은 현재 은평지역사회네트워크라는 이름으로 활동하고 있으며 17개 기관이 참여하고 있다. 이러한 활동의 중심에 주민들이 있으며 특히 평생교육사들의 자발적 참여가 은평구 마을공동체 형성에 큰 도움이 되고 있다.

또한 은평구에서는 마을만들기의 일환으로 협동조합을 만들기 시작하였다. 1996년 공동육아협동조합 소리나는 어린이집을 시작으로 2004년 은평두레생협이 들어섰다. 친환경 먹거리 생활재를 기반으로 도농 상생의 사회를 만들고 협동의 마을경제를 도모하기 위해 만들어진 생협은 2,000명이 넘는 조합원이 활동하고 있다. 건강문제를 주민들이 스스로 해결하기 위해 만든 살림의료생활협동조합도 현재 조합원이 1,000명이 넘었으며, 의료전문가와 지역주민들이 자발적으로 힘을 모아 주치의 서비스를 시행하는 의료기관인 살림의원을 개원, 운영하고 있다.

도시 농업을 기반으로 하는 협동조합뿐만 아니라 도서관도 협동조합의 형태로 만들어 가고 있다. 뿐만 아니라 은평두레생협, 살림의료생협, 은평신용협동조합의 3개 조합이 은평협동조합협의회를 결성하여 조합 간 교류와 협동조합 확산을 위한 협력도 하고 있다. 협동조합은 상생의 경제체제를 만드는 데 중요한 사회적 기반이 되고 있으며, 상부상조하는 협동정신을 바탕으로 조합원인 주민들의 생활을 윤택하게 하고, 건강한 생활문화 및 지역사회 발전을 도모하는 데 요긴한 역할을 수행하고 있다. 이 외에도 은평구에서는 다양한 형태의 주민자치활동 및 지역사회와의 교류가 활발하게 이루어지고 있다. 10년 전만 하더라도 은평구는 서울에서 상대적으로 서민층이 많고 도시 인프라가 부족하며 문화나 교육 시설이 낙후된 지역이었다. 그러나 현재는 유아부터 학령기 아

4. 시민학습운동의 방향과 실천전략

시민학습운동의 방향

한국사회는 경제적으로는 풍요로운 사회를 맞이하였으나 청소
년, 노인 자살은 세계 최고를 달리고 있다. 많은 사람들이 고독해하
며 방황하고 있다. 이러한 문제를 해결하기 위해서는 공동체를 회복
하기 위한 운동이 이루어질 필요가 있다. 시민학습운동은 잃어버린
공동체를 복원하고 학습공동체를 형성하는 일에서부터 출발해야 한
다. 그렇다면 잃어버린 공동체를 다시 복원하는 데 가장 중요한 요
소는 무엇일까?

악순환의 고리를 깨고 문제를 풀어 갈 수 있는 단서는 교육과 학
습에 있다. 진정한 교육은 무엇을 주거나 무엇을 하게 하는 것이 아
니라 학습자를 염려하고 배려하면서 그들과 관계를 맺어가는 과정
이며, 그 속에서 인간의 전인적 발달이 가능하도록 안내하는 것이
다. 여기에 자발적인 학습이 기초가 된다. 학습은 사고의 전환을 가
져오게 하며, 그 결과 삶의 변화를 가능하게 한다. 학습은 변화를 위
한 발견discovery for change의 과정이다. 따라서 교육자는 학습자의
동기를 촉진시키고, 도전하도록 하며 때로는 지지와 지원을 보내 주
면서 학습자로서의 모범을 보여 주어야 한다(Daloz, 1999). 캐나다의

안티고니시 운동이나 스웨덴의 학습동아리 운동 그리고 일본의 마을만들기 운동 모두가 교육이나 학습을 통한 사회의 변화를 도모하고자 했던 운동이며 사회교육자들의 헌신을 통해 지역사회의 발전과 통합을 이루어 낸 사례라 할 수 있다. 우리나라의 경우에도 은평구의 사례처럼 학습과 공동체 운동이 함께 어우러져 지역사회를 발전시키고자 하는 학습공동체 운동이 여기저기서 시도되고 있다.

학습공동체란 학습을 매개로 하는 공동체로서 '학습자들이 자발적으로 학습을 위하여 결성된 모임'이다. 학습공동체는 학습과정에 대한 자유로운 선택과 참여, 그리고 합리적인 의사소통과정을 전제로 학습자의 주체성을 복원하고 나아가 시민사회를 복원할 수 있는 중요한 기제가 될 것이다. 따라서 학습공동체는 '사회의 변화'를 목표로 하며, '시민의 참여와 성장'을 논의의 기본으로 삼는다. 학습공동체를 통해 학습자 개인은 삶의 주체로 바로 서게 되며 다른 이웃과 공존할 수 있는 방법을 터득하게 된다. 이 같은 기능을 수행하게 되는 학습공동체는 다음과 같은 특성을 지닌다(이지혜, 1994).

첫째, 학습공동체는 조직 면에서 볼 때, 자발적인 '학습자' 공동체이다. 즉, 유사한 관심을 공유하는 학습자들이 함께 모여 구성한 소집단 혹은 단체를 지칭한다. 따라서 학습공동체는 외적 강제 때문이 아니라, 전적으로 학습자 각자의 동기와 필요에 의해 구성된다.

둘째, 학습공동체는 학습자 중심 학습과정을 특징으로 한다. 학습자 중심 학습과정이 함의하는 것은 다양하다. 우선 이는 기존의 교수자 중심 교육과정과는 전혀 다른 지식관을 기초로 한다. 학습자들의 일상적 경험, 개인적 정보 등이 중요한 학습자원이 된다. 또한 교수-학습자 관계가 수직적인 위계구조가 아니라, 수평구조로 변모한다. 이와 같은 지식관과 교수-학습자 관계에 대한 인식의 변화는 곧 의사소통방식의 획기적 전환을 가져온다. 여기서는 교수자와 학습자 간의 쌍방적 교류뿐만 아니라, 학습자 모두가 지식의 구성원이 되어 공동체의 운영에 참여하는 순환적 의사소통방식을 취하게 된다.

셋째, 학습공동체는 협동적이고 상호작용적이며 대화적인 분위기에서 학습이 이루어진다. 그러므로 학습방법은 강의보다는 대화와 토론 위주로 진행된다.

넷째, 학습공동체는 개인과 사회의 상황을 전제로 한다. 학습과제가 학습자에게 의미 있게 다가올 수 있는 현실적인 문제로서 주어지거나 현실적 사례나 문제에 기초한 학습환경 속에서 학습을 할 때 유의미한 학습이 가능해진다. 따라서 학습공동체에서는 개인들의 상황과 사회의 상황을 고려하여 현실세계와 상호작용을 하면서 학습이 이루어진다. 그러므로 학습공동체에서의 학습은 사회참여로 이어질 수 있다.

지역 중심 학습공동체 운동의 실천전략

전근대사회에서는 지역사회가 공동체사회였고, 공동체사회가 곧 지역사회를 의미했다. 그 속에서 교육은 공동체의 가치와 문화를 계승시키고 공동체의 단합과 발전을 위한 기제로 작용하여 왔다. 하지만 현대사회에서는 점차 공동체가 사라지고 있다. 이제 우리는 과거의 지역 공동체를 부활시켜야 한다. 생명과 환경의 위기시대에 사회문제에 대한 공동적인 인식과 이를 해결하기 위한 공동적인 노력은 작은 지역사회로부터 출발하여 생태계를 공유하고 있는 전 인류 공동체로 확대해 나가는 전략이 필요하다(곽삼근, 2001). 다행히도 최근 평생교육학계에서도 지역성을 강조하는 논의들이 확대되고 있으며 지역공동체를 위한 학습운동이 서서히 관심의 초점으로 부각되고 있는 일은 매우 다행스런 일이다. 그렇다면 구체적으로 지역학습공동체 운동을 실천할 수 있는 기본 전략으로 몇 가지 방안을 제시해 보겠다.

첫째, 지역 중심의 작은 학습모임을 만들어 보자. 주민들의 요구나 상황에 따라 모임을 만들고, 스웨덴의 경우에서처럼 테마 중심적, 코스 중심적, 토론 중심적, 연구 중심적으로 다양하게 운영할 수 있을 것이다. 가장 적절한 소그룹 규모는 8~10명 정도이다. 하지만 경우에 따라 융통성 있게 규모와 접근방식을 조정할 수 있다.

둘째, 학습동아리를 통해 소통하고 협력하게 하라. 그러기 위해서는 강의 위주의 강좌보다는 학습자 간의 대화와 토론이 이루어질 수 있는 교육방법을 사용하는 것이 좋다. 성인들은 일방적으로 강의를 듣는 것보다는 자신의 말을 하고 싶어 한다. 그러므로 대화를 통해 소통이 이루어지도록 하며 상호작용이 이루어질 수 있도록 하는 것이 좋다. 또한 성인학습의 방법은 경쟁을 유도하기보다는 협업하게 하는 것이 바람직하다. 이는 학습자 간뿐만 아니라 학습자와 교육기관 간 그리고 평생교육기관 간에도 마찬가지이다. 경쟁은 불신감을 가져올 수 있으나 협력은 공동체 의식을 강화시킨다.

셋째, 지역사회문제에 참여하고 실천하게 하라. 평생교육은 사회운동적 성격을 지닌다. 따라서 지역사회의 문제해결을 위해 모두가 동참하게 하라. 생각만 가지고 있는 것은 의미가 없다. 자신의 생각을 확인하고 실천함으로써 문제해결이 가능해진다. 우리가 당면한 많은 문제들은 한 개인의 참여가 아니라 모두가 동참할 때 비로소 가능해질 수 있다. 또한 문제해결 과정을 통해 지역사회의 주인이 되며 시민사회의 주체가 되는 것이다. 선배시민으로서 어떤 역할을 해야 할지 생각해 보고 작은 일이라도 하나씩 실천해 보자.

넷째, 새로운 변화나 창조가 가능하도록 하라. 학습은 생각에 변화를 가져오게 한다. 그리고 생각을 실천함으로써 혁신과 창조가 이루어지게 된다. 관습적으로 해 오던 것을 뒤집어 생각해 보고, 문제점을 찾아보라. 문제를 해결하려고 하는 사람만이 새로운 변화를 가능하게 하며 혁신을 가져오게 한다.

5. 다시 지역이다

푸트남Putnam이 지적한 바와 같이 원래 평생교육은 공동체를 다시 살리는 지역공동체 운동이며, 시민학습운동이다. 사회변동이 빠르게 일어날수록 후기산업사회로 진전함에 따라 인간들이 더 갈망하는 것은 공동체사회이다. 공동체가 파괴되면 인간들은 외로워지게 된다. 그 결과 여러 가지 사회문제들이 발생한다. 그러므로 이제 우리에게 필요한 것은 국가에 의한 제도나 정책의 수립이 아니라, 공동체사회를 다시 부활시킬 수 있는 지역 중심의 평생학습이고 그것을 실천하는 것이다. 작은 학습동아리에서부터 시작하여 학습을 일상화하고 그 속에서 관계를 만들고, 상호 배려하는 공동체 마을을 만들어 보자. 이는 파괴된 공동체를 학습을 통하여 복원하는 일이며 평생교육의 본질을 되찾는 것이다. 그것은 모든 인간의 자아실현과 교육적 성장을 돕는 것이며 나아가 지역사회의 공동체 의식과 사회 전체에 대한 책임감을 갖게 하는 것이다. 또한 자비스(Jarvis, 1998)가 말하는 시민사회의 덕목인 주체성, 삶의 문제 해결, 공동체적 가치를 실현하는 것이다.

사회의 변화는 작은 것에서부터 시작된다. 거센 신자유주의적 물결을 넘어 학습사회로 발돋움하기 위해서는 새로운 변화가 필요하다. 그 변화는 사람으로부터 시작된다. 그리고 교육과 학습을 통해 이루어질 수 있다. 또한 그 배움은 사람들의 삶과 관련된 것이어야 하며 지역사회를 토대로 한 것이어야 한다. 지역사회는 인간이 삶의 의미와 존재가치를 발견하고 자기 존재의 참된 가치를 구현하며, 자기를 완성해 나가는 장소이기 때문이다. 그러므로 이제부터 우리는 평생학습을 통한 사람 만들기, 그 사람들에 의한 지역 만들기, 그리고 바로 그곳에 모두가 행복한 평생학습사회를 만들어 보자. 이를 위해 가장 필요한 것은 평생교육 또는 평생학습에 대한 믿음과 신념이며, 그것을 현실에서 실천하는 사람이다.

제13장

제2의 인생, 홀로서기 아닌 협동조합으로 출발하기

조승현 교수(민법학)

1. 제2의 인생(자영업) - 쉽지 않은 출발점

퇴직은 새로운 출발

최근 정퇴(정년퇴직)니 명퇴(명예퇴직) 구조조정이니 하면서 많은 사람들이 직장을 잃고 있다. 사람이 사람답게 살기 위해서 일은 중요한 의미를 갖는다. 비록 직장을 잃었지만 제2의 인생을 설계하는 데 자기의 일을 찾는 것은 당연한 이치다. 그런데 새 직장을 얻어 일자리를 가진 사람은 매우 드물다. 대부분의 사람들은 소자본으로 처음 경험하는 자영업을 선택한다. 그런데 홀로 자영업에 종사한다는 건 위험하다.

주위에 자영업으로 성공한 사람이 얼마나 있는가

조금 과학적인 데이터를 기초로 살펴보자. 2012년 통계로 볼 때 소상공인의 업종별 분포를 보면 소상공인 약 287만 개 업체 중 도소매업 79만 개(소상공인 전체 비중 24.4%), 숙박/음식업 58만 개(20.2%), 개인서비스업 35만 개(12.3%), 운수업 34만 개(11.7%), 제조업 26만 개 (9.2%)의 분포를 보이고 있다. 이는 대부분의 소상공인들이 영세한 점포나 식당, 여관 등 서비스업에 종사하고 있음을 보여 준다. 그리고 2012년 현재 소상공인 기업의 90%에 달하는 1인 기업의 5년 생존율은 29.6%로 기업 생존기간이 매우 짧다. 물론 4인 이하를 고용하는 소상공인 기업의 5년 생존율을 합하면 좀 더 높아질 수 있다. 2인 이상 기업 일반의 5년 생존율은 44.5%이기 때문이다(통계청, 2013). 그렇다고 해도 1인 기업이 90% 비중을 차지하기 때문에 소상공인 기업의 생존율은 30%대 초반을 크게 넘지 않는다고 보는 것이 합리적이다. 그러므로 약 70%의 소상공인들은 사업 개시 후 5년 만에 사업을 폐업하고 더 열악한 상황으로 전락하게 된다고 볼 수 있다. 물론 반대의 경우도 있겠지만 대부분의 경우 더 열악해진다고 보는 것이 타당할 것이다.

자영업, 그 소득은 얼마나 열악한가

한국 자영업자들의 평균 소득은 2010년 기준 월 149만 원이다.[1] 2000~2012년 자영업의 소득 추이를 나타내는 '가계영업잉여' 연평균 증가율은 1.4%에 그친 것으로 나타나는 것을 보면 2014년도 통계는 없지만 추측건대 이러한 소득수준은 늘어나는 추세가 아니라 거의 정체된 것으로 보인다.[2]

자영업을 둘러싼 구조적 환경

자영업을 선택할 때 가장 잊기 쉬운 게 자영업의 구조적인 위상이나 객관적인 상황일 것이다. 이러한 정보들은 자신의 사업에 대한 매우 중요한 요소임에도 불구하고 대부분 고려하지 않고 지나간다. 그것은 곧 실패로 가는 길이다. 그럼 자영업이 왜 이렇게 어려운 상황에 있는지를 알아보도록 하자.

자영업자는 비임금근로자이다

자영업자는 보통 소상공인으로 불리기도 하지만 대부분은 비임금근로자들이다. 2014년 11월 경제활동인구 중 취업자는 2,596만 명이고 이 중 임금근로자는 1,908만 명, 나머지 688만 명이 비임금근로자(자영업자)이다(그림 1 참조).

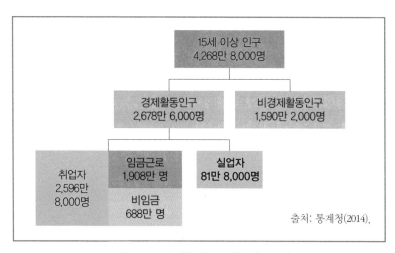

그림 1 2014년 대한민국 경제활동인구 구성

〈표 1〉 종사상 지위별 취업자

(단위 : 천 명, %, 전년 동월 대비)

구분	2013. 11.		2014. 10.				2014. 11.			
		구성비		구성비	증감	증감률		구성비	증감	증감률
〈전 체〉	25,530	100.0	25,951	100.0	406	1.6	25,968	100.0	438	1.7
• 임금근로자	18,572	72.7	18,945	73.0	456	2.5	19,081	73.5	509	2.7
상용근로자	11,962	46.9	12,236	47.2	361	3.0	12,295	47.3	332	2.8
임시근로자	4,973	19.5	5,108	19.7	147	3.0	5,119	19.7	146	2.9
일용근로자	1,636	6.4	1,602	6.2	−51	−3.1	1,667	6.4	31	1.9
• 비임금근로자	6,958	27.3	7,005	27.0	−50	−0.7	6,887	26.5	−71	−1.0
자영업자	5,667	22.2	5,730	22.1	17	0.3	5,676	21.9	9	0.2
무급가족종사자	1,290	5.1	1,275	4.9	−68	−5.0	1,211	4.7	−79	−6.1

주: 상용근로자란 임금(또는 현물)을 받기로 한 고용계약기간이 1년 이상인 사람을 말
한다. 반면 계약기간이 1개월~1년 미만이면 임시직 근로자, 1개월 미만은 일용직
근로자로 구분한다. 따라서 상용근로자 속에는 비정규직이 상당수 포함되어 있다.

출처: 통계청(2014), 「경제활동인구조사」.

전체 비임금근로자수 688만 7,000명은 전체 취업자 중에서 약
26.5%를 차지하고 있다(표 1 참조, 무급가족종사자 포함). 임시근로자나
일용근로자 중에서 상당수가 실질적으로 자영업자임을 감안한다면
실제 자영업자수는 700만 명으로 전체 취업인구의 30%가 넘을 것이
라 추측된다.

자영업자의 비중이 너무 높다

우리나라의 자영업 비중은 2012년 기준 28.2%로 경제협력개발
기구(OECD) 평균(15.8%)에 견주어 월등히 높은 편이다. 터키와 그리
스, 멕시코 다음으로 높으며 미국(6.8%)이나 독일(11.6%), 일본(11.8%)
에 견주면 2~3배나 된다(한겨레신문, 2014. 7. 21). 일하는 국민 10명 중
3명이 자영업을 통해 생계를 유지하고 있고 나중에 보듯이 가족까지

(개, 명, %)

구분	전체(A)	중소기업(B)		대기업(D)	비중		
			소상공인(C)		중소기업(B/A)	소상공인(C/A)	대기업(D/A)
사업체수 (증가율)	3,354,320 (3.7)	3,351,404 (3.7)	2,918,595 (3.0)	2,916 (△4.5)	99.9 –	87.0 –	0.1 –
여성 (비중)	1,306,148 (38.9)	1,305,967 (39.0)	1,188,736 (40.7)	181 (6.2)	100.0 –	91.0 –	0.0 –
종사자수 (증가율)	14,891,162 (2.5)	13,059,372 (3.4)	5,677,013 (2.3)	1,831,790 (△4.0)	87.7 –	38.1 –	12.3 –
여성 (비중)	3,520,694 (23.6)	3,449,470 (26.4)	2,170,914 (38.2)	71,224 (3.9)	98.0 –	61.7 –	2.0 –

주: 1) 종사자 1인 이상 사업체, 전 산업 기준, 증가율은 전년 대비 증가율임.
　　2) 여성은 대표자 성별 기준에 의한 사업체수와 종사자수임.
출처: 통계청, 「전국사업체조사」 재정리.

포함하면 자영업 인구는 40%에 달한다(표 2 참조).[3]

상황파악 안 된 도전은 무모한 행위

자영업을 생각한 사람들은 자영업을 둘러싼 경제적·사회적 구조가 만만치 않다는 것을 깨달았을 것이다. 그럼 이러한 구조 속에서 자영업이 대부분 실패하게 된 원인들을 생각해야 한다. 필자가 생각하기에는 다음과 같은 점들을 꼽고 싶다.

동일 상권 내 과밀업종에 의한 소상공인의 경쟁력 약화
　• 소자본경영에서 오는 구조적 어려움
　• 업종과다 경쟁의 원인: IMF 이후 구조조정에 의한 종사자수의

증가, 베이비붐 세대 은퇴 후 종사자수의 증가

• 경쟁력 약화의 주요 원인: 자체 과다경쟁 외에도 대기업의 골목
  상권 잠식

협소한 내수시장

극단적 수출주도형 경제시스템의 지향으로 인하여 내수시장이 갈
수록 위축되고 그 결과 소상공인은 가장 어려운 위치에 놓이게 된
다. 즉, 한국경제는 2013년 GDP가 1조 6,400억 달러로 세계 13위
규모이지만 내수규모와 역비례 관계에 있는 무역의존도가 100%에
가깝기 때문에 다른 선진국들의 경우보다 내수규모가 훨씬 작다. 반
면 2010년 기준으로 일본과 미국은 무역의존도가 20% 전후, 영국과
프랑스와 러시아는 35~40% 전후, 중국은 45%, 독일은 60% 수준에
불과하다(선대인, 2012: 308). 한국이 이렇게 무역의존도가 높은 경제
구조가 된 것은 1960~1980년대 수출주도 성장정책의 산물이기도
하지만 1997~1998년 IMF 금융위기와 2008년 금융위기 이후 구조
조정과정에서 다시 수출 중심 경제구조가 강화된 때문이기도 하다.
즉, 전체 노동자의 50% 가까이가 비정규직이 되는 상황에서(한겨레신
문, 2014. 7. 14; 2014. 5. 25) 소득과 고용조건들은 첨예한 피라미드 분
배구조를 만들었다. 근로자들의 소득과 지위는 수출대기업, 내수대
기업, 중소기업, 소기업, 소상공인 순으로, 그리고 정규직, 무기계약
직, 기간제 계약직, 촉탁직, 파견직, 임시직, 아르바이트 순으로 위
계구조화되면서 내수가 커질 수 없는 구조로 변했다. 2008년 세계경
제위기 이후 실물체감경기의 침체는 지속되고 있고 한국경제의 과
도한 대외무역의존도는 내수의 어려움 나아가 소상공인의 어려움을

가중시키고 있는 것이다.

대기업에 의한 영역의 잠식

대기업의 골목상권의 진출이 계속 증가하고 있어 경쟁력이 약한 소상공인들의 상권이 크게 흔들리고 있다. 롯데의 치킨사업, 신세계의 편의점 위드미 등이 그 예이다. 기업형 슈퍼마트나 마켓super super-market, SSM이 대도시뿐만 아니라 지방의 중소도시에까지 진출하여 시장을 잠식하고 있다. 3만 개가 넘는 편의점 중 GS, CU, 세븐일레븐과 같은 대자본들이 전체 편의점의 90% 이상을 차지하고 있다.

재벌 등 대기업들의 불공정거래

대리점의 갑질로 대표되는 불공정거래도 소상공인들의 경제적 어려움을 야기하는 원인 중 하나이다. 이러한 불공정을 바로잡기 위하여 「독점거래 및 공정거래에 관한 법률」(공정거래법)이 있지만 소상공인을 보호하기에는 구조적인 한계가 있다. 예를 들어 카르텔 규제규정은 대기업이나 소상공인이나 예외 없이 적용되고, 개별거래에 있어서 보호영역은 주로 소비자를 중심으로 하고 있다. 그리고 대리점이나 프랜차이즈 또는 하청계약에서 불공정거래는 따로 이를 규율하는 법이 있기는 하지만 그 요건이 엄격하여 실질적 도움을 받는데 한계가 있다.

고비용구조

과다한 임대료와 권리금과 같은 비용구조도 소상공인의 생산성을 저하시키는 주요 원인이 되고 있다. 생산비용 중 임대보증금 또는 금융비용이 높게 나타나고 있고 특히 권리금 문제는 소상공인의 법적 불안정을 초래하는 대표적인 사례로 지적되고 있다. 진입장벽이 거의 없어 과다경쟁으로 시달리는 상황에서 그나마 훌륭한 사업내용으로 성장이 예상되는 소상공인들도 영업이 잘되면 인상되는 임대료 때문에 좌절하는 경우가 속출하고 있다(예: 서울과 인천 시장상인연합회나 협동조합 사례에서 대표적으로 나타남).

복지혜택의 부재

1~4인 사업장의 4대보험 가입률이 60% 미만(이 중 비정규직은 20%에도 미치지 못함)이고, 소상공인은 말로만 사장인 자영업자인 경우가 대부분이며, 국민연금과 의료보험 외 기타 보험제도의 혜택도 미비하다.

자영업의 전망

현재 한국경제는 경제가 침체되고 성장이 느려지는 상황이 지속되고 있다. 경제가 침체되고 성장이 느려질수록 경제 전체에서 노동에 의한 소득보다 자본에 의한 소득 비중이 더 커지는 원리(Piketty, 2014⁴)에 비추어 보더라도 소상공인들은 다른 단위보다 훨씬 더 나쁜 환경에 놓이게 될 것이라 예상된다. 또한 소상공인들의 과다경쟁도 베이비붐 세대의 퇴직과 기업의 구조조정으로 인하여 더 심해질 것으로 보인다. 나아가 이명박·박근혜 정권 들어서서 실질적으로 대기업 위주의 경제운용과 전체적인 시장분위기에서 소상공인의 영세성과 생존위기는 당분간 지속되리라 예상된다.

희망을 찾아서 – 협동조합으로 일어서기

다음은 협동조합을 모티브로 한 영화이야기와 함께 모범적으로 운영되고 있는 국내외 협동조합의 몇 가지 예이다.

이탈리아 협동조합 논첼로(정신병원의 의사 3인과 환자 6인이 만든 협동조합)

- 영화 「위 캔 두 댓」 *We can do that?*은 협동조합에 관한 이야기임.
- 한 정신병원이 있었는데, 병원은 폐쇄됐지만 환자들은 갈 데가 없음. 정신질환을 앓는 환자들은 단순히 편지봉투에 우표를 붙이는 보조적인 작업도 제대로 하지 못해 재활능력 불능으로 평가받은 상태임. 이들 앞에 협동조합의 새 매니저인 넬로가 나타남. 혁신적인 활동가인 넬로가 나타나면서 정신장애인들의 삶의 판도가 180도 바뀌게 됨.
- 넬로는 정신장애인들의 행위를 새로운 관점에서 바라봄. 그는 정신장애인들이 우표를 제자리에 붙이는 게 아니라 예술적인 감각으로 재밌게 붙이고 있었다는 사실을 알게 됨. 그는 정신장애인 11명의 의견을 들어주고 긍정적으로 조언해 줌.
- 우여곡절을 겪으면서 정신장애인들은 '협동조합 180'에서 연대와 협동으로 발전해 가는 사회적 협동조합과 함께 정상인과 다름없는 꿈을 키워 가면서 영화는 끝이 남.

리베닛 커뮤니티 펍(Lyvennet Community Pub)

- 2011년 영국 레이크 컴브리아 주민 100명이 행정구에서 유일한 펍의 폐업 여부를 결정

- 협동조합 설립운동으로 펍을 살리기 위해 필요한 자금은 약 25만 5,000파운드→광고 등을 통하여 3개월 만에 30만 파운드 모금(지역사회가 모두 나섬, BBC, 하원의원 등)
- 펍의 재단장: 지역주민 조합원의 자원봉사(도합 4,000시간), 기업들의 시설 기증, 8월 영국수상 캐머런이 펍의 방문록에 서명
- 2013년 현재 조합원은 약 300명(투자금액은 250~2만 파운드까지 다양), 1인 1표, 요즘은 예약하지 않으면 자리를 구하기 힘듦.
- 펍은 식당업에 머물지 않고 마을 예술행사를 주관하고 고령자 조합원을 위한 무상 점심시간을 만드는 등 다양한 지역공헌을 하고 있음.

더나튀르프리튀르

- 설립연도 2011년, 조합원수 34명, 직원수 3명
- 자연 튀김을 주제로 녹색트럭을 공동소유하는 조합
- 컨설턴트 루시, 튀김전문가 빌리, 유기제빵사 페르헤이언 등이 기존 방식을 벗어나 친환경 생태 유기농 튀김(식물성기름과 유기농 재료만을 사용)을 즉석현장에서라는 모토로 출발
- 조합원 1인당 출자를 4계좌 이하를 구매조건으로 계좌당 250유로, 배당이율은 6%로 제한
- 취업이 안 되는 실업자를 위한 일자리 창출의 목표도 병행. 예: 튀김 만드는 법을 교육하고 이들로 하여금 자립하게끔 지원

작은나무

- 성미산마을 까페(설립연도 2004년, 직원수 7명)

- 마을사람들이 적게는 5만 원에서 많게는 100만 원까지 출자
- 출발에서 결성까지 아토피성 아이들을 위한 부모들의 결의-유기농가게-1인의 유기농 아이스크림 출자(그늘나무)-적자 누적-성미산 대안학교 교사들에게 위탁경영-마을 카페로 거듭남(100만 원씩 출자)-작은나무로 변경(2007년)-여전히 경영의 어려움-마을단체 등이 재결합(개인사업자로 등록)
- 협동조합으로 전환하는 과정: 카페로서의 서비스, 마을 카페에 대한 기대라는 이중적인 역할

홀로서기보다 유리한 조직으로 함께하기

자영업을 하는 사람들 대부분 홀로서기를 시도하고 있다. 조직생활과 지시에 염증을 느낀 사람이라면 홀로서기가 매력적일 수 있다. 하지만 세상은 의외로 홀로서기를 쉽게 허락하지 않는다. 통계수치에 나타난 홀로서기 자영업자의 성공률은 매우 낮다. 홀로서기가 마음은 편할지 몰라도 노후에 실패를 가져다줄 확률이 너무 높다. 그렇다고 아무 일도 안하고 중·장년 또는 노후를 보낼 것인가? 일 없는 인간이 행복할 수 있을까? 진정한 자유와 휴식은 자신이 하고 싶은 일을 하는 데서 나오는 것이 아닐까? 실패를 줄이기 위해서는 뜻을 같이하는 사람들과 함께 만들어 가는 것이 바람직하다. 그런데 함께한다는 것은 조직을 만든다는 것을 의미한다. 여기서 의문이 들수 있다. 그동안 조직생활에 염증을 느낄 만큼 느꼈는데 또 조직에 얽매어 일을 하는 게 타당한가? 하기 싫은데 어쩔 수없이 윗사람의 지시로 해야 하는 일이라면 그럴 것이다. 그래서 일을 한다면 어쩔

수 없이 해야 하는 일보다는 하고 싶은 일이 되도록 만들 필요가 있다. 자신의 주체성이 결여된 일과 조직이란 불행을 끼고 사는 것과 마찬가지이다. 이는 새로운 일을 시작할 때 가장 경계해야 할 것인지도 모른다.

일을 하기 위한 연대와 조직에는 수많은 형태와 내용들이 있다. 독일의 사회학자 퇴니에스Ferdinand Tönnies는 사회를 이익사회 Gesellschaft와 공동사회Gemeinschaft로 나누었다. 퇴니에스의 분류법에 따라 생각해 본다면 일을 하는 데 있어 이익만 생각한다면 주식회사 형식이 가장 바람직할 것이다. 만약 혈연이나 지연과 같은 공동체의 미덕만을 생각한다면 이익을 철저히 배제한 봉사를 위한 총유(總有)적인 조직이 좋을 것이다. 그러나 이익과 공동체(내지 문화적 가치)를 동시에 고려한다면 사회적 기업이나 협동조합(사회적 협동조합, 농촌인 경우에는 영농조합법인)이 고려될 수 있는데, 여기서는 특히 협동조합을 추천하고 싶다. 협동조합은 만들기 쉽고, 조합원 사이의 인간관계와 공동체적 인식을 배려한다. 쉽게 말해서 이익과 인간관계를 동시에 만족시킬 수 있다. 그럼 다음에서 협동조합의 사례들을 살펴보고, 협동조합의 핵심은 무엇이고 어떻게 만드는지 구체적으로 살펴보자.

2. 협동조합이란

협동조합의 개념

국제협동조합연맹은 협동조합을 '공동으로 소유하고 민주적으로

운영되는 사업체를 통해 공통의 경제·사회·문화적 필요와 욕구를 충족시키고자 하는 사람들이 자발적으로 결성한 자율적인 인적 결합체'라고 정의하고 있다. 그럼 협동조합과 유사한 다른 단체들을 구별해 보자.

노동조합 또는 농협 등 7개 특수협동조합

「민법」상 조합은 2인 이상이 임의로 서로 약속을 통하여 얼마든지 만들 수 있다는 점에서, 노동조합은 단위 기업이나 사업장에서 노동자들만이 「근로기준법」상 노동조합의 설립요건을 갖추어 만들 수 있다는 점에서 농협 등의 7개 특수협동조합은 특별법상 근거가 다르고, 금융이나 공제사업을 중심으로 한다는 점에서 「협동조합 기본법」상의 협동조합하고는 근본적으로 다르다.

민법상 법인(비영리법인)

기존의 생협 등은 민법상 비영리법인으로 등기하는 경우가 있었다. 민법상 비영리법인은 국가로부터 세제나 운영지원을 받을 수 있다는 장점이 있지만 허가를 받고 등기를 해야 한다는 점, 국가감독기관의 감독을 받아야 하는 점 등에서 절차가 까다롭고 간섭을 받는다는 단점이 있다.

영농법인

2011년 현재 우리나라 영농법인은 약 1만여 개가 있다(어업법인 포함). 영농법인에는 영농조합 법인과 영농회사 법인 두 종류가 있는데 영농조합 법인이 8,200개, 영농회사 법인이 1,800개로 영농조합 법인이 압도적으로 많다. 양자의 가장 핵심적인 차이는 영농조합법인을 설립하려면 농업인이 최소한 5인 이상은 있어야 한다는 점, 그리고 농업인이 아닌 노동자 등은 의결권을 행사할 수 없는 준조합원 자격만을 갖는다는 데 있다(출자한도는 제한 없음). 반면 영농회사 법인은 그 본질이 「상법」의 적용을 받는 회사라고 할 수 있는데 상법상의 발기인 규정에 따라 주식회사로 설립하는 경우에는 1인 이상이면 설립이 가능하지만 농업인이 아닌 자가 농업회사 법인에 출자할 수 있는 한도는 농업회사 법인의 총출자액 100분의 90을 초과할 수 없다. 다시 말해서 농업인이 아닌 자가 농업회사 법인을 설립하려면 적어도 총출자액의 10% 이상을 출자하는 1인 이상의 농업인과 함께해야 한다. 농업회사 법인은 그 성격이 상법상의 회사이기 때문에 출자지분에 따라 의결권을 행사할 수 있고, 비농업인도 출자지분에 따른 의결권을 갖는다. 농업회사 법인의 대표는 농업인이어야 할 필요는 없고 농업회사 법인의 업무집행권을 가진 자 중 3분의 1 이상이 농업인이기만 하면 된다(「농지법」제2조 제3호). 현 시점에서 모든 상황을 감안한다면 도시인들에게는 영농법인보다 협동조합이 훨씬 설립하기 쉽고 유리하다.

협동조합의 기본 3요소

① 공동의 필요와 염원을 가진 자발적인 조직
② 공동의 소유
③ 자주적·민주적 운영

모든 사업을 할 수 있는 협동조합(공제금융 제외)

협동조합 기본법의 제정으로 사회적 목적을 달성하기 위해 '사업적 방식'을 도입할 수 있는 길이 열렸다. 협동조합 기본법이 만들어지기 전에는 협동조합은 비영리 공익법인의 형태로만 가능했다. 그런데 사회적으로 의미가 있으면서 수익과 일자리를 동시에 해결할 수 있는 협업적·사회적 결사체의 정신을 살리는 협동조합은 비영리 공익법인의 틀에 갇혀 그 역할과 효능을 발휘하기가 힘들었다. 그러나 2012년 12월 협동조합 기본법이 통과됨으로써 문제가 어느 정도 해결되었다. 5인 이상이면 사회적으로 의미 있는 기업이나 단체 등의 결사체를 만들 수가 있고 모든 사업을 다할 수 있다. 협동조합 기본법의 제정으로 인해 협동조합을 만들 수 있는 법적인 제한은 거의 없어졌다. 문제는 이 제도를 어떻게 활용할 수 있을 것인가이다.

협동조합은 도시와 농촌의 변화를 이끌 것이며, 특히 영농조합 법인 등과 함께 도시와 농촌 변화의 핵으로 작용할 것이다. 수익이 창출되고 사람이 사는 친환경 복합농촌으로 가는 변화는 노동자·농민이 함께 참여하는 생산·유통·소비 협동조합을 통하여 가능하게 되었다.

사회와 정치 변화의 원동력, 협동조합

협동조합은 5명 이상의 발기인이 모여 창립총회와 등록을 하면 자유롭게 설립할 수 있다. 그리고 자본금의 제한규정도 없으며, 신용사업과 보험(공제)사업을 빼면 어떤 사업이든 할 수 있기 때문에 모든 사회구성원들의 자연스러운 커뮤니티의 플랫폼이 되고, 동시에 이들을 다양한 경로를 통하여 묶어 낼 수 있다. 이것이 의미하는 것은 무엇인가? 풀뿌리 사회적 공동체의 활성화이면서 궁극적으로는 진보정치의 원동력이 될 수 있다. 1987년 이후 대한민국 사회는 시민운동과 분야별 사회진보 운동이 양과 질에서 폭발적으로 증가하였다. 그러나 2008년을 정점으로 해서 '시민 없는 시민운동', '농민 없는 농민운동', '노동자 없는 노동운동'. '민중 없는 진보운동'의 현상이 심화되고 있다. 이러한 현상은 결국 민중과 함께하지 못한 빈약한 진보정치'의 결과로 이어졌고 대한민국의 권력구조와 갈등해결의 주도권을 보수세력과 보수언론에 빼앗기는 어처구니없는 결과로 이어지고 있다. 이를 극복하는 길은 다양하고 복잡하겠지만 협동조합을 통한 사회적 공동체의 활성화가 커다란 역할을 할 것이라는 점은 분명하다. 협동조합 기본법에서 사회적 협동조합이 큰 의미를 지니는 것도 이러한 점에 기인한다.

여기서 사회적 협동조합이란 소비자, 생산자, 노동자, 후원 조합원 등 여러 이해관계자 중에서 둘 이상의 조합원이 모여 공익적 목적의 사업을 수행하기 위해 만들고, 사업의 성과를 지역사회 등 다양한 이해관계자와 나누는 협동조합을 말한다. 일반 협동조합이 '협동조합 법인격'을 갖는다면 사회적 협동조합은 '협동조합 법인'이면서도 '비영리법인'의 혜택을 받을 수 있게 되었다. 그리고 협동조합은 각 단위가 서로 연합하여 좀 더 강력한 조직체인 연합체를 구축할 수 있다.

극복해야 할 문제

① 자발성이 무임승차로 이어질 수 있음.

② 1인 1표가 참가 없이 보장됨.

③ 조합원은 껍데기이고 대표가 모든 것을 다하는 독재 조합의 우려

④ 공동자산이 주인 없는 재산이 될 수도 있음.

⑤ 탈법행위의 온상이 될 수도 있음.

3. 협동조합 만들기

설립 기본절차

① 조합원 결성(5인 이상 발기인)

② 정관 작성

③ 설립 시 조합원 명부 작성

④ 출자 1좌당 금액과 총 출자좌수의 결정(임의)

⑤ 설립 당해 연도의 사업계획 수립

⑥ 설립에 필요한 자산의 취득 등

⑦ 창립(조합원)총회
  - 총회의결사항: 정관 승인, 정관에서 정한 임원 선임 및 이사회 구성, 출자납입에 관한 사항, 설립 당해 연도 사업계획의 승인 등
  - 창립총회 의사록 작성: 참석자들이 기명날인하여 보관하고, 이 의사록은 공증인의 인증을 받아 설립등기 시 첨부

⑧ 출자: 출자금을 불입한 조합원 등에게 대표이사 명의로 출자증서를 발급하고 출자증서에 출자좌수, 출자액, 출자재산의 표시(토지라면 지번, 지목, 면적을 기재)

⑨ 설립등기
- 필수 기재사항: 명칭, 목적, 사업, 사무소의 소재지, 출자액의 납입방법, 출자액의 산정방법 및 조합원 1인이 출자할 수 있는 출자액의 최고 한도에 관한 사항, 해산사유를 정한 때 그 해산사유에 관한 사항, 법인 대표자의 성명과 주소(기타 「상법」 준용)
- 등기신청 시 첨부서류: 창립총회 의사록, 정관, 출자자산의 내역을 기재한 서류, 법인의 대표자임을 증명하는 서류

실습

가칭 '미추홀일자리협동조합' 또는 '미추홀보금자리협동조합' 또는 '미추홀실업자구제협동조합'을 건설합시다.

① 난상토론: 협동조합의 목표—누구와 함께—몇 명이서—자본과 시간은 얼마나 투자할까—사업 윤곽 잡기—실현 가능성—재정확보 가능성—종합적인 타당성 검토—정리합시다—그래서 결론은?
② 만날 때마다 함께 10번 이상 고민하고 의견 교환 및 토론
③ 결론이 도출되면 실천 돌입→가장 먼저 설립신고와 등기를 함.

설립신고 신청서류

① 정관 사본(5인 이상의 발기인 정관 함께 작성, 기명날인 또는 서명, 각 페이지 원본대조필)

② 창립총회 의사록 사본(의장과 총회에서 선출한 조합원 3인 이상 기명날인 또는 서명, 각 페이지 원본대조필)

③ 사업계획서 1부.

④ 임원 명부/임원의 이력서(본적지 포함 작성) 및 사진(가로 3cm×세로 4cm)

⑤ 설립 동의자 명부

⑥ 수입·지출예산서

⑦ 출자 1좌당 금액과 조합원 또는 회원별로 인수하려는 출자좌수를 적은 서류

⑧ 창립총회 개최 공고문(주사무소 등에 게시한 사진을 제출하거나 우편 또는 메일로 발송한 발송문 제출)

⑨ 합병 또는 분할을 의결한 총회 의사록
  • 「협동조합 기본법」 제56조에 따른 합병 및 분할에 의한 설립의 경우에만 해당
  • 관련 서식: 서울시 홈페이지→통합검색(검색어 '협동조합')→관련 사이트 '협동조합 설립 신고 안내'(http://economy.seoul.go.kr/archives/14211)

제14장

집단, 갈등
그리고 관용 }

이봉민 교수(사회문화교육)

이 글은 개인과 집단의 관계에 대한 것으로 거창하거나 새로운 이야기가 아니다. 어떤 내용은 고대 시대부터 논의가 되었고, 또 다른 어떤 것들은 1900년대 초반부터 계속해서 다루어진 것이다. 인간은 행복한 삶을 위해 사회라는 공간에서 타인과 함께 살아가면서 자연스럽게 집단을 구성하고 구성원이 된다. 그런데 집단에 속한다는 것이 자신에게 어떠한 영향을 미치는지 쉽게 인식하지 못한다. 이러한 자연스러운 현상 속에서 개인은 자신과 가까운 사람들에게는 친근함을 느끼지만, 익숙하지 않은 사람에 대해서는 편견을 갖게 되고 자신도 모르게 부정적으로 대하게 되는데, 이러한 현상은 사회 전체적으로는 갈등이라는 형태로 표출될 수 있다.

이처럼 행복한 삶을 위해 시작한 인간의 집단 구성은 갈등으로 이어져 오히려 삶의 행복을 앗아갈 수 있다. 물론 모든 사람이 항상 그런 것은 아니다. 하지만 1960년대에 이루어진 '로버스 케이브'Robber's Cave와 같은 여러 가지 심리실험들을 보면 어쩌면 우리는 그 폭탄을 안고 있는 듯하다. 그렇다면 이 폭탄의 점화를 막기 위해 우리는 무엇을 해야 할까?

1. 당신을 소개해 보세요

자아정체성이라는 말을 한 번쯤 들어보았을 것이다. 굳이 이야기하자면 '나는 누구인가'에 대한 답이다. 그런데 '당신에 대해 말해 보세요'라는 지극히 간단한 요청에도 대부분의 사람들은 머뭇거리고 쉽게 답하지 못한다. 누군가는 "아이 둘의 엄마(아빠)입니다"라고 말하고, 누구는 "○○ 회사의 과장입니다"라고 말한다. 다른 사람은 "전 친절하고 작은 일에도 최선을 다합니다" 혹은 "나는 캠핑을 좋아합니다"라고 말한다. 그 대답은 사람마다 다를 것이다. 이 대답들 속에는 무엇이 숨어 있을까?

아이덴티티(정체성)는 보통 두 가지 측면에서 보완적으로 작동한다. 사람들은 자신에 대해 규정할 때 비슷한 특징이 있는 여러 존재 사이에서 나타나는 관계(유사성, 동질성)를 중심으로 생각하기도 하고, 자신만을 드러낼 수 있는 근본적인 특징(차별성, 독특성)을 인식하기도 한다. 자신만의 독특한 특성을 찾는 동시에 타인과의 유사성 속에서 자신을 규정하는 것이다. 그런데 개인적 차원에서 자신의 독특한 특성을 파악하기가 생각만큼 쉽지 않다. 반면에, 다른 사람과 유사한 속성 속에서 자신을 파악하기는 상대적으로 용이하다. 또한 자신이 속한 집단의 속성을 인식하면 다른 집단과의 차별성을 파악하여 자신의 속성을 찾기 쉬워진다. 이러한 점을 고려해 보면 자신을 소개하라는 요청에 사람들의 답이 다르면서도 비슷한 이유를 이해할 수 있다. 동시에 자신에 대한 설명내용을 살펴보면 그 사람이 자신에 대해 유사성을 중심으로 인식하는지, 독특성을 중심으로 인식하는지도 알 수 있을 것이다.

재미있는 것은 문화에 따라서도 이 대답이 조금씩 달라진다는 사실이다. 심리학 연구물을 살펴보면 서양 사람들은 자신을 소개할 때 선호하는 것이나 자신의 성격과 행동을 제시하는 반면, 동양인들은 자신이 속한 사회적 맥락을 많이 이용한다고 한다. 물론 이 글은 동양과 서양의 차이에 관심을 두는 것은 아니다. 여기서 관심을 두는 것은 자신을 설명할 때 개인적인 특성 정보를 사용하는 방식과 함께 사회적 소속(집단) 정보를 활용한다는 것이다. 결국 인간은 자신을 규정할 때 집단에 대한 인식이 중요한 역할을 하게 된다.

2. 인간의 자연스러운 구분하기 활동

사람들은 자신이 친근하게 여기는 사람들과 끼리끼리 모여 사귀고, 먹고 일하고 살아간다. 우리가 타인과의 관계 속에서 집단을 이용하여 자신을 소개하는 것은 내가 소속되지 않은 집단에 대해서는 구분하여 인식한다는 것으로 볼 수도 있다. 이러한 인간의 구분과 분류를 통해 집단을 구성한다는 것은 매우 자동적이고 자연스러운 현상이다. 이러한 현상이 모든 사람들에게서 나타난다고 가정해 보면, 전 세계 사람들은 유사한 사람들끼리 모이게 되고, 이렇게 모인 집단이 여러 개가 존재하게 되는데, 이러한 각 집단 간의 차이 또한 어렵지 않게 파악할 수 있다. 가장 쉽게 생각할 수 있는 것이 성별이다. 어떤 공간에 사람들이 존재하는데 가장 우선적으로 파악할 수 있는 정보 가운데 하나가 남자냐 여자냐이다. 이외의 정보에는 아마도 피부색이나 언어 정도가 있을 것이다.

집단을 구성한다는 것은 익숙한 특성을 가진 사람끼리 모인다는 것이고, 때문에 사람들은 굳이 익숙하지 않은 특성의 사람과 함께할 필요를 느끼지 않게 된다는 것이다. 익숙하지 않다는 것은 불편함을 동반한다. 사람들은 익숙한 것에 편안함을 느끼기 때문에 익숙한 사람들과 함께하는 것은 상대적으로 힘이 덜 든다. 결과적으로 사람들은 본인이 속하지 않은 집단의 구성원과 함께할 필요성을 느끼기 어렵고, 다른 집단 구성원과의 교류는 줄어든다. 이러한 과정 속에서 세상의 집단 구성원들은 각자가 속한 집단 구성원 간 상호작용을 중심으로 살아가게 된다. 결국 비슷한 특징을 가진 사람끼리 군집을 형성하는 현상과 서로 다른 특성을 가진 집단과 집단이 떨어져 살게 되는 현상이 동시에 나타나게 된다. 이처럼 집단을 인식하고 구분하며 익숙한 사람들과 살아가는 현상은 무슨 문제와 어떻게 관계되어 있을까?

우리는 보통 무지개 색깔을 일곱 가지라고 말한다. 무지개를 연구하는 과학자들에게는 말도 안 되는 이야기일 것이다. 무지개는 색의 스펙트럼을 띠고 있으므로 훨씬 많은 색을 가지고 있다. 하지만 사람들은 그냥 일곱 색깔 무지개라고 말한다. 왜 그럴까?

사람들은 세상의 모든 객체를 따로 구별하고 인식하는 것보다 대상들을 어떤 기준에 맞춰 나누는 '범주화'categorization의 도움을 받아 사고하는 것이 편하기 때문이다. 이러한 범주화는 지극히 일상적이며 동시에 기존에 자신이 가지고 있던 범주화 기준을 이용한다는 특성이 있다. 이렇게 대상을 구분하는 것은 그 자체로 우리의 사고와 행동에 여러 가지 영향을 끼친다.

먼저 우리가 살아갈 때 외부 환경에 효과적으로 대응할 수 있도록 한다. 일상적인 삶을 살아가면서 경험하는 수많은 사건을 분류하고 묶어 가면서 우리는 앞으로의 일을 예상하고 최선을 다해 대응하게 된다. 예를 들어 하늘이 어두워지고 습한 기운이 몰려오면 비가 올 것이라고 예상하고 준비한다. 둘째로 유형화의 묶음에 가능한 한 많은 것을 집어넣으려는 경향을 보인다. 사람들은 문제를 쉽게 풀어가려는 성향이 있어 어떤 상황에 접하면 기존 유형 분류에 맞춰 해결하려고 한다. 또한 특별한 이유가 없는 한 이 유형화를 유지하려고 한다. 셋째, 같은 범주에 포함된 대상들은 서로 비슷한 의미와 특징을 갖고 있다고 생각한다. 수백 마리의 개를 보고 '개'라고 범주화를 하면 모든 개를 아는 것이 아니라 '개'라는 하나의 개념과 '개'에 대해 가지고 있는 몇 가지 느낌으로 존재하게 된다.

이처럼 삶 속에서 작동하는 범주화는 인간이 환경에 쉽게 적응하는 데 도움을 준다. 하지만 동시에 범주화는 그 자체로 문제를 발생시키기도 한다. 만약 개인이 자기가 가지고 있는 범주에 맞지 않는 상황이나 대상을 접하게 되면 그 범주를 변화시킬까? 대부분의 경우 범주를 바꾸려 하지 않고 저항한다. 무지개의 색깔이 일곱 가지가 아니라는 것을 알더라도 사람들은 여전히 일곱 색깔 무지개라고 표현한다. 피아제가 말한 스키마schema와 동화, 조절이라는 어려운 말을 사용하지 않더라도 쉽게 알 수 있다. 왜냐하면 가지고 있던 범주화(일반화)가 지금까지 매우 효과적으로 작동해 왔기 때문에 굳이 새로운 증거에 맞춰 변화시킬 필요도 없고 익숙한 것을 포기하고 싶지 않기 때문이다. 결국 이러한 범주화의 결과물들은 선입견으로 자리 잡게 된다. 대상의 실제 모습과는 무관하게 집단 내의 구성원은 모두 유사하다고 생각하고, 집단 간의 차이는 더욱 과장하여 인식하게 된다. 범주화라는 자연스러운 정신활동은 선입견을 낳고 선입견은 편견이 되어 가치체계로 자리하게 되는 것이다.

지금까지 언급한 내용을 살펴보기 위해 한 인물이 지닌 특징을 예로 들어보자.

□ 전라도 출신
□ 혈액형 B형
□ 남자

위 특징들은 읽고 무엇인가 떠오르는 이미지(특징·인물·인상·평가 등)가 있는가? (인터넷에서 'B형 전라도 남자'로 검색해 보라.)

독자 중 일부는 매스컴이나 다른 사람들과의 대화를 통해 제시된 특성들의 조합이 의미하는 것을 알고 있을 것이다. 모두가 그렇게 생각하지는 않지만, 위 조건을 가진 사람은 성격적으로 고집이 세고 자기주장이 강하다는 이미지로 통용되고 있다. 그래서 연애하거나 결혼할 때 기피해야 한다는 것이다(위와 같은 특성을 가진 독자와 그 가족들에게 사과드린다).

사실 위에 제시된 범주들은 필자가 가진 특성들과 일치한다. 독자들은 필자를 직접 만나본 적도 없지만 제시된 특성만으로 필자에 대한 선입견을 가지게 된다. 대부분의 사람들은 일정 수준의 자기주장과 고집을 가지고 있다. 필자 역시 그런 경향이 있다. 문제는 선입견이 필자에 대한 왜곡을 일으킨다는 점이다. 실제로는 그 정도가 세지 않지만, 그러한 모습이 조금이라도 비춰지면 "역시 틀리지 않았어"라고 생각한다. 그리고 해당 특성을 과장해서 인식하고, 그 특성에 대해 부정적으로 판단하고 있는 경우, 대상에 대해 부정적 평가와 차별 대응으로 이어질 수 있다.

3. 집단 구분은 편가르기로 이어질 수 있다

앞에서 자아정체성을 언급하면서 사람들은 자신과 유사한 속성을 가진 사람들 집단의 소속을 이용하여 자신을 소개하는 경향이 있다고 말했다. 보통 자신과 같은 부류에 있는 사람들은 서로에 대해 '우리'라고 표현한다. 사회학이나 심리학에서는 사람들이 '우리'라는 말로 포괄할 수 있는 집단을 '내집단'이라 부른다. '우리'에 포함되지 않는 사람들은 '그들'이 되고, '그들'이 속한 집단은 '외집단'이 된다.

집단을 구분한다고 해서 항상 다른 집단의 구성원을 부정적으로 평가하고 차별하게 되는 것은 아니다. 하지만 익숙한 것을 선호하고 안정감을 느끼는 인간의 심리상 자신이 속한 집단의 특성을 선호하게 된다. 게다가 내집단에 대한 인식이 명확해지고 소속감이 높아지면, 자신이 속한 집단은 모든 것의 중심이 되고, 자신이 속한 집단을 기준으로 평가하는 경향성이 있다. 자연스레 내집단이 가진 특성과 성과물, 문화, 언어, 화법을 선호하게 되는 것이다. 이러한 성향은 집단을 유지하고 존속할 수 있도록 만드는 데 있어 매우 중요한 요소이다.

집단에 소속된다는 것은 개인에게 매우 중요하다. 집단의 구성원으로서 우리는 나와 유사한 것을 경험하며 다른 특성의 사람을 만날 때는 무의식중에 경계하게 된다. 사람은 친숙한 것을 선호하고 이러한 친숙함은 집단을 결속시키는 데 도움이 되지만 그렇다고 해서 다른 집단에 반드시 적대적으로 대하게 되는 것은 아니다. 그럼에도 많은 사람들은 다른 편을 인식하게 되면 내집단에 더욱 충성하게 되고 다른 집단에 대해서는 매우 경계하고 긴장하는 경향을 나타낸다.

더 나아가 외집단에 대한 의식적·무의식적인 거부행동으로 이어지는 상황이 많이 발생한다. 가장 쉽게 확인할 수 있는 것이 언어적으로 거부를 하는 것인데, 차별적 발언이나 표현이 그에 해당한다. 흑인을 깜둥이로, 일본인을 왜놈, 서양인을 양놈이라고 부르는 것이 대표적이다. 이러한 표현이 담고 있는 의미를 알고 있는가에 관계없이 언어 자체가 갖고 있는 힘은 매우 강력하다. 그리고 경멸의 정도가 클수록 노골적으로 나타나고 실제적인 차별과 폭력으로 나타날 가능성은 높아진다.

또한 현실적인 이익이 연결되면 집단이 영향을 미치는 부정적 상황이 좀 더 뚜렷하게 인식될 수 있다. 제한된 자원을 놓고 사람들이 경쟁하는 것은 모두가 만족할 만한 결과를 내기 어려운 상황 때문에 발생한다. 경쟁 결과에 따라 자원을 얻을 수 있는 사람들과 그렇지 못한 사람들이 나타나고 이러한 결과는 집단갈등으로 이어질 수 있다. 제한된 자원을 놓고 경쟁을 하게 되면 적대감이 발생하고, 상대에 대해 부정적으로 평가하게 된다. 이러한 부정적인 평가는 이익을 함께 나누는 집단 구성원들에게 공유되고 부풀려지게 되고, 자연스럽게 차별로 이어질 수 있다. 차별은 개인이나 집단에게 동등한 대우를 해 주지 않는 것이다. 대표적으로 발생하는 현상은 외집단의 구성원을 배척하는 것이다.

또한 이러한 차별의 과정은 집단 소속에서 발생하는 심리적 작용으로도 설명할 수 있다. 사람들은 자신이 속한 집단의 구성원으로서 형성한 정체성을 기반으로 자아존중감을 느끼게 되는데, 이를 추구하는 과정에서 외집단에 비해 내집단을 상대적으로 높은 지위에 놓으려는 활동을 하게 된다. 이 과정에서 내집단 구성원을 외집단 구성원보다 더 좋다고 판단하고, 외집단보다 내집단에 더 많은 자원을 할당하는 내집단 편애현상을 보이는 것이다.

독자들은 집단 구분이 차별로까지 이어지는가 하고 의구심을 가질 수 있는데, 우리의 예상과 다르게 아주 사소한 기준에서의 집단 구분이 폭력까지 가져올 수 있다. 앞에서 언급한 자원의 배분과 같은 이해관계와 무관한 상황에서조차, 즉 단순한 집단 구분만으로도 경쟁과 차별이 발생할 수 있다는 것을 살펴본 연구가 있다.

1. 실험 참가자들을 모집한 후 두 집단으로 편성한다.
 - 두 집단으로 나눌 때 특별한 기준이 없이 동전 던지기로 배정하여 자신의 집단과 상대의 집단을 보며 분류의 기준을 파악하기 어렵게 한다.
 - 집단에 대한 기준이 불분명하기 때문에 타 집단에 대한 선입견이 작동하지 않게 된다.
 - '우리'와 '그들'만 존재한다.

2. 자신과 같은 집단에 속하는 사람과 다른 집단에 속하는 사람에게 일정 액수의 돈을 나누어 준다.

– 돈을 배분하는 여러 선택지 중에서 고르면 된다. (독자도 한 번 해 보기 바란다.)

옵 션	1	2	3	4	5	6	7
우리 집단	8	9	12	15	20	30	32
상대 집단	1	3	7	15	20	25	33

앞의 실험 연구에서 참가자들은 무엇을 선택했을까? 여러분은 무엇을 선택하였는가? 일단 실험 대상자들은 외집단 구성원보다 내집단 구성원에서 더 많은 보상을 해 주는 일관된 경향성을 보였다. 또한 외집단 구성원보다 내집단 구성원에게 더 높은 배분을 하는 행동, 즉 집단 간 차이를 최대화하는 선택이 많았다. 즉, 상대집단에 상관없이 우리 집단의 이득이 최대가 되도록 하는 7번(우리 집단 32, 상대 집단 33)과 우리 집단에게 최대의 보상을 하면서 상대 집단과의 차이가 극대화되도록 하는 1번(우리 집단 8, 상대 집단 1)이 압도적으로 많았다.

이것을 해석해 보면, 먼저 사람들은 자신이 속한 집단의 이익을 극대화시키거나(우리 집단 최대 이득전략 선택), 우리 집단과 상대 집단의 차이를 극대화시키는 선택을 한 것이다. 결국 '우리'와 '그들'이 구분되면 공평함이나 함께 최대 이득을 얻기보다는 우리 집단이 더 우수하기를 원하는 심리가 작동한다는 것이다.

4. 다양성의 사회임에도 인정받지 못하는 집단의 다양성

　수많은 사람들이 사회에서 함께 살아야 하는 상황에서 집단을 인식하고 다양한 집단을 구성한다는 것은 자연스러운 현상이다. 심지어 이러한 과정은 사회적 삶에 효과적으로 적응하고 행복을 유지하는 데 도움이 된다. 하지만 앞에서 살펴본 것처럼 개인으로 존재하지 않고 집단의 구성원이 될 때, 사람들은 자신도 모르게 자신이 소속되지 않은 다른 집단과의 관계 속에서 불편함을 느끼고, 더 나아가 상대를 부정적으로 평가하게 된다. 최근에 소셜미디어나 매스미디어에 계속적으로 등장하는 'ㅁㅁ남(녀)' 'ㅇㅇ충'과 같은 표현들은 이미 우려할 만한 수준이 되었다.

　이러한 흐름을 자연스러운 현상이라 생각하면 살아가는 데 문제가 없지만, 내가 소속된 집단과 소속되지 않은 집단이 함께 살아가는 '사회'라는 공간 속에서 나타나는 여러 가지 문제들은 쉽게 지나치기 어렵다. 내가 소속된 집단이 타 집단에게만 부정적 판단과 해를 가하는 행동을 하는 것이 아니라, 나와 내가 속한 집단 역시 그 대상이 될 수 있기 때문이다. 이러한 관계를 무한대로 확장해 보면 사회 속에서 살아가는 개인들과 집단 구성원들은 다른 집단들과 서로 서로 끊임없는 갈등관계를 맺을 수밖에 없게 된다.

　현대사회는 모두 개인과 집단들이 각자의 가치를 가지고 살아가는 다원화된 사회이다. 동시에 세계화의 흐름 속에서 인종적으로나 문화적으로 '한민족'이 아닌 다른 인종, 다른 문화적 소속을 가진 사람들과의 관계는 급속도로 늘고 있다. 그런데 우리나라 사람들은 '한

민족'이라는 모호하면서도 강력한 특정 관념이 강하게 작동하는 문화 속에서 살고 있다. 민주주의 제도를 통해 다원화된 집단 간의 문제를 해소할 수 있을지 모르지만, 현실적으로 특정 제도가 모든 문제를 해결해 주지 못한다. 더욱이 제도 역시 사회의 구성원과 집단들이 만들고 운영한다는 점을 고려한다면 집단 중심의 사고로 인한 역효과를 해소할 수 있는 또 다른 무엇인가가 필요할 것이다.

실제로 이러한 문제에 효과적으로 대처하지 않으면 단순히 집단 간 다툼 정도에서 머무르지 않는다. 다민족·다인종 국가라는 타이틀을 달고 있는 미국 역시 같은 맥락 속에서 인종차별 문제나 이로 인한 폭동을 경험해 왔고 여전히 어려움을 안고 있다. 전 세계적으로 보더라도 종교나 문화를 기반으로 한 집단 간의 갈등은 전쟁 형태로 나타나고 있다. 부족과 종교적 이유로 수많은 난민이 발생하고 있고, 난민의 수용문제로 유럽의 여러 국가에서는 내국인들 간에 수많은 논쟁이 있으며 이러한 상황에서 수많은 난민들이 자국에서 대기하거나 바다를 건너다 목숨을 잃고 있다.

우리나라 역시 이와 유사한 수많은 문제에 직면하고 있다. 남북의 이념적 대립이나 진보와 보수의 정치적 대립 이외에 우리나라의 발전을 위해 사라져야 한다고 수십 년을 외쳐 온 지역주의는 선거철만 되면 어김없이 고개를 내밀고 있다. 정치나 국가의 영역에서만 나타난다고 생각할 수 있지만 우리의 삶 속 곳곳에서 어렵지 않게 찾아볼 수 있다. 남성과 여성, 노년층과 청년층 간에 나타나는 상대방에 대한 비하와 멸시의 표현은 수도 없이 많다. 우리 사회의 다수를 차지하는 집단 구성원들이 소수집단 구성원에 대해 편견과 차별을 드러내는 행태도 전혀 낯설지 않다. 다문화사회로 접어드는 과정에서 나타나는 다문화 가정, 외국인 노동자, 성적 소수자와 관련하여 개인과 집단의 인식과 언론을 통해 나타나는 다양한 사건을 살펴보면 어렵지 않게 알 수 있다. 이처럼 다문화사회로의 변화와 민주주의 사회에서 집단이 갖는 속성과 그로 인해 나타나는 인간의 심리는 단순히 심리적 현상에 머무르지 않고 있다.

일부 사람들은 자신이 항상 다수자의 집단에 소속되어 있다고 위안을 삼을 수 있지만, 이 또한 자기기만에 불과하다. 사회 속의 개인들은 어떤 기준에 따라 분류되는가에 따라 다수자도 될 수 있고 소수자도 될 수 있다. 또한 다수자가 된다고 하더라도 소수자에 대한 편견이나 차별이 정당화되지도 않고, 개인감정의 불편함을 벗어던지기는 어렵다. 결국 우리는 사회 속에서 다양성의 가치를 인정하고 서로 다른 집단 구성원에 대한 긍정적 마음을 갖는 것이 매우 중요하다. 하지만 여전히 "그것은 어떻게 가능한가"라는 문제가 남아 있다.

5. 법으로 해결합시다

어떤 집단이 다른 집단을 적대시하고 차별하는 행위에 대한 여러 가지 법들이 늘어나고 있다. 이러한 법들은 집단 간 차별에 대응할 수 있는 강력한 도구이다. 실제로 이러한 법들이 제정되고 시행되면, 차별에 대한 국민들의 인식이 상당히 개선되는 효과를 발휘할 수도 있다. 하지만 이러한 법은 몇 가지 한계를 지니고 있다. 먼저 법률에서 규정하는 상황으로만 문제가 제한된다. 즉, 법이 규정하고 있는 상황에 대해서만 적용할 수 있다. 두 번째는 차별에 대해 다루고 있을 뿐이지 타 집단에 대한 배타적 의식이나 태도에 대해서는 다루지 못한다. 차별이라는 표면적으로 드러나는 행동을 제약한다는 점에서 의의가 있을 수 있으나, 차별을 하게 되는 근원적 요인에 대해서는 쉽게 영향을 주지 못한다는 것이다. 물론 법은 개인적 편견의 감소에 간접적인 영향을 줄 수 있다. 하지만 여전히 법은 개인이 가지고 있는 생각이나 가치에 대해 강요할 수 없다. 즉, 생각은 마음대로 할 수 있으나, 타인의 생명이나 평화를 위협하는 행동을 해서는 안 된다는 정도의 접근일 뿐이다. 심지어 여기서 말하는 타인도 대부분은 국가의 시민이라는 지위를 가진 자로 한정되는 것이 태반이다.

6. 우리는 지구인이잖아!

개인이 살아가면서 가장 먼저 쉽게 인식하는 집단은 가족이다. 가족은 '우리'라고 부를 수 있는, 가장 규모가 작으면서도 강력한 집단이다. 이러한 규모를 조금씩 키워 가다 보면 '우리'는 인간 집단, 인류 집단, 세계인, 지구인에 속하게 된다. 그럼 모두가 인류, 지구인이라고 생각하고서 살면 모두가 하나의 집단 속에 포함되어 외집단과의 갈등 따위는 생각하지 않아도 될지 모른다.

그런데 이게 그렇게 쉽지가 않다. "나는 인류 구성원 중 한 명이다", "나는 지구인이다"라는 말에 모두 선뜻 동의할 수 있을까? 설사 이러한 인식이 가능하다 하더라도 해결해야 할 것이 있다. 인류 구성원과 가족 구성원으로서의 소속감이 동등한 수준에서 작동할 것인가의 문제이다. 심리학자들은 개인이 접촉하는 집단의 거리가 커질수록(멀어질수록) 집단성이 약해지는 느낌을 받는다고 말한다. 사람들이 접촉하는 집단 중에 가장 대표적인 가족, 이웃, 지역, 시, 국가, 민족, 인류를 생각해 본다면, 인류에 대한 충성심을 형성하기가 가장 힘들다는 것이다(물론 불가능하다는 말은 아니다).

하지만 반대로 집단의 거리가 멀어진다고 해서 무조건 약해지는 것도 아니다. 대표적으로 민족이 있는데, 특히 핍박을 받는 민족 구성원들은 민족에 대해 충성을 바치기도 한다. 결국 가족에 대한 충성과 민족에 대한 충성, 인류에 대한 충성은 무조건 상충하지는 않는 것이다.

문제는 개인이 가족 구성원인 동시에 인류의 구성원이라는 사고와 충성심이 형성되고 발전하는 데는 시간이 걸리며 완전하게 이루어지는 경우가 드물다는 점이다. 여기서 중요한 지점은 모든 사람이 세계인이 된다는 것은 불가능하지도 않지만 쉽지도 않다는 것이다. 논리적인 접근을 해 보면 개인을 중심으로 한 동심원 구조 속에서 작은 집단은 큰 집단에 포함되지만, 특별한 갈등 없이 이러한 과업을 달성하는 긍정적인 현상은 쉽게 발생하지도 않기 때문에 어떤 가능성을 확인하는 희망 수준일지 모른다.

7. 관용과 공감

관용tolerance, 듣기만 해도 너그러운 마음을 가져야 할 것 같다.

실제로 관용의 가장 기본적인 특성은 주변의 사람과 건물, 날씨와 같은 특정 대상에 대해 인내하는 것이다. 그 대상은 싫지만 참는다는 것이다. 옆집에 이사 온 사람이 싫더라도 배척하지 않고 인정하는 것, 즉 부정하지만 견디는 것이다. 이렇게 보면 관용은 참 별것 아닌 것 같지만, 한 걸음 더 나아가 볼 수 있다. 진실로 관용적인 사람은, 싫지만 참는 데서 끝나는 것이 아니라 다른 대상을 수용하고 우호적으로 대한다. 집단과 관련지어 생각해 보면 싫어하는 외집단과 그에 소속된 모든 사람들에 대해 포용하는 긍정적 태도를 갖고 있는 것이다.

결국 집단을 인식하고 구분하는 것은 인간의 기본적인 인식 과정이지만 외집단 사람에게 적대적으로 이어지는 것은 아니다. 집단갈등을 이야기하고 고민하는 상황에서 이 부분을 상당히 주목할 필요가 있다. 그렇다면 어떤 사람들이 주로 관용적인 자세를 갖추고 있을까?

다른 사람들에 비해 상대적으로 관용적인 태도를 가지고 있는 사람에 대한 연구에서 여러 가지 특징을 제시하고 있다. 타고나는 것은 어떻게 할 수 없기에, 성장과정을 연구한 사람들은 가정의 허용적 분위기, 타인 도움과 같은 부모의 가르침, 이분법적이지 않고 모호함을 인정해 주는 학교 분위기 속에서 관용의 성격이 발달한다고 말한다.

이러한 관용과 관련하여 가장 주목받는 요인은 '공감'empathy능력이다. 공감은 또 무엇일까? 일상적으로 공감이라는 단어는 그다지 어렵지 않다. 글자상의 의미를 보면 어떤 느낌이나 생각, 감정을 함께한다(그렇다고 느낀다, 생각한다) 정도가 될 듯하다. 맹자가 언급한 측은지심(惻隱之心), 즉 타인을 불쌍히 여기는 것도 같은 맥락으로 볼 수 있다.

공감능력은 뇌 구조 속에도 존재한다고 한다. 이탈리아에서 진행된 원숭이를 이용한 연구에서 원숭이 앞에서 하는 인간의 특정 행동에 대해 원숭이의 뇌가 반응하는 세포를 찾아냈는데, 다른 이의 모습을 보고 마치 자신이 경험한 것과 같은 효과가 있다고 해서 '거울뉴런'mirror neuron이라고 불렀다. 원숭이만 그런 것이 아니라 인간역시 공감능력을 타고난다. 엄마의 표정을 신생아들은 모방하고, 이러한 모방은 단순히 표정을 따라하는 데서 그치는 것이 아니라 감정까지 공유한다고 한다. 엄마가 웃는 표정일 때와 우는 표정일 때의 감정 차이를 알고 함께한다는 것이다. 공감이 생래적인 것인가 학습된 것인가의 문제도 중요하지만, 이것이 집단갈등 해결에 왜 도움이될까를 생각해 보아야 한다.

다른 사람과 어떤 생각이나 감정을 함께 나누게 되면 왜 관용적자세가 만들어지고, 갈등을 줄이는 데 도움이 될까? 공감, 타인의감정을 아는 것, 타인의 생각을 읽어 내는 것은 결국 다른 사람을 파악하는 능력이라고 말할 수 있다. 앞에서 살펴본 집단범주화의 기능과 효과, 이로 인한 부작용을 생각해 보면 어느 정도 답을 낼 수 있다. 인간은 낯선 사람을 만나면 상대를 경계하고 자신이 가진 정보를 바탕으로 범주화하고 집단화한다. 문제는 이 범주화와 집단화의과정은 공감능력에 따라 다른 결과가 나타날 수 있다. 다른 사람을파악하는 능력이 부족한 사람은 상대의 특성을 정확하게 효과적으로 파악하기 어렵기 때문에 고정관념을 이용하는데, 일반적으로 고정관념은 상대가 가진 정보와 상당한 격차가 있고 가치판단이 개입

된다. 반대로 파악능력이 좋은 사람은 상대방이 가진 작은 정보까지 캐치할 수 있으므로 상대방이 불쾌하게 느낄 행동을 하지 않고, 이 과정은 갈등을 회피하고 좋은 관계를 유지하게 해 준다. 설사 잘못 파악한 정보로 인해 상대방이 불쾌하게 느낄 수 있는 행동을 하더라도 상대의 감정을 즉각적으로 파악할 수 있기 때문에 문제를 확산시키지 않을 수 있다.

앞에서 공감을 언어적 의미로 살펴보았지만, 학자들마다 서로 다른 이야기를 하고 있어 의미를 밝히기가 쉽지 않다. 여기에서는 그다지 중요하지도 않은 문제이다. 앞에서 공감이 관용과 갈등에 도움이 될 수 있다고 설명할 때, 타인에 대한 인식과 감정 캐치, 그에 대한 반응의 과정을 언급했다. 많은 학자들도 공감을 말할 때, 타인의 내면적 세계(생각과 감정)를 이해하는 것뿐 아니라, 이해한 바에 따라 정확하고 민감하게 반응하는 것까지를 포함한다. 공감은 타인의 생각과 감정을 파악하고, 그 정보에 따라 대응할 수 있게 해 준다.

이러한 공감적 태도는 싫지만 인내한다는 소극적 차원의 관용을 가능하게 할 뿐 아니라, 타인에 대한 우호적 자세를 갖도록 하는 적극적 의미에서의 관용도 이끌어 낼 수 있다. 동시에 특정 기준을 토대로 하여 개인을 집단으로 범주화하게 되는 가능성을 줄이고, 개인이 가지고 있는 어떤 집단에 대한 고정관념과 편견이 작동하지 못하도록 만들어 준다. 이는 내집단에 대한 인식의 틀을 포기하지 않으면서도, 기존에 가지고 있는 외집단에 대한 고정관념이 작동할 만한 기회를 주지 않게 된다. 타인에 대한 이해의 폭을 넓히고 타인의 감정을 함께 느낌으로써 싫더라도 인내하게 되고, 타인을 좀더 긍정적으로 인식할 수 있게 한다.

8. 여전히 알 수 없는 우리와 집단의 미래

글머리에서 언급한 것처럼, 사회 시스템을 개선하거나 어떤 사회로 나가야 한다고 말하지 않겠다. 그저 사회에서 살아가는 개인들이 의식하기 어려운 집단에 대한 인식이나 심리적 작용이 우리의 삶 전반에 상당한 영향을 미칠 수 있음을 말하고자 했다. 그래서 최대한 사회 시스템이나 사회의 방향성에 대해서는 언급하지 않고, 개인적 차원에서 이야기를 해 보았다. 하지만 한 가지를 말하지 않고서는 답답한 마음이 있어 간단하게 언급해 보겠다.

다양성과 관용, 단어 그 자체로만 보면 적절한 길이 무엇일지에 대한 답은 어렵지 않아 보인다. 하지만 국가적 차원에서 보면 쉽지 않은 부분이다. 집단 구분으로 인한 긴장과 갈등의 완화, 관용적 태도 형성이라는 점은 명확한 목표일 수 있지만, 현실적으로 국가 내 문화적 다양성과 소수인종의 부분에 대한 대응은 아무도 섣불리 답을 내놓기 어렵다. 모든 집단이 효과적으로 융합하여 지내는 것이 이상적인지, 문화적 다양성을 유지하는 것이 이상적인 것인지에 대해 판단하기 어려운 것이다. 우리나라에 입국한 외국인 노동자와 다문화 가정, 다문화적 가치에 대한 방향성이 달라지기 때문이다. 예를 들어 국적상으로 귀화한 이민 집단들은 자신들의 생활방식을 유지해야 하는가? 아니면 우리나라의 문화에 동화되어야 하는가? 그것도 아니면 제3의 문화 형태로 변화되어야 하는가? 당위적으로는 모두가 공존할 수 있는 문화로 변화해야 한다는 것이겠지만, 현실적으로는 어려운 문제이며 관용의 문제를 넘어서는 부분으로 개인이 가지는 가치에 해당하는 것이다.

현대사회의 많은 국가가 이러한 문제에 직면하고 있다. 문화적 동화를 찬성하는 사람들은 완전한 동화를 통해 오히려 사회적 통합이 효과적으로 이루어질 수 있다고 말할 것이다. 반대로 문화적 다양성을 주장하는 사람들은 민족(문화)적 고유성과 다양성이 사라지는 것을 큰 문제로 인식한다. 새로운 문화로의 변화에 대한 주장에 양측은 모두 반대할 수 있다.

이러한 질문들은 모두가 직면한 문제인 동시에, 그다지 실제적으로 당면하지 않은 비현실적인 것으로도 느껴진다. 개인이 어떻게 할 수 없는 문제라서 그렇게 느끼는지 모른다. 그런데 사회나 국가라는 것이 결국 개인이 모이고, 개인들이 합의한 공간이라는 점에서 보면 각 개인은 다시 선택의 기로에 서게 될 것이고 매우 중요한 문제가 될 것이다. 그 결과가 어떻게 될지는 예상하기 어렵지만, 한 가지 확실한 점은 개인이 어느 쪽을 선택하든 민주적 원칙은 마련되어야 하고, 개인의 안전과 정당한 권리는 보장되어야 한다는 것이다. 이것은 가치의 문제이다.

미국 오바마 대통령이 미국의 한 대학교에서 발표한 연설문의 내용으로 마무리를 하겠다.

"우리의 공감 부족에 대해 더욱 많은 이야기를 해야 한다고 생각합니다. 공감은 다른 사람의 입장에 서 보는 것, 자신과는 다른 사람의 눈으로 세상을 보는 능력입니다. 배고파하는 아이의 눈, 해고된 철강노동자의 눈, 여러분의 기숙사 방을 청소해 주는 이주노동자 여성의 눈으로 보는 것입니다. … 우리가 삶을 살아가면서 공감능력을 키우는 것은 쉽지 않고 점점 어려워질 것입니다. … 우리는 공감을 장려하지 않는 사회에 살고 있습니다. 삶의 주요한 목표가 부자가 되고, 날씬해지고, 젊어지고, 유명해지고, 안전하며, 재미있게 지내는 것이라는 말을 지나치게 자주 말하고 있습니다. 이러한 것들이 강력한 힘을 가진 문화는 이기적인 충동들을 너무 자주 부추기고 있습니다."

제15장

자살인가 저항인가
-고독한 나에서
연대하는 우리로

유범상 교수(사회정책학)

1. 자살에 대한 두 가지 시선

알코올중독 환자들을 치료하는 시설을 방문한 적이 있었다. 보통 이 기관은 1년 동안 600명의 환자를 치료해서 내보낸다. 그런데 매우 실망스러운 것은 알코올중독 치료 후 사회에 나가 적응하는 사람이 매우 적다는 것이다. 치료방법에 무슨 문제가 있는 것일까? 기관장은 고민을 했다. 그런데 한 가지 명확한 사실은 치료 후 그 환자가 접하는 사회환경이 다시 그에게 술을 권한다는 점이다. 실업, 빈곤, 주거, 건강 등의 문제가 치료 후에도 상존하는 상황에서 어떻게 술의 유혹에 빠지지 않게 할 수 있을까? 이런 관점에서 (제8장의 내용과 연관이 있지만) "치료 대상이 개인의 질병일까 아니면 사회의 구조일까"라는 질문이 제기될 수 있다.

이와 유사한 사례가 장애를 바라보는 관점에서도 나타난다. 장애는 닉 부이치치Nick Vujicic(1982~)나 헬렌 켈러Helen Keller(1880~1968)처럼 스스로 극복해야 하는 것이다. 이 입장은 개인의 의지나 노력이 그의 삶을 결정하는 결정적인 요소라고 주장한다. 따라서 장애는 재활치료나 심리치료 등의 방법을 통해 '정상인'에 근접하도록 치료

되어야 한다. 이것이 의료모델이다. 이 모델은 치료를 시도하는 의사와 치료를 받는 환자의 두 관계를 중심에 놓고 문제해결을 시도한다.

한편, 사회적 장애 이론social model of disability은 장애를 특정한 역사적·사회적·정치적 맥락에서 이해하려는 시도이다. 이런 맥락에서 장애는 장애인 당사자의 문제가 아니라 사회의 문제이다. 이 이론은 손상과 장애를 구분한다. 손상impairment은 사지의 일부나 전부가 부재한 것, 또는 사지·장기·몸의 작동에 불완전함을 지니고 있는 것이라면, 장애disability는 손상으로 인해 사회참여를 할 수 없는 것을 의미한다. 이처럼 손상은 사회적 배제로 귀결된다(김도현, 2007 참조).

예를 들어 보자. 청각에 손상이 있는 사람은 의사소통이 불가능해서 장애인이 된다. 그런데 이 사람이 자기 집에 오면 거의 장애를 느끼지 못한다. 가족들이 수화를 하기 때문이다. 그렇다면 왜 그가 사회에서는 장애인의 삶을 살아가야 할까? 사람들이 가족처럼 수화를 배우지 않았기 때문이다. 따라서 우리는 다음과 같은 질문을 할 수 있다. "청각에 손상이 있는 사람이 장애인이 되는 것은 청각의 손상 때문일까, 사람들이 수화를 배우지 않아서일까?" 전자가 손상 자체를 장애로 보고 당사자가 노력을 통해 이를 극복해야 한다고 보는 것이라면, 후자는 손상과 장애를 분리하고 손상이 장애가 되지 않도록 그 사회가 연대를 통해 노력해야 한다는 입장이다. 후자의 경우는 손상을 장애로 만드는 것은 손상 때문이 아니라 사회의 문제 때문이라고 보는 것이다(유범상, 2014 참조).

이러한 관점은 자살을 이해하는 데도 참조가 될 수 있다. 〈표 1〉에서 보듯이 자살은 자살 당사자가 스스로 자신을 죽이는 행위이다.

왜 죽으려고 하는 것일까? 치료적 관점은 개인의 정신적·심리적·물리적 질병 때문인데, 특히 우울증이 가장 많이 지목된다. 이때 자살자는 특정한 병리적인 상태에 있는 환자로 진단받는다. 따라서 그는 치료를 받아야 하는 환자인데, 치료의 주체는 의사이고 치료의 대상은 질병이다.

한편, 사회적 관점은 자살에 대한 진단부터가 다르다. 원인은 병리적인 것이 아니라 사회적 억압과 소외 때문이다. 즉, 어떤 구조적 억압이나 사회적 소외 현상 속에 있는 개인들이 선택하는 것이 아니라 선택당하게 된다. 따라서 그는 환자가 아니라 구조나 특정 권력관계의 피해자이다. 따라서 치료의 주체는 억압받는 당사자이면서 동시에 구조에 대한 비판을 통한 사회변화를 만드는 정치이다. 이런 점에서 치료의 대상은 질병이 아니라 '사회'이다.

이 글은 〈표 1〉에서 제시된 자살에 대한 두 관점 중 사회적 관점의 입장에서 자살을 설명하고자 한다. 따라서 자살이 비인간화 상황에서 발생하는 것이기 때문에 저항하는 우리가 사회적 연대를 통해 자살의 구조와 권력관계의 변화로 해결해야 한다는 입장을 취한다.

〈표 1〉 자살에 대한 두 관점: 치료와 사회

구 분	치료적 관점	사회적 관점
원 인	질병(우울증)	억압, 소외
진 단	환자	피해자
치료대상	질병	사회
치료의 주체	의사	당사자와 정치

2. 왜 자살하는가

생존과 실존

사람들은 흔히 비판을 부정적인 것으로 인식하는 경향이 있다. 그래서 강의 중에 비판을 하면 "왜 당신은 그렇게 세상을 부정적으로 보느냐"며 항의하는 경우도 있다. 과연 비판은 부정적인 것일까? 비판은 비난과 다르다. 비난이 타자에 대한 감정적인 공격이라면, 비판은 문제가 있는 것을 드러내서 그것을 개선하려는 열망이자 실천이기 때문이다. 따라서 비판은 세상이 변화할 수 있다는 긍정적인 에너지이자 새로운 세상에 대한 상상이다. 이런 점에서 비판은 매우 열정적이고 긍정적인 인간의 일인 것이다.

그렇다면 비판의 대립어는 무엇일까? 그것은 순응이나 적응일 수 있다. 현실에 적응하고 순응하려는 태도는 현실의 부조리와 모순에 대해 침묵하고 외면한다. 따라서 긍정적인 것처럼 보이는 순응, 순종, 적응은 현실이 바뀔 수 없다는 것을 전제하는 숙명론적인 태도일 수 있다.

이런 점에서 자유주의의 철학적 기반을 제공한 『자유론』에서 밀 John Stuart Mill(1806~1873)은 성인을 추대할 때 악마의 옹호자를 옆에 두는 가톨릭의 전통을 들어 성인조차도 비판에 열려 있어야 한다고 주장한다. 소크라테스는 『변명』에서 자신이 아테네의 등에가 되어야 한다고 생각했다. 등에는 소의 등에 달라붙어 사는 쇠파리이다. 즉, 쇠파리가 되어 아테네를 비판하는 것이 철학자의 임무라고 생각했다. 왜 그럴까? 그래야지 아테네가 건강하게 길을 잃지 않고 갈 수 있다고 보았기 때문이다. 그는 사형을 언도받는 순간에 직면해서도 자기 같은 등에를 없애는 것은 아테네에 매우 위험하다고 경고했다.

인간과 동물의 차이는 비판에 있다. 인간은 순응과 적응을 넘어서서 그런 자신의 모습을 비판적으로 성찰하고 자신이 맺고 있는 관계를 변화시키려는 존재이다. 이런 점에서 실존주의는 이난을 끊임없이 자신의 존재의 의미를 묻는 존재로 보았다. 즉 자신의 의미를 묻는 실존의 존재인 인간은 단순히 먹고 사는 데만 관심을 갖는 생존의 존재인 동물과 구분된다.

〈표 2〉에서 보듯이 동물은 비판적으로 개입하는 성찰의 능력이 없기 때문에 문제를 스스로 결정할 수 없고, 자신과 자신의 행동을 객관화할 수 없으며, 의미를 부여할 수 없는 세계에 '침잠해' 살아가며, 전적으로 현재에 존재하기 때문에 '내일'도 '오늘'도 동일한 의미로 인식한다. 그래서 동물은 탈역사적이다. 동물의 탈역사적인 삶은 '세계' 속에서 완전한 의미로 나타나지 못한다. 동물에게 세계는 그 자신을 '자아'와 분리시켜 주는 '비아'(非我)가 되지 못하기 때문이다 (Freire, 2009 참조).

〈표 2〉 **동물과 인간**

구 분	동 물	인 간
역 사	탈역사적 존재: 오늘=내일	역사적 존재: 오늘≠내일
삶의 목표	생존	실존
위험에 대한 인식	하나의 신호	삶에 대한 성찰
행위의 목표	적응과 물리적 필요의 충족	창조와 재창조

하지만 인간은 동물과 완전히 다른 세계에 살고 있는 역사적 존재이다. 프레이리Paulo Freire(1921~1997)는 말한다.

> 인간은 자신의 행동과 자신이 처한 세계를 이해하고 자신이 설정한 목적에 맞춰 행동하며, 세계나 다른 사람들과의 관계를 고려하여 의사결정을 하고, 세계에 변화 작용을 가함으로써 자신의 독보적 존재를 세계에 투입한다. 그렇기 때문에 인간은 동물과 달리 그냥 살아가는 게 아니라 존재하는 것이며, 인간의 존재는 역사적이다. 동물은 탈시간적이고 단조롭고 통일적인 '배경' 속에서 삶을 살아가지만, 인간은 끊임없이 창조하고 변화시키면서 세계 속에서 존재한다. 동물에게 '여기'는 단지 낯익은 서식지에 불과하지만, 인간에게 '여기'란 물리적 공간만이 아니라 역사적 공간도 의미한다(Freire, 2009: 117~118).

이처럼 동물과 인간은 근본적으로 다르다. 동물은 위험을 하나의 신호로 인식하고 이것을 회피하기 위해 본능적으로 반응한다면, 인간은 자신이 처한 위험을 권력과 역사의 맥락에서 이해하고 또다른 위험을 예방하기 위해 성찰한다. 세월호, 원전, GMO, 메르스를 통해 인간은 성찰하고 재발 방지의 근본적인 대책을 만들고자 한다. 더 나아가 동물은 행위의 목표가 적응이고 물리적 필요에 대한 충족이라면 인간은 성찰을 통해 변화를 만든다. 따라서 인간은 끊임없이 창조하고 더 나은 것을 재창조하고자 시도한다. 이런 점에서 인간이란 현실을 끊임없이 객관화시키고 이를 통해 더 나은 세상을 향한 변화를 모색하는 존재이다. 이 모든 인간행위의 중심에는 비판이 있다.

프레이리는 『페다고지』에서 이런 태도를 '인식론적 호기심'과 '프락시스'Praxis로 설명한다. 현실에 대한 비판을 통해 본질에 도달하려는 인식론적 호기심과 의미를 끊임없이 물으면서 행동하는 프락시스는 인간을 인간답게 하는 인간의 존재론적인 본성인 것이다.

이처럼 생존만을 위해 사는 사람은 이미 인간이 아니다. 인간이 아닌 사람은 죽은 것이나 다름없다. 이런 맥락에서 인간이 실존할 수 없는 생존의 상황에서 선택하는 하나의 방법을 자살이라고 본다. 그리고 비인간화의 사회적 상황에 주목해야 한다.

비인간화의 상황과 자살

자살을 사회문제와 연관지어 설명하는 사회적 자살론은 뒤르켐Durkheim과 프롬From에게서 발견된다. 자살의 사회적 원인찾기에 노력했던 뒤르켐은 자살이 개인이 속한 사회의 영향이 지나치거나 부족할 때 증가한다고 보았다. 즉 그는 『자살론』Le Suicide에서 사회적 통합social integration과 도덕적 규제moral regulation의 두 변수로 하여 자살을 네 개의 유형으로 구분했다. 이기적 자살과 이타적 자살은 사회적 통합이 약하거나 강할 때 나타나며, 아노미적 자살과 숙명론적 자살은 도덕적 규제가 약하거나 강할 때 나타나는 자살이다. 이처럼 자살은 개인적인 것이라기보다는 사회적인 것에서 기인한다.

한편, 프롬은 『자유로부터의 도피』Escape from Freedom에서 성격형성, 정신질환, 신경증 등을 개인의 심리학적 측면에서 설명했던 프로이트와는 달리 개인적 상황을 넘어서서 사회적 요인을 통해 형성된다고 보았다. 즉, 현대인은 정신적으로 병들었는데, 이는 병든 사회와 함수관계에 있다. 개인이 성격과 무의식을 가진 존재이듯이, 사회도 '사회적 성격'과 무의식을 갖고 있는 것이다.

건강한 사회는 개인이 동료를 사랑하고 창조적인 작업을 하고 이성과 객관성을 발전시키고 자신의 생산적인 힘을 체험하게 함으로써 자신의 자아에 대한 감각을 갖도록 인간의 능력을 조장시켜 준다. 이에 대해서 불건전한 사회는 상호간에 적의와 불신감을 일으키고 타인을 이용해서 착취하는 도구로 변모시킨다(From, 2013: 79).

따라서 개인의 무의식을 의식으로 인식시킴으로써 정신병이 치료되듯이, 사회구조의 병리적 현상을 해소하기 위해 사회적 무의식을 의식화해야 한다. 이런 점에서 사회개혁은 의식개혁이고 의식개혁은 사회적·경제적 기초의 개혁을 지향해야 한다. 더 나아가 프롬은 『정신분석학과 윤리』에서 바이오필리아biophilia와 네크로필리아necrophilia를 구분한다. '네클로'necro가 죽은 것이라면 '필리아'philia는 사랑하는 것을 의미한다. 즉 시체를 사랑하는 자로서 정신병리학적인 상태이다. 한편 바이오필리아는 생명과 모든 살아 있는 것에 대한 정열적인 사랑이다. 프롬은 네크로필리아가 쇠퇴의 증후군으로서 나르시시즘과 자기도취라면 바이오필리아는 성장의 증후군으로서, 대상적 사랑의 능력이 발휘되어 사회적 성격이 바이오필리아가 될 때 개인과 사회가 건강해진다고 보았다.

구체적으로 프롬은 현대 자본주의를 비판하면서 소외 개념을 제시한다. 그는 자본주의가 인간이 아니라 인간의 행위와 그 행위의 결과를 '우상숭배'하도록 한다고 보았다. 이것은 네크로필리아적인 현상으로서 우상숭배로 인해 발생하는 소외는 모든 바이오필리아적인 것을 억압하고 파괴함으로써 인간을 실존할 수 없는 존재로 만든다. 이것이 바로 인간의 집단적인 자살상태를 의미한다.

이상에서 보듯이 자살은 개인의 선택인 것처럼 보이지만 실상 그 이면을 들여다보면, 자본주의의 소외라는 구조적이고 아노미와 같은 역사적 변화 가운데 특정 시점의 산물이다. 즉 자살은 실존할 수 없는 비인간화의 상황이고 이것은 이 상황을 지속시키는 그 사회의 권력관계와 깊은 연관이 있다.

3. 자살이 아닌 사회적 타살: 키클롭스의 나라와 그 속의 사람들

키클롭스의 나라와 질 나쁜 민주주의

그리스 신화에 외눈박이 괴물 키클롭스Cyclops가 나온다. 이 괴물은 눈이 하나밖에 없어서 한 눈으로 세상을 본다. 그는 우연히 자기의 동굴에 사로잡혀 있는 오이디프스와 그 병사들을 먹이로만 생각하고 그들을 하나둘씩 잡아먹는다.

한국의 자본주의는 키클롭스처럼 성장제일주의의 눈으로만 세상을 이해한다. 따라서 그 속의 사람들은 산업전사, 산업역군, 공돌이, 공순이 등으로 생산성과 경제성장의 도구로만 이해된다. 키클롭스 나라는 이들이 근면, 성실, 자립, 자조 등의 개인적인 덕목을 가져야 한다고 말해 왔다. 따라서 이 나라에서 모든 문제의 원인은 개인에게 있다. "가난은 나라도 구하지 못한다"는 말은 키클롭스가 군림하는 나라의 상식이다.

한편, 키클롭스 나라의 사람들에게는 비판이 거의 금기시되어 왔다. 반공주의의 눈에서 비판은 적을 이롭게 하거나 자유민주주의 체제의 근간을 흔드는 위험한 행위이기 때문이다. 영화 「매트릭스」The Matrix에서 권력에 대항하는 위험한 자유보다는 차라리 매트릭스 안에서 순응하며 편하게 살 것을 선택한 배신자 '레이건'은 '모르는 것이 약'이라고 외친다. 따라서 키클롭스의 신민들은 비판보다는 적응과 순응을 긍정적인 것이라고 배워 왔다. 이 나라에서 노동자라는 용어보다는 근로자라는 말이 더 편하게 통용되고 노동조합은 빨갱이, 이기주의자, 경제위기 주범 등으로서 부정적인 존재로 인식된다.

이상과 같은 키클롭스의 나라는 한국의 민주주의를 불완전한 것으로 만들었다.[1] 광주에 강의를 하러 간 적이 있다. 70대쯤 되어 보이는 택시기사가 뜬금없이 말을 걸었다. "민주화가 되면 잘살 줄 알았습니다. 그런데 1987년 민주화가 된 후에도 제 삶은 오히려 더 나빠졌습니다!"

그 분의 이야기는 부분적으로는 틀리지만 또한 옳기도 하다. 예전에 공장은 군대의 병영과 비슷했다. 회사 간부가 정문에서 '바리캉'을 들고 두발검사를 하고 노동자들은 조기출근하여 국민체조를 했으며, 노동자를 공돌이·공순이 혹은 산업전사라고 했으니 병영통제라고 할 만하다. 당시 시민들의 삶은 보릿고개라는 말이 상징하듯이 세끼 밥을 해결하기도 버거웠다. 오늘날 직장과 우리 삶은 적어도 이것보다는 나아진 듯이 보인다. 그런데 이 판단은 오판일 수도 있다. 노인빈곤율이 50%에 육박하고, 비정규직과 청년실업은 증가하고 심화되고 있다. 최근 통계에 따르면, 50%의 노동자들이 월 200만 원 이하, 자영업자들이 월 100만 원 이하의 소득을 올린다고 한다. 100만 명이나 되는 폐지 줍는 노인들, 고용불안, 심화되는 양극화, OECD 국가 중 자살률이 일관되게 1위인 지표 앞에서 우리의 삶이 더 나아졌다고 과연 선뜻 말할 수 있을까.

흔히 민주주의의 목표는 인권의 실현이라고 말한다. 인간이 다른 인간과의 관계에서 지위의 평등을 권리로 보장받는 것이다. 그런데 어느 항공사 부사장의 폭력적 행태 같은 한국사회의 민낯을 접하면서 우리는 민주화 이후 노동자들의 인권이 더 나아졌다고 확신할 수 있을까. 부하직원이 보는 앞에서 무릎을 꿇려 모멸감을 느낀 사무장은 최근 산재판정을 받았다. 그렇다면 왜 사무장은 부사장의 부당한 명령에 굴복한 것일까? 세 모녀가 자살을 선택할 수밖에 없는 사회에서 인권이 존재할까? 인권은 '먹고사니즘'을 해결하지 못한 개인과 사회에서 불가능해 보인다. 사무장이 모멸적인 구조를 수용할 수밖에 없는 것은 퇴사하면 당장 생존권에 위협을 받기 때문이다. 세 모녀의 자살도 '먹고사니즘'의 공격에서 어떤 삶의 희망을 발견하지 못했기 때문이다.

어느 정치학자가 "민주화 이후 민주주의는 질이 나빠졌다"고 비판했다. 질 나쁜 민주주의는 폐지 줍는 노인, 세 모녀, 사무장의 인권을 지켜 주지 못한 이유를 잘 설명할 수 있게 해 준다. 이런 점에서 1987년의 민주화만으로는 인간다운 삶을 누릴 수 있는 환경이 조성되지 못했다.

우리가 인권을 이야기할 때 일반적으로 사상, 양심, 언론, 출판 등의 자유권만을 이야기하는 경향이 있다. 물론 자유권은 중요한 권리다. 이것은 투쟁을 통해 얻어진 것이다. 처음에 부르주아지가 봉건 영주에 대항해서, 그 다음에 차티즘 운동을 통해 노동자들이 투쟁으로 얻은 권리다. 하지만 이것은 노동자들의 인간다운 삶을 보장하지 않았다. 가진 자들은 이 인권에 쉽게 접근했고 이것을 통해 자신들의 행동과 불평등한 사회를 정당화하는 경향까지 있었기 때문이다. 이런 점에서 자유권만으로 구성된 민주주의를 '형식적 민주주의'라고 규정하기도 한다.

『분노의 숫자』라는 책은 통계를 통해 한국사회가 형식적 민주주의의 키클롭스의 나라라는 것을 압축판으로 보여 준다. OECD 국가들과 견주어 자살률, 아동·가족복지 지출, 비정규직 노동자 등은 1위인 반면 출산율과 노조 조직률은 꼴찌이다. 특히 5인 미만 사업장의 비정규직 비율은 79.5%로 300인 이상 사업장(15.3%)보다 압도적으로 높을 뿐만 아니라 둘 간의 임금격차도 3배이다. 한편, 이 안의 사람들은 키클롭스 나라의 주민답게 살인적인 노동을 감내한다. 즉 2011년 한국 노동자들의 연평균 노동시간은 2,090시간으로 OECD 국가들 평균(1,765시간)보다 325시간이나 많다. 이것은 연간 50일 정도 더 일하는 것이다. 상대적 빈곤율도 높을 뿐만 아니라 그동안 더 격차가 벌어지고 있다. 예를 들어, 저소득층의 주거비 부담률(소득 대비)은 고소득층의 6배나 된다. 저소득층의 의료비 부담도 고소득층의 10배 이상이다(새로운 사회를 여는 연구원, 2014 참조).

이런 상황에서 계층 이동은 거의 불가능해 보이고, 사람들은 먹고 살기 위해 순응하고 침묵해야 한다. 사회적 담론이 된 '수저론'은 이제 신분상승이 불가능하다는 것을 암시한다. 부모의 재산 정도에 따라 금수저, 은수저, 동수저, 흙수저로 구분되는데, 자신의 의지와는 무관하게 타고 태어난 수저를 평생 자신이 갖고 살아야 한다. 이것은 더 이상 '개천에서 용나는 것'이 불가능해졌다는 것을 의미한다. 따라서 사람들의 삶은 매우 단조롭고 고독하다. 한 번 흙수저는 영원한 흙수저이고 그의 삶은 그저 먹고 사는 것을 위해 적응하고 순응하는 존재가 되기 때문이다. 이 무한 반복되는 지루한 생존적인 삶을 변화시킬 수 있는 것은 자살이나 종교적인 귀의 이상의 것이 없어 보인다.

자살이 아니라 사회적 타살이다

한국은 2014년 기준 경제개발협력기구OECD 자살률 1위(인구 10만 명당 27.3명) 국가이다. 이는 OECD 회원국 34개 국가 중 10년째 자살률 1위이며 더 심각한 문제는 이것이 계속 증가하고 있다는 점이다 (이데일리, 2015. 10. 18).

아동이 스스로 삶을 마감하는 이유는 무엇일까. 정부 보고서에 의하면 아동의 자살충동원인으로 성적, 진학 문제가 약 40%를 차지한다(통계청, 2012). 초등학생부터 고등학생까지 학령기 아이들의 정신과 진료현황을 살펴보면 진료를 가장 많이 받은 지역은 송파, 강남, 분당, 서초, 강동 지역의 순으로 나타났다(YTN, '부자동네 아이들이 정신 질환 많다', 2013. 10. 23). 이는 무엇을 의미하는 것일까. 해당 지역은 서울 25개 자치구 가운데 경제적 수준이 높은 자치구로 사교육 대리모, 강남 대리모[2] 등의 신조어를 탄생시킬 만큼 부모의 높은 교육열과 입시경쟁에 더욱 치열하게 노출된 지역이라고 할 수 있다. 이런 상황에서 대한민국의 아동은 불행하다. OECD 국가 가운데 한국의 아동·청소년이 느끼는 삶의 만족도는 가장 낮다(보건복지부, 2013).

더 큰 문제는 아이들의 꿈도 주어진 환경에 따라 차별적(계급적)이라는 것이다. 어느 학교 사회복지사의 이야기에 의하면 수급권가정이나 차상위층가정 등 형편이 어려운 아이들의 꿈은 수급권자라고 한다. 왜 그럴까. 2012년 기준 보건복지부의 계측에 따르면 자녀 1명 키우는데 드는 비용은 3억 897만 원이다(보건복지부·한국보건사회연구원, 2012). 그런데 이마저도 재수나 어학연수를 뺀 비용이라고 하니 실제 5억 원에 가까운 비용이 예상된다. 2013년 이후부터는 예상 비용이 보고되지 않고 있지만, 2015년 현재는 더 늘었으면 늘었지 줄어들지는 않았을 것이다. 강남에 사는 아이들에게 4~5억 원 정도의 비용은 거뜬히 해결되고, 대리모도 별도로 두고 있으며, 부모의 막강한 정보력도 갖고 있으니 먹고사니즘의 지표인 명문대 입학은 상대적으로 어렵지 않다. 이것은 공정한 경쟁이 불가능하다는 것을 의미한다. 이런 상황에서 아이들은 자살한다. 절망은 경쟁력이 있는 집안의 아이나 흙수저를 물고 나온 아이들 모두에 해당한다. 경쟁에 뒤처지거나 경쟁해도 안 되는 상황 모두가 비인간화의 네크로필리아적인 병든 사회의 단면이다.

이것은 아이들에게만 국한되지 않는다. 최근에 '짤짤이 순례'라는 현상이 있다. 노인들이 500원 혹은 1000원을 주는 곳을 찾아 하루 종일 다니면서 돈을 모아 생계비로 보태는 것이다. 박스 수집으로는 돈이 되지 않자 이 짤짤이 순례를 대도시에서 하는 것인데, 새벽부터 오후까지 잘 모으면 4000원 정도 된다고 한다. 최근에 방영된 한 공중파 방송에서 이 노인들을 취재한 적이 있는데, 한 노인은 자식에게도 국가에게도 부담이 될 것이기에 이 상황에서 누구도 원망하지 않는다고 했다. 그러면서 이러다가 힘들면 죽으면 된다고도 덧붙였다(MBC PD수첩, "짤짤이 순례길을 아십니까", 2015. 4. 21). 노인빈곤율이 50%에 이르러 OECD 국가들 중에 압도적인 1위인 것을 감안하면 이는 하나의 사회적 성격의 부조리로 보아야 한다.

이상에서 보듯이, 현재의 행복을 유보하고 열심히 노력만 해서는 누구에게나 자신이 처한 환경에 상관없이 장밋빛 미래가 보장되는 것이 아니다. 이제 개천에서 용이 나지 않으며, 구두닦이가 서울대에 입학하는 신화는 사라졌다. 한국사회는 우울하다. 키클롭스 나라에 사는 개인의 우울증은 이런 사회적인 부조리에서 기인한다. 이런 상황에서 OECD 국가들 중에서 단연 1등인 한국인의 자살은 사회적 타살이라고 하면 과장된 것일까?

4. 시시포스의 상상: 고독한 나에서 연대하는 우리로

나는 저항한다 고로 내가 존재한다

카뮈Camus는 『시시포스의 신화』Le Mythe de Sisyphe에서 동일한 노동을 반복하는 존재인 시시포스에 대해 이야기한다. 시시포스는 신을 거역한 죄로 바위를 언덕 위로 올리는 형벌을 받았다. 그런데 그 바위는 올리자마자 다시 아래로 굴러 떨어진다. 시시포스는 의미 없는 노동을 무한 반복한다. 희망 없는 고된 노동을 하는 시시포스가 선택할 수 있는 것은 무엇일까? 그것은 자살이나 종교이다. 자살이 자신의 영혼을 없애는 것이라면 종교는 자신의 영혼을 팔아 버림으로써 현실을 잊으려는 것이다. 이처럼 생존만을 목표로 사는 것은 인간이 아니라 동물이다. 동물과 같은 상황이 될 때 인간은 자신을 죽이는 자살이나 현실을 잊으려는 종교로의 귀의를 선택한다. 이것은 모두 실존할 수 없는 상황에서 나타나는 인간의 선택인 것이다.

동일한 노동을 수없이 반복하는 중에 시시포스가 바위를 다시 굴리기 위해 언덕으로 내려오다가 어느 순간 깨닫는다. 왜 이 부조리가 지속되고 있지? 왜 나는 이 형벌을 받아야 하지? 그러다가 그는 새로운 상상에 도달한다.

> 신이 형벌이라고 생각한, 이 노동과 반복되는 작업에서 시시포스는 절망이 아니라 희열을 느끼는 것이었다. 그에게는 자신의 의지로 삶을 선택하는 자유가 있었고, 반항에서 오는 자아 정체성이 있었다. … 주어진 운명에 순응하지 않는 시시포스형 인간, 이것은 인간이 자유의지의 존재이기에 가능하다. 인간은 자신의 기획이고 만들어지는 존재인 것이다. 가치나 규범도 결국 인간의식의 산물이다(정인화, 2012: 78).

이처럼 카뮈는 시시포스가 자신의 부조리를 자각하는 순간 희망을 가진 자유의지의 존재가 된다고 주장한다. 즉 삶의 의미와 가치는 밖에서 주어지는 것이 아니라 운명적 부조리 속에서 우리 실존 내부의 치열한 고뇌와 투쟁을 통해 순간순간의 결단과 실천을 통해 주조되는 것이다. 나약하고 피동적인 인간이 아니라, 적극적이고 저항적이며 능동적인 인간의 모습이 바로 시시포스의 모습이기 때문이다(정인화, 2012: 82~83). 이처럼 시시포스는 "나는 저항한다. 고로 존재한다"를 표상하는 인물이다. 그런데 부조리한 상황은 나의 저항만으로 변화시키기에는 역부족일 수 있다. 매트릭스에서 배신자 레이건은 소수의 저항으로 매트릭스가 무너지지 않는다고 판단했을 때 지쳤고 결국 동지들을 배신했다. 따라서 저항은 '나'가 아니라, '나'들 즉 우리가 되어야 한다. 카뮈의 『페스트』는 이 과정을 잘 묘사하고 있다.

고독한 나에서 연대하는 우리로

카뮈는 『페스트』에서 오랑시민들의 권태로운 삶을 묘사한다. 이 도시의 사람들은 일을 많이 하지만 그 목적은 모두 부자가 되기 위한 것이었다. 그런 도시에 죽은 쥐가 나타났고 사람들이 죽어나가기 시작했다. 페스트가 전면에 등장한 것이다. 이에 파늘루 신부는 말한다.

> 이 재앙이 처음으로 역사상 나타난 것은 신에게 대적하는 자들을 쳐부수기 위해서였습니다. 애굽왕은 하느님의 뜻을 거역한 탓에 페스트가 그를 굴복시켰습니다. 태초부터 신의 재앙은 오만한 자들과 눈먼 자들을 그 발 아래 무릎 꿇게 했습니다. 이 점을 잘 생각하시고 무릎을 꿇으시오(Camus, 2014b: 192).

어마어마한 재난 앞에서 신부는 종교를 대안으로 제시한다. 이것은 숙명론에 빠져 문제를 회피하거나 불가피한 것으로 받아들이는 것을 의미한다. 다른 대안은 없을까? 『페스트』는 새로운 가능성을 보여 준다. 페스트라는 부조리와 그 앞에 무기력하게 파편화된 개인들을 대체하는 새로운 실천이 등장한다. 보통 사람들로 구성된 '자원보건대'가 그것이다. 보건대에 모여든 사람들은,

> 그 병이 가져 오는 비참함과 고통 앞에서, 체념하고 페스트를 용인한다는 것은 미치광이나 장님이나 비겁한 사람의 태도일 수밖에 없습니다(Camus, 2014b: 217).

라는 생각에 동의했다. 카뮈는 말한다. "사실 보건대에 헌신한 사람들도 그렇게 대단한 칭찬을 받을 만한 일을 한 것은 아니다. 그들은 해야 할 일이 그것뿐임을 알고 있었으며, 그런 결단을 내리지 않는 것이야 말로 그때 처지로는 오히려 믿을 수 없는 일이었기 때문이다." 이처럼 카뮈는 인간이 부조리한 상황에서 자발적으로 협력하고 저항할 수 있다는 믿음을 드러낸다.

부조리한 현실을 응집하고 있는 페스트는 결국 이런 평범한 사람들에 의해 퇴치된다. 그 시작은 자각에서 비롯되었다. 누군가가 부조리한 현실에 체념하거나 순응한 것이 아니라 No라고 이야기함으로써 시작된 것이다. 카뮈는 주장한다.

> 세계에 존재하는 악은 거의가 무지에서 오는 것이며, 또 선의도 풍부한 지식 없이는 악의와 마찬가지로 많은 피해를 입히는 일이 있는 법이다. … 살인자의 혼은 맹목적인 것이며, 최대한의 성찰이 없이는 참된 선도 아름다운 사랑도 없다(Camus, 2014b: 222).

카뮈의 언급은 한나 아렌트의 '악의 평범성'을 연상시킨다. 즉 악은 평범한 사람들이 침묵, 무관심, 방관 등의 태도를 취할 때 생긴다는 것이다. 그런데 우리는 스노든(제1장 참조)이 혼자 자각하고 저항하면서 생긴 결과를 알고 있다. 그는 외로운 망명객이 되었다. 『페스트』는 이 고독한 '나'가 '연대하는 우리'가 된 전형을 보여 준다. 부조리한 상황을 자각하고 이에 저항한, '연대하는 우리'의 집합체인 자원보건대가 페스트를 극복했기 때문이다.

호모 에코노미쿠스에서 호모 폴리티쿠스로

『페스트』의 자원보건대처럼 인간이 위기의 상황에서만 협력할 수 있을까? 일반적으로 그렇지 않다는 생각이 지배적이다. 홉스의 『리바이어던』은 이기적인 인간을 통제하는 방법으로 강력한 군주를 상정한다. 애덤 스미스도 『국부론』에서 인간이 이기적인 존재라는 것을 전제하고 시장에서 경쟁을 통해, 즉 '보이지 않는 손'이 조정한다고 주장했다. 이 생각이 상식이고 보통 사람들의 통념이다.

『펭귄과 리바이어던』의 벤클러는 이에 대해 강력하게 이의를 제기한다. 리눅스의 마스코트인 펭귄 턱스를 상징하는 협력은 이기심을 이긴다고 그는 주장한다.

사우스웨스트항공사, 도요타의 생산공정, 시카고의 지역사회 치안 참여 프로그램, 위키피디아, 리눅스의 공통점은 무엇일까? 바로 인센티브나 처벌, 위계적 통제보다는 협력에 의지해 온 시스템이라는 점이다(Benkler, 2014: 9).

벤틀러는 이 사례를 들어 사람들에게 이기적인 모습이 오히려 예외적인 현상이고 협력적인 모습이 보편적이라고 주장한다. 실제로 크로포트킨은 『만물은 서로 돕는다』에서 다윈도 '가장 적응을 잘한 종들은 육체적으로 가장 강하거나 제일 교활한 종들이 아니라 공동체의 이익을 위해 강하든 약하든 동등하게 서로 도움을 주며 합칠 줄 아는 종들'이라고 주장했다고 하면서, 상호부조가 인간 존재의 본성이라고 주장한다.

"끊임없이 서로 싸우는 종들과 아니면 서로 도움을 주는 종들 중에서 어느 쪽이 적자인가?"라는 질문을 자연에 던진다면, 의심할 여지도 없이 상호부조의 습성을 가지고 있는 동물들이 적자임을 바로 알게 된다. 그들은 살아남을 수 있는 기회를 더 많이 가지며, 각기 자신들의 부류 내에서 최고도로 발달된 지능과 신체조직을 획득하게 된다. 이러한 견해를 뒷받침하기 위해 제시할 수 있는 무수한 사실들을 모두 고려하면, 상호부조야말로 상호투쟁과 맞먹을 정도로 동물계를 지배하는 법칙이라고 말해도 무리가 없는 듯하다(Kropotkin, 2005: 31~32).

『펭귄과 리바이어던』은 카뮈의 '연대하는 우리'가 시작되려면 인간에 대한 관점부터 바꿔야 한다고 조언한다. 이기적인 존재인 호모 에코노미쿠스homo economicus로 인간을 보면 우리의 상상은 처벌과 보상으로 제도를 구성한다. 즉 당근과 채찍으로 인간을 규율할 것이다. 그러나 협력적인 존재로 호명하고 펭귄의 사례에서 인간을 이해하기 시작하면, 권태로운 일상은 급격히 다른 풍경화로 바뀔 것이다. 이 경우 인간은 자기의 생존만을 걱정하는 호모 에코노미쿠스에서 자신과 자신의 공동체에 참여하여 이웃과 함께 사는 삶을 추구하는 호모 폴리티쿠스homo politicus가 된다.

일찍이 아리스토텔레스는 "인간은 정치적 동물이다"homo politikus이라고 선언했다. 이는 인간이 공동체 일에 참여하는 가운데 이웃과 더불어 사는 삶을 추구하는 존재라고 본 것이다. 즉 경제적인 문제는 인간이 하는 일의 일부에 불과하고 실제 인간은 끊임없이 자신과 자신의 공동체에 대해 묻고 더 나은 삶과 그 조건에 대해 함께 상상하는 존재라는 것이다. 따라서 고독한 나에서 연대하는 우리로 가는 것은 인간이 호모 에코노미쿠스에서 호모 폴리티쿠스로 전환되는 것이며, 이것이야말로 실존하는 것이다.

그렇다면 사회적 타살이라고까지 비판되는 자살공화국에서 우리가 함께 생각해서 실존하는 방법은 무엇일까? 그것은 더 이상 사회적 타살인 자살이 존재하지 않는 세상을 만드는 것이다. 즉 실존하지 못하는 생존의 상황을 호모 폴리티쿠스인 시시포스들이 변화시키는 것이다. 이것이 사회권을 보장하는 것이다. 사회권은 실존할 수 있는 물적인 토대, 즉 생존권을 사회적 연대에 의해 보장하는 것이다. 즉 우리가 연대하여 저항하고 협력함으로써 실존할 수 있는 구체적이고 현실적인 대안은 사회권의 보장이다.

5. 연대하는 우리와 사회권에 대한 상상[3]

사회권의 상상, '먹고사니즘'으로부터의 탈피!

역사적으로 볼 때도 자유권은 모든 시민들의 인권을 보장하지 않았다. 사회적·정치적 발언권은 '먹고사니즘'으로부터 자유로운 사람들의 것이었기 때문이다. 그들은 재산과 권력의 가진 소수였다. 특히 반복적인 경제위기와 공황 앞에서 다수의 사람들은 '먹고사니즘'의 노예가 되었다. 빈곤층은 말한다. "우리 같은 사람이 뭘 알아, 먹고 살기도 바쁜데!" 그들은 자유권을 누릴 여유도 접근할 방법도 몰랐다. 이처럼 '먹고사니즘'의 문제를 해결하지 않고서 인간은 인간다울 수 없는 것이다. '먹고사니즘'이 해결되지 않는 사회에서는 자유권을 누릴 수도 없고 자유권이 주어진다 해도 도피하게 될 것이다.

이상에서 보듯이 자유권은 특권층의 인권만을 옹호하는 것이 될 수도 있다. '먹고사니즘'이 압도적인 사회에서 대다수 시민들은 시장과 자본의 힘에 속절없이 당할 수밖에 없다. 이런 상황이 되면 시장의 힘에 굴복한 국가도 시민의 인권을 보호할 수가 없다. 이제 사람들은 자기계발과 경쟁력을 키우면서 '각자도생'을 꿈꾼다.

사회권은 '먹고사니즘'이 만든 불평등한 세상에 대한 현실비판의 산물이다. 이런 점에서 마셜은 사회권을 자본주의 경제의 계급불평등에 대한 수정이고 이를 통해 인권이 가능하다고 주장했다.

사회권은 어떻게 '먹고사니즘'을 극복했을까? 사회권은 형식적 민주주의에 대비해서 실질적 민주주의에 대한 상상으로부터 시작되었다. 사회권은 문제의 원인을 사회로 보았고 사회를 하나의 가족으로 간주한다. 그래서 복지국가는 '국민의 집'을 상상하고 이에 대한 설계도면을 그린다. 사회권이 주목하는 것은 그 사회의 결핍이다. 이 범주에는 소득, 의료, 교육, 주거 등 인간지위를 보증하는 기본적인 것들이 포함된다.

하지만 국민의 집을 짓는 데 큰 어려움이 따랐다. 돈이 많이 들어가기 때문이다. 결핍을 없애기 위해 국가적 수준에서 무상교육, 무상의료, 공공주택, 소득보전 등을 위해 누군가가 돈을 내야 한다. 사회권의 상상은 모두가 돈을 내되, 차별적으로 내야 한다는 원칙을 세웠다. 즉 돈이 많은 사람은 많이, 적은 사람은 적게! 그래서 사회권은 소득이전의 정치, 계급정치, 타협의 정치로 명명된다.

이처럼 '먹고사니즘'에 대한 집합적 대응이 사회권에 대한 상상이고 이것을 실천한 것이 복지국가이다. 그 효과는 대단했다. 모든 시민들에게 최소한의 삶의 조건minimum standard of living을 확보해 줌으로써 더 이상 권력과 시장을 과도하게 두려워하지 않게 된 것이다. 시민들 간의 불평등한 조건이 사라짐으로써 지위의 평등도 확보될 수 있었다. 시장과 권력에 주눅 들지 않음으로써 창의력, 자주성 그리고 참여도 증가했다. 무엇보다도 사회적 자본 즉 시민들 간, 시민과 국가 간, 노동과 자본 간의 신뢰도도 증가했다. 사회적 자본은 생산성의 향상으로 이어졌고, 공동체를 더욱 풍요롭게 만들었다. 무엇보다 아이들과 부모들이 경쟁으로부터 자유롭게 되었다.

이상에서 보듯이 사회권은 '먹고사니즘'을 개인이 아니라 공적으로 제거하여 최소한의 인간적인 조건을 만들었다. 사회권은 자유권을 최종적으로 실현했다. 즉 모든 인간에게 사상, 양심, 참여의 권리를 부여한 자유권은 사회권이 보장됨으로써 온전해질 수 있었다.

생각해 본다. 한국에서 '먹고사니즘'의 문제가 이 정도로 해결되었다면, 사무장이 부사장의 부당한 명령 앞에서 더 자유롭지 않았을까. 그리고 세 모녀가 과연 자살을 했을까. 그렇다면 사회권의 실현은 어떻게 가능했을까?

연대하는 우리와 사회권의 실현

우스갯소리로 "내 아버지를 죽인 자는 용서할 수 있어도 내 돈을 빼앗아 간 자는 용서할 수 없다"는 말이 있다. 그 정도로 남의 돈을 빼내는 것이 쉽지 않다는 말이다. 특히 돈 있는 사람들이 자발적으로 돈을 내도록 하기는 매우 어렵다. 통상 그들이 모든 힘과 정보를 갖고 있기 때문이다. 그런데도 어떻게 부자로부터 일반시민들로 소득이전을 가능케 하여 사회권을 실현할 수 있었을까?

우선 '먹고사니즘'에 사로잡힌 사회는 정의롭지 못할 뿐만 아니라 공동체를 파멸로 이끈다는 것에 합의해야 한다. "가난은 나라도 구하지 못한다"라거나, "자본주의적 경쟁은 불가피하다"는 인식이 보편적인 사회에서는 사회권은 숨 쉴 수 없다. 서유럽은 빈곤의 원인이 개인의 게으름이 아니라 저임금과 계절적 실업, 노령과 장애로 인한 것에 동의했고, 불평등이 노동자뿐만 아니라 전체 시민들의 삶을 파괴할 것이라는 것을 경험했을 뿐만 아니라 사회적·정치적으로 인식했다. 하지만 이런 새로운 상상이 바로 새로운 정책으로 귀결되는 것은 아니다. 상상과 동의가 바로 현실이 되는 것은 아니다. 이 정책을 인식한 자들이 힘을 가질 때 가능하기 때문이다.

흔히 재개발·재건축을 할 때, 조합원이 아니라 설계회사와 시공

회사가 주인공이라는 이야기를 한다. 이들은 조합장을 매수하여 자신들의 이익을 관철한다는 것이다. 그래서 아파트가 완성되면 원주민의 80%가 그 지역을 떠난다고 할 정도이다. 그런데 사회권을 실현한 나라들의 공통점은 재개발·재건축에 참여한 회사가 아니라 주민들이 모든 과정의 주체가 된다는 점이다. 서유럽에서는 조합을 매개로 단단하게 뭉쳐서 자신들의 요구를 정확하게 이야기하고 건축 과정에서 설계도면과 건축물을 보고 자기의 뜻을 관철할 줄 알았다. 어떻게 이것이 가능했을까?

노동조합과 시민들의 연대전략으로 가능했다. 공장에서 노동자들은 조직화되었다. 회사의 이윤만을 오로지 추구하는 경영에 대항해 공통의 이익을 확인하고 스스로를 산업별 노동조합으로 조직화했다. 교장노조, 판사노조, 군인노조, 경찰노조가 있을 정도로 육체노동자뿐만 아니라 일하는 사람들이라면 모두 조직화하였다. 주목할 만한 것은 이들이 공장 밖으로 나와서는 토론하고 참여하는 시민들로 활동했다는 점이다. 독일을 정치시민의 집이라고 하고, 북유럽을 흔히 독서동아리 민주주의study circle democracy로 부를 정도로 이들은 사회문제에 대해 집단적으로 참여했다. 공장과 시민사회에 모여든 사람들은 베버리지가 '결핍'으로 이야기했던 '먹고사니즘'의 문제뿐만 아니라 교육, 의료, 노령 등의 사회적 문제를 이해하고 해결하는 주체가 되었다. 이처럼 복지국가는 사회권을 정당한 권리로 인식하고 이것을 조직된 힘으로 관철시키는 사회적 행동이 있었기에 가능했다.

6. 당장 무엇을 할 것인가: 차이가 편안히 드러나는 광장에 대한 상상

이 장의 3절에서 언급했던 광주의 택시기사 이야기로 되돌아 가 보자. 택시기사는 민주주의가 빈곤문제를 해결하지 못한다고 인식하고 있었다. 그래서 그는 "정치가 밥 먹여 주느냐?!"라며 정치를 불신하고 있을지도 모른다. 카뮈에 비유해 보면, 그가 그 민주주의가 형식에 그쳤고 그 민주주의로는 인권을 보장받을 수 없다는 것을 깨닫는 순간이 있어야 저항이 시작될 수 있다. 이 순간은 '민주화 이후의 민주주의가 질 나쁜 것'이 된 원인을 따져 보는 것으로 나아갈 수 있다.

한국사회의 잔혹극이 지속되고 있다. 공장에서 거리에서 병원에서 바다에서 인권이 유린되고 있음에도 불구하고, "정치적으로 이용하지 말라"는 권력의 서슬 퍼런 명령에 국민들은 '토론 없는 애도, 비판 없는 슬픔'을 표시하고 모금 행동만을 하고 있다. 성장제일주의가 만든 재난에 대해 자각과 비판은 보이지 않고 그 사이에 본질은 은폐되고 있다. 이 과정에서 피해자는 고립되고 있다.

키클롭스의 나라는 지속되어서도 안 되지만, 지속될 수도 없다는 것을 역사는 가르쳐 준다. 양질의 노동력이 재생산되지 않고 빈곤 때문에 지속적인 소비가 안정적으로 이루어지지 않는 나라는 공황을 맞거나, 파시즘으로 귀결되었거나, 사회적 갈등과 혁명으로 이어졌다. 따라서 키클롭스 나라의 부조리한 상황은 이제라도 근본적으로 검토되어야 한다. 그 주체는 부조리한 상황에 있는 시시포스들이어야 한다. 그렇다면 시시포스의 자각과 이에 기반한 저항은 언제

어디에서부터 시작되어야 할까? 한 고등학교 아이가 말한다.

어른들은 세월호 이후 우리에게 미안하다고 말한다. 물론 그럴 수 있다. 하지만 우리에게 미안해야 할 것은 그것뿐만이 아니다. 그것은 일상의 곳곳에 있다. 예를 들어 보자. 학교에 글로벌 인재와 관련하여 외부 초청 강의가 많다. 이때 선생님들은 이야기가 시작되더라도 졸지 말라고 당부한다. 하지만 우리들은 이야기가 시작되지마자 존다. 왜? 그렇게 재미 없는 것을 듣고 안 졸 수가 없다. 그리고 이 주제는 우리에게 한번도 묻지 않고 선택된 것이다. 이런 것부터 우리에게 미안해야 한다.

우리가 미안해야 할 것은 세월호와 같은 큰 사건이 아니라 일상의 작은 사건에서부터 시작해야 한다. 이와 관련하여 하인리히의 주장을 경청할 만하다. 그는 작은 사건이 300번 일어나고 그 다음에 중간정도의 사건이 29번이 일어난 다음에 대형 사건이 한 번 일어난다고 주장했다.

비유하자면, 교통법규를 습관적으로 위반하는 사람은 사소한 접촉사건이 자주 일어난다. 그럼에도 불구하고 조심하지 않는다면, 이제 29번의 중대형의 사고나 인명사고가 일어날 것이다. 이것이 반복되는데도 그 경고를 알지 못한다면 그는 유명을 달리하는 사고에 휩쓸릴지도 모른다.

하인리히 법칙은 중요한 교훈을 던져 준다. 300번의 사소한 징후를 막을 수 있다면, 29번의 중형사고를 예방할 수 있다. 29번의 중형사고에서 깨달을 수가 있다면 1번의 대형사고도 일어나지 않을 것이

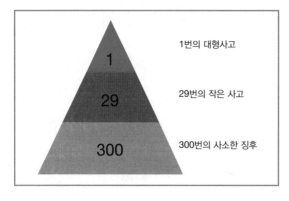

그림 1
하인리히 법칙

다. 어떻게 해야 할까? 우리는 300번의 작은 사고가 일어나지 않도록 해야 한다.

이상에서 보듯이 하인리히 법칙은 시시포스의 저항이 작은 것에서부터 시작해야 한다는 것을 알려 준다. 그렇다면 300번의 소소한 사건을 막는 방법은 무엇인가? 작은 사건에 대해 자각하고 분노하여 선의 평범성을 존재하게 해야 한다. 즉 도처에서 평범한 사람들이 문제의식을 갖고 저항한다면, 29번의 사건은 일어나지 않을 것이다. 이것은 공동체의 일에 참여하는 호모 폴리티쿠스의 일상의 정치가 존재할 때 가능하다. 이런 맥락에서 울리히 벡은 『위험사회』에서 풀뿌리 정치sub-politics를 제안한다. 이것은 제도정치나 직업정치가들이 아니라, 도처에서 일상의 문제에 개입하는 시민들이 주도하는 정치이다.

악의 평범성과 시시포스의 자살은 평범한 사람들이 아무런 생각이 없을 때 부조리와 자살이 생겨난다는 것을 보여 준다. 이제 평범한 사람들이 각자의 공간에서 일상의 작은 사건들과 대면할 때 저항하기 시작해야 한다. 수없이 일어나는 자살에 대해 일상적인 저항으로 대응해야 하고 평범한 사람들의 사유불능으로 인한 악의 평범성을 일상의 저항에 기반한 선의 평범성으로 바꾸어야 한다. 이것은 도처에서 하인리히의 300번의 신호가 왔을 때 그곳에 있는 사람들이 자기 공간에서 자기답게 적극적으로 저항해야 한다는 것을 의미한다. 인간의 실존은 자각하는 나이고 저항하는 나이며, 이런 우리가 모여 사회적 타살인 자살을 막을 수 있는 것이다. 사회적 자살의 시대에, 호모 에코노미쿠스의 '고독한 나'가 아니라 호모 폴리티쿠스의 '연대하는 우리'를 도처에서 만나게 되는 날을 상상해 본다.

주석

제1장

1) 여섯 명의 정신과 의사들은 그를 '정상'으로 판정했다. 그들 가운데 한 명은 "적어도 그를 진찰한 후의 내 상태보다도 더 정상이다"라고 탄식했다. 또 다른 한 명은 그의 아내와 아이들, 어머니와 아버지, 형제자매 그리고 친구들에 대한 그의 태도, 그의 모든 정신적 상태가 '정상일 뿐만 아니라 바람직함'을 발견했다. 그를 정기적으로 방문한 성직자는 아이히만이 '매우 긍정적인 생각을 가진 사람'이라고 발표했다(Arendt, 2014: 79).

2) 유범상, 『필링의 인문학』, pp.35−36 참조.

3) 개인정보 수집 계획인 프리즘(PRISM) 프로젝트는 9·11 테러를 통해, 정부가 블랙리스트에 올려 둔 위험인물 외의 불순분자들의 존재가 확인되어 새로운 정보 수집과 검열이 필요해져 시행된 것으로 보인다. 하지만 스노든이 넘겨준 자료를 분석한 글렌 그린월드 기자는 미국이 전 세계적으로 무차별적인 전화 도청, 이메일 해킹 등을 감행했으며 이 대상은 미국의 적이 아니라 우방국들이었던 것으로 드러났다고 했다.

4) 스노든에게서 NSA 기밀문서를 건네받아 「가디언」지에 보도한 글렌 그린월드 기자는 2014년 5월 13일 『더 이상 숨을 곳이 없다』 *No Place to Hide*라는 책을 펴냈다. 전 세계 24개 국가에 동시 출간된 이 책에는 첩보영화를 방불케하는 스노든과의 첫 만남에서부터 폭로과정, 그리고 국가 감시 및 주류 언론에 대한 비판이 담겨 있다.

5) https://mirror.enha.kr/wiki/%ED%94%84%EB%A6%AC%EC%A6%98%20%ED%8F%AD%EB%A1%9C%20%EC%82%AC%EА%B1%B4.

6) 미국 정부는 스노든의 엄청난 양의 폭로는 미국 국가보안 문제를 심각하게 훼손하고 있다고 주장했다. IT 업체들은 이 정보들이 미국 밖으로 판매용으로 유출할 것들이 아니었느냐는 의혹을 제기하기도 했다.

7) 미국 국가정보국장(DNI) 제임스 클래퍼는 이 프로그램은 국가의 안전과 안보를 보호하기 위한 핵심수단이라 주장하며 국가기밀을 언론에 유출한 것과 국가안보의 중요 내용을 발설한 것에 대해 간첩 혐의를 묻겠다고 언급했다. https://mirror.enha.kr/wiki/%ED%94%84%EB%A6%AC% EC%A6%98%20%ED%8F%AD%EB%A1%9C%20%EC%82%AC%EA%B1%B4

8) https://www.youtube.com/watch?v=-kv2QocKuA8

제2장

1) 『고백록』(*Les Confessions*), *Oeuvres Complètes*(이후 *O. C.*로 줄여 표기함), I, p.591.

2) Voltaire, 「시민들의 견해」(Le Sentiment des Citoyens), in *Correspondance Complète de Jean-Jacques Rousseau* (이후 *C. C.*로 줄여 표기함), ed. R. A. Leigh, (Genève : Institut et Musée Voltaire, 1965–1971; Oxford: Voltaire Foundation, 1971–1978), 23 vol., p.381.

3) 이에 대한 좀 더 상세한 설명은 리오 담로시(Leo Damrosch), 이용철 옮김(2011), 『루소, 인간 불평등의 발견자』(*Jean-Jacques Rousseau, Restless genius*), 교양인, pp.282–283을 볼 것.

4) 『고백록』(*Les Confessions*), *O. C.*, I, pp.402–403.

5) 『에밀』(*Emile*), *O. C.*, IV, p.569.

6) 「고백록 초안」(Ebauches des Confessions), *O. C.*, I, p.1148.

7) 「고백록 초안」(Ebauches des Confessions), *O. C.*, I, p.1149.

8) 『루소가 장 자크를 판단하다 : 대화』(*Rousseau juge de Jean Jacques : Dialogues*), *O. C.*, I, p.936.

9) 「고백록 초안」(Ebauches des Confessions), *O. C.*, I, pp.1150–1151.

10) 『고백록』(*Les Confessions*), *O. C.*, I, p.5.

11) 『고백록』(*Les Confessions*), *O. C.*, I, p.5.

12) 『고백록』(*Les Confessions*), *O. C.*, I, p.59.

13) 『고백록』(*Les Confessions*), *O. C.*, I, p.344.

14) 『고백록』(*Les Confessions*), *O. C.*, I, pp.356–357.

15) 『고백록』(*Les Confessions*), *O. C.*, I, pp.55–56.

16) 루소가 자식을 유기한 문제에 대한 좀 더 자세한 설명은 이용철(2013), "루소의 글쓰기에 나타나는 부자관계의 문제", 『통합인문학연구』, 제5권 제1호, pp.129–162를 볼 것.

17) 루소가 Mme Francueil에게 보내는 편지(1751. 4. 20), *C. C.* 2: 143.

18) 『고백록』(*Les Confessions*), *O. C.*, I, pp.358–359.

19) 『고백록』(*Les Confessions*), *O. C.*, I, p.86.

20) 『고백록』(*Les Confessions*), *O. C.*, I, p.175.

21) 『고백록』(*Les Confessions*), *O. C.*, I, p.656.

22) Raymond, Marcel(1762), 『장 자크 루소 : 자아의 탐구와 몽상』(*Jean-Jacques Rousseau et la rêverie*), José Corti, pp.189-193 참조.

23) 『고독한 산책자의 몽상』(*Les Rêveries du promeneur solitaire*), *O. C.*, I, p.1045.

24) 『에밀』(*Emile*), *O. C.*, IV, p.743.

25) 『고백록』(*Les Confessions*), *O. C.*, I, p.414.

제4장

1) 이덕일(2004). 『정약용과 그의 형제들』. 김영사.

2) 이를 엘스버그(Daniel Ellsberg, 1931~) 패러독스라고 한다. 이는 정부 정책 수행 시 정부가 왜 정보를 신속하게 국민에게 공개해야 하는지 알려 주는 예이다.

3) 「머니볼」(*Money ball*)은 야구에 데이터 분석을 적용하여 메이저리그 만년 최하위였던 오클랜드 애슬레틱스가 좋은 성적을 얻었다는 내용의 영화(2011)이다. 야구는 물론 스포츠에서 데이터 분석은 일상화되어 있다.

4) 뉴턴과 같은 과학자들은 관찰을 바탕으로 한 귀납적 추론을 통해 과학적 법칙을 찾고, 그 법칙을 연역적으로 확장하여 자연현상을 이해하게 된다.

5) 이 도구는 표본의 함수로 통계량 또는 추정량이라고 한다.

6) 표본평균은 데이터를 전체적으로 합한 후 이를 표본수로 나눈 것이다.

7) 2013년의 경우 예측오류가 컸는데 이는 언론에서 독감백신의 부족을 대서특필함에 따라 사람들이 자신의 독감증상과 관계없이 독감을 검색했기 때문이다.

8) Wordle(http://www.wordle.net/)이라는 사이트에서 작성했다.

9) 확률이 낮은 사건은 새로운 발견을 했거나 사기적 사건일 가능성이 높다. 갑자기 오랜 친구로부터 사업에 투자하라든가 보이스피싱을 통해 계좌가 털렸다는 전화가 온다면 기분이 이상해지고 당황스러워질 것이다. 이처럼 기분이 이상해지는 것은 확률이 낮은 일이 발생했음을 의미한다. 확률이 낮은 일이 생기면 성급하게 믿기보다는 한 템포 늦춰서 접근할 필요가 있다. 통계적 사고에서는 확률이 낮은 기적을 믿지 않는다.

10) '백조는 하얗다'는 명제는 1697년 네덜란드 탐험가 빌렘 데 블라밍이 호주에 가서 흑조를 발견함에 따라 백조가 하얗다는 귀납적 추론이 맞지 않음이 확인되었다.

제8장

1) "가난한 동네 빨리 죽고 부자 동네 오래 산다," 「아시아 경제」, 2015. 8. 17.

2) "강남 3구, 기대수명도 길어," 「조선일보」, 2015. 8. 12.

3) "전국 자살률 1위 오명 벗어나려면-고위험군 상시 관리체계 갖추고 고령층 복지 강화해야," 「강원도민일보」, 2015. 7. 24.

4) "'소득계층별 의료서비스 이용격차 증가' 의료기관·인력 지역 간 불균등 분포 심화," 「의학신문」, 2015. 4. 14.

5) "농촌이 의료비 지출은 적고 사망률 높다 … 의료 불균형 심각," 「한겨레」, 2014. 11. 30.

제12장

1) 최순옥, "'은평 마을공동체'를 소개합니다," 『민주: 한국 민주주의의 내일을 열다』, 2013 봄호, 통권 7호, 민주화운동기념사업회, pp.190-201.에서 발췌 요약하였다.

제13장

1) 이 자영업자 소득 자료는 조사 어려움 때문에 소상공인진흥원의 2010년 조사 자료만 있다. 「이데일리」, 2014. 6. 7.

2) 가계영업잉여는 자영업의 소득 추이를 볼 수 있는 지표이다. 같은 기간 기업(비금융법인)영업잉여는 9.2%씩 증가했고, 임금노동자들의 피용자보수도 7.0%씩 증가했다. 「한겨레신문」, 2014. 7. 21.

3) 국세청 사업자등록 통계상의 자영업자수는 2010년 500만 명으로 외환위기 직전인 1996년 자영업자수 241만 명에 비해 14년 만에 2배 이상으로 늘었다. 「주간경향」, 2014. 7. 22.

4) 피케티는 『21세기 자본론』에서 18세기부터 전 세계 나라들의 분배 추세 특히, 20세기부터 2010년까지 미국과 일본, 독일, 프랑스, 영국의 소득과 부의 분배 추세를 통계적으로 분석하고 그 결론의 하나로 $r>g$라는 공식을 제시하고 있다. r는 자본 수익률, g는 경제성장률이다. 그래서 일반적으로 특히 경제성장이 느려진 21세기에 자본수익률이 경제성장률을 앞선다는 것이다.

제15장

1) 여기부터 어느 정치학자의 민주주의에 대한 이야기까지는 유범상(2015)을 참조하였다.

2) 명문대에 자녀를 보낸 노하우로 부유층 가정의 아이들을 하루 종일 맡아 교육하는 사람을 일컫는 신조어이다. 4살 때부터 영어로 책을 읽고, 과학실험실습실에 데려가 영재교육을 받게 하며, 토론식 대화를 한다. 오후에는 레고 블록 강습과 원어민 회화교육을 받게 하고 주말에는 발레공연과 체험학습, 일기형식의 보고서에 대한 첨삭지도를 한다. 이들에게는 보통 월 1천만 원을 지급하고, 1억 원 이상도 여럿이며 부르는 게 값인 경우도 있다고 한다.

3) 이 부분은 유범상(2015)에 의거하고 있다.

제1장

권유지. 2010. 「악의 평범성과 소통에 관한 문제: 아렌트 이론을 중심으로」, 『윤리철학교육』, 14.

김규정. 2015. 『밀양 큰 할매』. 철수와영희.

김원영. 2010. 『나는 차가운 희망보다 뜨거운 욕망이고 싶다』. 푸른숲.

Reuth, R. G. 2010. 『괴벨스, 대중 선동의 심리학』. 교양인.

Mayer, M., 박중서 역. 2014. 『그들은 자신들이 자유롭다고 생각했다』. 갈라파고스.

박기범. 2014. 『그 꿈들』. 낮은산.

Boetie, E., 심영길·목수정 역. 2015. 『자발적 복종』. 생각정원.

손관승. 1998. 「광기의 시대, 지식인의 두 얼굴: 나치스의 선전장관 괴벨스」, 『관훈저널』, 67.

송충기. 2013. 「호로코스트에서 반유대주의 지우기」, 『역사비평』, 105.

Arendt, H., 김선욱 역. 2014. 『예루살렘의 아이히만: 악의 평범성에 관한 보고서』. 한길사.

이경분. 2009. 「음악, 라디오 그리고 프로파간다: 독일 나치제국의 방송음악정책에 관하여」, 『탈경계 인문학』, 2(1).

후카이 토모아키, 2013. 「정치적 디자이너로서의 편집자, 괴벨스」, 『기독교사상』, 6월호.

제2장

리오 담로시, 이용철 옮김. 2011. 『루소, 인간 불평등의 발견자』(*Jean-Jacques Rousseau, Restless genius*), 교양인.

이용철. 2013. 「루소의 글쓰기에 나타나는 부자관계의 문제」, 『통합인문학연구』, 5(1).

Correspondance Complète de Jean-Jacques Rousseau, ed. R. A. Leigh, Genève: Institut et Musée Voltaire, 1965−1971; Oxford: Voltaire Foundation, 1971−1978, 52 vols.

Raymond, Marcel. 1762. 『*Jean-Jacques Rousseau et la rêverie*』(장 자크 루소: 자아의 탐구와 몽상), José Corti.

Rousseau, J. J. 1959-1995. *Oeuvres complètes*, I-V. Paris: Gallimard, Pléiade:

I. Les confessions, Autres textes autobiographiques. 1959.

II. La Nouvelle Héloïse, Théâtre, Poésies, Essais littéraire. 1964.

III. Du contrat social, Ecrits politiques. 1964.

IV. Emile, Education, Morales, Botanique. 1969.

V. Ecrits sur la musique, La langue et le théâtre. 1995.

제3장

금명자·이장호. 2006. 『상담연습 교본』. 법문사.

Rogers, C. R.(Ed.). 1967. *The Therapeutic Relationship and its Impact: A Study of Psychotherapy with Schizophrenics*. Madison: University of Wisconsin Press.

Rogers, C. R. 1980. *A Way of Being*. Boston: Houghton-Mifflin.

Burke, H. F. 1989. *Contemporary Approachers to Psychotherapy and Counseling: The Self Regulation and Maturity Model*. Pacific Grove, CA: Brooks/Cole.

Hill, C. & O'Brien, K. M. 1999. *Helping Skills: Facilitating Exploration, Insight, and Action*. American Psychological Association.

제4장

Rao, C. R., 이재창·송일성 옮김. 2003. 『혼돈과 질서의 만남』. 나남출판.

Laplace, P. S., 조재근 옮김. 2012. 『확률에 대한 철학적 시론』. 지식을만드는지식.

류시화 역. 1998. 『지금 알고 있는 걸 그때도 알았더라면…』. 열림원.

Bernstein, P. L., 안진환 옮김. 2008. 『리스크(위험 기회 미래가 공존하는)』. 한국경제신문사.

Silver, N., 이경식 옮김. 2014. 『신호와 소음』. 더퀘스트.

이긍희·김훈·김재희·박진호·이재용. 2010. 『통계학의 개념과 제문제』. 한국방송통신대학교출판문화원.

이긍희·박진호. 2012. 『확률의 개념과 응용』. 한국방송통신대학교출판문화원.

이긍희·이한식·장영재. 2015. 『예측방법론』. 한국방송통신대학교출판문화원.

이긍희·함유근·김용대·이준환·원중호. 2015. 『빅데이터의 이해』. 한국방송통신대학교출판문화원.

이덕일. 2004. 『정약용과 그의 형제들』. 김영사

Taleb, N., 차익종 옮김. 2008. 『블랙스완』. 동녘사이언스.

Fung, K., 황덕창 옮김. 2011. 『넘버스, 숫자가 당신을 지배한다』. 타임북스.

구글 독감 트렌드. http://www.google.org/flutrends/intl/ko/.

통계청의 통계로 보는 자화상. http://kosis.kr/contents /index.jsp

제5장

강진경. 2003. 「생활습관병의 개념」. 『대한내과학회지』, 65(1).

김금순 외. 2012. 『성인간호학』. 수문사.

김혜련. 2013. 「우리나라 식이섭취와 관련된 만성질환의 변화와 영양정책의 과제」. 『보건복지포럼』, 4. 27~37.

박영숙·정성희. 2013. 『생활과 건강』. 한국방송통신대학교출판문화원.

이성용·이정환. 2011. 「만성질환에 대한 개인주의 접근방식의 한계」. 『보건과 사회과학』, 29.

건강보험심사평가원 보도자료. 2015. 5. 17. http://www.mw.go.kr/front_new/al/sal0301vw.jsp?PAR_MENU_ID=04&MENU_ID=0403&CONT_SEQ=322402&page=1

보건복지부. 2015. 「대사증후군」, 국가건강정보포털. http://health.mw.go.kr/HealthInfoArea/HealthInfo/View.do?idx=490

제6장

강상규. 2007. 『19세기 동아시아의 패러다임 변환과 제국 일본』. 논형.

_____. 2008. 『19세기 동아시아의 패러다임 변환과 한반도』. 논형.

_____. 2012. 『19세기 동아시아의 패러다임 변환과 다중거울』. 논형.

_____. 2013. 『조선정치사의 발견: 조선의 정치지형과 문명전환의 위기』. 창비.

김용구. 1997. 『세계관 충돌의 국제정치학: 동양 예와 서양 공법』. 나남.

_____. 2001. 『세계관 충돌과 한말 외교사, 1866~1882』. 문학과 지성사.

박상섭. 2008. 『국가/주권』. 소화.

하영선 편. 2004. 『21세기 한반도 백년대계』. 나남출판사.

하영선·김상배 편. 2006. 『네트워크 지식국가: 21세기 세계정치의 변환』. 을유문화사.

하영선·남궁곤 편. 2007. 『변환의 세계정치』. 을유문화사.

제7장

김정인. 2015. 『민주주의를 향한 역사』. 책과함께.

김육훈. 2012. 『민주공화국 대한민국의 탄생』. 휴머니스트.

박찬승. 2013. 『대한민국은 민주공화국이다』. 돌베개.

이윤영 외. 2009. 『가치를 다시 묻다』. 궁리.

제8장

김창엽 외. 2015. 『한국의 건강 불평등』. 서울대학교 규장각한국학연구원 한국학연구총서 41. 서울대학교출판문화원.

아서 클라인만 외. 2002. 『사회적 고통─인간의 고통에 대한 사회학적, 의학적, 문화인류학적 접근』(*Social Suffering*). 도서출판 그린비.

Whitehead, M. 1990. *The Concepts and Principles of Equity and Health*. Copenhagen: WHO Regional Office for Europe.

제9장

경찰청·한국여성변호사회·전국성폭력상담소협의회. 2015. 「우월적 지위를 이용한 성범죄 근절 정책」. 2015. 3. 27. 심포지엄 자료집.

국가인권위원회. 2015. 「학교 성희롱 실태 및 대책방안」. 2015. 10. 6. 토론회 자료집.

김엘림. 2013. 『성차별 관련 판례와 결정례 연구』. 에피스테메.

＿＿＿＿. 2013b. 『남녀평등과 법』. 한국방송통신대학교출판문화원.

＿＿＿＿. 2015. 「성희롱의 법적 개념의 형성과 변화」. 『젠더법학』. 제6권 제2호. 한국젠더법학회.

배은경. 2011. 「성·사랑·사회를 이해하는 데 필요한 개념들: 섹스, 젠더, 섹슈얼리티」. 한국방송통신대학교 문화교양학과 편. 『성·사랑·사회』. 한국방송통신대학교출판문화원.

한국여성정책연구원·한국젠더법학회. 2014. 「성희롱의 법적 규제와 예방체계」. 2014. 12. 20. 학술대회 자료집.

서울대학교 여성연구소·인권센터. 2015. 「대학캠퍼스의 권력형 성희롱·성폭력, 무엇이 문제인가」, 2015. 6. 12. 학술포럼 자료집.

Catharine. A. MacKinnon. 1979. *The Sexual Harassment of Working Women-A Case of Sex Discrimination*. Yale University Press.

제10장

그래엄 터너, 이영기·임재철 옮김. 1994. 『대중영화의 이해』. 한나래.

데이비드 보드웰·크리스틴 톰슨, 주진숙·이용관 옮김. 2011. 『영화예술』. 지필 미디어.

루이스 자네티, 박만준·진기행 옮김. 2012. 『영화의 이해』. 케이북스.

수잔 헤이워드, 이영기·최광열 옮김. 2012. 『영화 사전: 이론과 비평』. 한나래.

장일·김예란. 2013. 『시네마 인 & 아웃』. 에피스테메.

장일·윤상길. 2015. 『대중문화와 영화비평』. 한국방송통신대학교출판문화원.

제프리 노웰 스미스 엮음, 이순호 외 옮김. 2006. 『옥스퍼드 세계영화사』. 열린책들.

제11장

고보선·허준수. 2006. 「노인의 학대 대처행동 결정요인에 관한 연구」, 『한국노년학』, 26(1): 125-141.

김동배·박서영·김상범. 2010. 「장기요양서비스 이용이 가족수발자의 우울감 및 삶의 만족도에 미치는 영향—여가활동 참여여부에 따른 집단 간 비교연구」, 『한국가족관계학회지』, 15(3): 117-135.

김소진. 2009. 「황혼이혼 여성노인들에 대한 생애사 연구」, 『한국노년학』, 29(3): 1087-1105.

김순남. 2010. 「남녀의 이혼 서사를 통해 본 친밀성과 젠더」, 『여성학논집』, 27(2): 155-192.

김용하. 2011. 「베이비부모 세대의 특성과 사회적 과제」, 한국자원경영학회 제16차 추계 학술대회 자료집.

김태현·전길양. 1997. 「노년기 부부의 상호간 지지와 역할공유 및 결혼적응에 관한 연구」, 『한국노년학』, 17(2): 167-192.

김태현·한은주. 2000. 「노인학대의 원인에 대한 생태학적 연구」, 『한국노년학』, 20(2): 71-89.

김혜경·남궁명희. 2009. 「아들가족에서의 노부모 돌봄 연구: 부부와 노인의 생애

서사를 중심으로」,『한국사학회』, 43(4): 180-220.

김희강·강문선. 2010.「돌봄의 공공윤리: 에바 키테이이론과 '장애아가족 양육지
원사업'」,『한국정치학회보』, 44(4): 45-72.

박인아. 2012.「기혼자녀의 노부모와의 관계 불만족이 노부모와의 관계 부적응 행
동과 그 영향요인들 간의 관계에서 지니는 매개효과 연구」,『한국가족복지학』,
36: 5-29.

박홍주. 2009.「이주여성 가사노동자의 경험을 통해 본 돌봄 노동의 의미구성과 변
화」, 이화여자대학교 박사학위논문.

배나래·박충선. 2009.「노년기 삶의 질에 영향을 미치는 생태체계적 요인에 관한
연구」,『한국노년학』, 29(2): 761-779.

보건복지부. 2014.「제18회 노인의 날-나눔과 베풂을 통한 건강한 100세 시대 구
현」.

송인욱. 2009.「주부양자의 노인학대에 영향을 미치는 요인에 관한 연구」, 대구대
학교 박사학위논문(미간행).

송지은·Marks, N. F. 2006.「성인자녀와의 관계가 부모의 정신건강에 미치는 영
향: 미국 종단자료의 분석」,『한국노년학』, 26(3): 581-599.

신경아. 2010.「노인 돌봄 내러티브에 나타난 단절과 소통의 가능성」,『가족과문
화』, 22(4): 63-94.

신화용·조병은. 2004.「노인부양에 대한 성인자녀의 공평성지각 및 이익에 따
른 관계의 질: 공평성이론에서 본 한국과 재미교포사회의 비교」,『한국노년학』,
24(3): 231-247.

여성가족부(2010).「제2차 가족실태조사」.

이민수·남종원·차지현·곽동일. 1999.「노인 우울증의 심각도에 미치는 요인」,『신
경정신학회』, 152: 1063-1070.

이민아. 2014.「사별과 우울에 대한 종단분석-성차와 배우자와의 관계만족도를 중
심으로」,『한국인구학』, 27(1): 109-130.

이수영. 2011.「100세 시대 도래의 시사점과 정책방향」, 100세 시대 종합 컨퍼런스
'역동적인 100세 사회 어떻게 만들어야 하나'. 기획재정부·경제인문사회연구회.

이승신. 2013.「베이비부머의 노후준비여부에 관한 연구-일반적 및 경제적 특성
중심으로」,『소비자문제연구』, 44(2): 73-95.

이용재. 2013.「베이비붐 세대의 노후준비 특성분석」,『한국콘텐츠학회논문지』,
13(5): 253-261.

이재림·김영희. 2011. 「원가족 분화경험이 기혼남녀의 결혼적응에 미치는 영향: 불안과 행복감을 매개로」, 『대한가정학회지』, 49(7): 13-24.

이해자·김윤정. 2004. 「부부관계(사랑과 성)가 노년기 삶의 질에 미치는 영향」, 『한국노년학』, 24(4): 97-214.

장경섭·진미정·성미애·이재림. 2013. 「저출산·고령화 시대의 한국 가족주의에 대한 진단과 정책적 함의」, 한국보건사회연구원 연구보고서.

장희경·김혜영. 2013. 「성인 자녀의 노인학대 인식과 부양 스트레스」, 『지역사회간호학회지』, 24(3): 358-367.

정경희. 2012. 「베이비 부모의 가족생활과 노후 생활 전망」, 『보건복지포럼』, 187: 40-49.

정소연·김은정. 2009. 「노인돌보미 바우처서비스 효과성과 영향 요인: 노인부양가족 생활상의 긍정적 변화를 중심으로」, 『가족과 문화』, 21(1): 117-149.

정재기. 2007. 「한국의 가족 및 친족간의 접촉빈도와 사회적 지원의 양상: 국제간 비교의 맥락에서」, 『한국인구학』, 30(3): 157-178.

조병은. 2006. 「주부양자녀와 형제자매의 지원이 노모와의 관계의 질에 미치는 영향: 한국과 재미교포자녀의 비교」, 『한국노년학』, 26(1): 161-182.

조소희·정혜정. 2008. 「기혼남녀의 원가족 경험과 자기분화가 핵가족의 부부관계와 부모자녀관계에 미치는 영향」, 『한국생활과학학회지』, 17(5): 873-889.

조희금·김선미·이승미·성미애·진미정·이현아. 2014. 「중년기 기혼남녀의 100세 사회 가족생활 전망과 가족정책에의 함의점」, 『한국가정관리학회지』, 32(1): 151-166.

최명숙·한금선. 2008. 「고3 자녀를 둔 한국중년여성의 정서와 삶의 질, 스트레스와의 관계」, 『스트레스연구』, 16(1): 29-37.

최정혜. 2009. 「한국과 미국 성인자녀의 노부모와의 관계의 질과 부양행동 비교연구」, 『한국노년학』, 29(2): 611-627.

KB경영연구소. 2010. 『에코 세대의 라이프금융 플랜분석』.

통계청. 2010. 『인구주택총조사』.

통계청. 2010. 『장래인구추계자료』.

통계청. 2012. 『인구주택총조사』.

통계청. 2012. 『청소년 통계』.

통계청. 2015. 『2014년 혼인·이혼 통계』.

한경혜·윤성은. 2002. 「한국성인남녀의 부양지원 제공실태와 특성」, 『한국가정관리학회지』, 20(1): 65–73.

Bowen, M. 1978. *Family Therapy in Clinical Practice*. NY: Jason Aronson.

Held, Virginia. 2006. *The Ethic of Care: Personal, Political, and Global*. Oxford: Oxford University Press.

Johnson, C. L. 1977. 「Interdependence, Reciprocity and Indebtedness: An Analysis of Japanese American Kinship Relations」, *Journal of Marriage and Family*, 39(2): 351–363.

Laslett, P. 1991. A Fresh Map of Life: The Emergence of the Third Age. London: Weldenfeld and Nicolson.

Sung, M., & Byun, J. 2013. 「Factors Associated with Marital Conflict for Baby Boomers in South Korea」, *International Journal of Human Ecology*, 14(1): 103–113.

매일경제. 2011. 「100세 新인류시대 준비하면 축복」. http://news.mk.co.kr/newsRead.php?year=2011&no=531396.

daum. 2015. 6. 9. 다음 백과사전.

http://100.daum.net/encyclopedia/view/31XXXXX21377.

제12장

김득영. 2006. 『일본평생학습도시 프런티어』. 학지사.

김신일. 1980. 「복지사회의 이념과 사회교육의 방향」, 한국교육학회편, 『복지사회와 교육』. 배영사.

곽삼근. 2001. 「한국 평생교육기관의 이념 및 방향에 관한 논의: 지역사회 평생교육 이념을 중심으로」, 『평생교육학연구』, 제7권 제2호.

오혁진. 2006. 『지역공동체와 평생교육』. 집문당.

이지혜. 1994. 「학습공동체를 통한 학습권의 실현」, 『사회교육연구』, 제19권.

이해주. 2008. 「캐나다의 성인교육 현황과 시사점」, 『평생학습사회』, 제4권 제1호. 한국방송통신대학교 원격교육연구소.

_____. 2011. 「지역중심 평생교육으로의 회귀: 그 필요성과 전략의 탐색」, 『평생학습사회』, 제7권 제1호. 한국방송통신대학교 원격교육연구소.

조한혜정. 2007. 『다시 마을이다』. 또하나의문화.

한영혜. 2004. 『일본의 지역사회와 시민운동』. 한울아카데미.

울리히 벡, 홍성태 역. 1996. 「새로운 근대성을 향하여」, 『위험사회』. 새물결.

Blid, H. 1989. *Education by the People: Study circle in Sweden*. Trycheri AB Plimo.

Daloz, L. A. 1999. *Mentor: Guiding the Journey of Adult Learner*. Jossey–Bass Publishers.

Hutchins, R. M. 1969. *The learning Society*. N. Y. : Praeger Publisher.

Horton, M. 1990. *The Long Haul: The Beginnings of Highlander*. N.Y.: Double day.

Jarvis, P. 2007. *Globalization, Lifelong learning and the Learning Society*. London: Routledge.

Lengrand, P. 1970. *Introduction to Lifelong Education*. UNESCO: Paris.

Illich, I. 1970. *Deschooling Society*. New York: Harper and Row.

Mezirow, J. 1997. *Transformative Theory out of Context*. Adult Education Quarterly, 48(1): 60–62.

Ranson, S. 1994. *Towards the learning Society*. N. Y. : Cassell.

Reimer, E. W. 1971. *School is Dead: Alternatives in Education*. Garden City: Doubleday.

제15장

김도현. 2007. 『당신은 장애를 아는가』. 메이데이.

Benkler, Y., 이현주 옮김. 2014. 『펭귄과 리바이던: 협력은 어떻게 이기심을 이기는가』. 반비.

보건복지부. 2013. 『한국 아동종합실태조사』.

보건복지부·한국보건사회연구원. 2012. 『2012년 결혼·출산동향 및 출산력·가족 보건복지 실태』.

새로운 사회를 여는 연구원. 2014. 『분노의 숫자』. 동녘.

유범상. 2014a. 『필링의 인문학』. 논형.

_____. 2014b. 『페스트』. 동서문화사.

유범상. 2015. 「사회권의 상상, '먹고사니즘'의 탈피」. 『인권』, 7월호.

정인화. 2012. 「인간은 왜 기를 쓰고 사는가?: '시지프의 신화'를 중심으로」. 『인문학 연구』, 16.

Camus, A., 이혜윤 옮김. 2014. 『시지프의 신화』. 동서문화사.

Kropotkin, P. A., 이현·김영범 옮김. 2005. 『만물은 서로 돕는다』. 르네상스.

통계청. 2012. 『사회조사보고서』.

Freire, P., 남경태 옮김. 2009. 『페다고지』. 그린비.

From, E., 김병익 옮김. 2013. 『건전한 사회』. 범우사.